西政文库·教授篇

鲍曼与马克思：
以现代性批判为题

周发财 著

创于1897　The Commercial Press

图书在版编目(CIP)数据

鲍曼与马克思：以现代性批判为题 / 周发财著. —北京：商务印书馆，2020
（西政文库）
ISBN 978-7-100-18408-3

Ⅰ. ①鲍… Ⅱ. ①周… Ⅲ. ①马克思主义哲学—思想评论②鲍曼—哲学思想—思想评论 Ⅳ. ①B0-0 ②B561.6

中国版本图书馆CIP数据核字（2020）第076826号

权利保留，侵权必究。

本书是教育部人文社科青年项目"鲍曼与马克思——以现代性批判为题"（10YJC720068）的研究成果

西政文库
鲍曼与马克思：
以现代性批判为题
周发财 著

商 务 印 书 馆 出 版
（北京王府井大街36号 邮政编码 100710）
商 务 印 书 馆 发 行
三河市尚艺印装有限公司印刷
ISBN 978-7-100-18408-3

2020年6月第1版 开本 680×960 1/16
2020年6月第1次印刷 印张 18 1/4

定价：65.00元

西政文库编委会

主　　任：付子堂

副主任：唐　力　周尚君

委　　员：（按姓氏笔画排序）

龙大轩　卢代富　付子堂　孙长永　李　珮

李雨峰　余劲松　邹东升　张永和　张晓君

陈　亮　岳彩申　周尚君　周祖成　周振超

胡尔贵　唐　力　黄胜忠　梅传强　盛学军

谭宗泽

总 序

"群山逶迤,两江回环;巍巍学府,屹立西南……"

2020年9月,西南政法大学将迎来建校七十周年华诞。孕育于烟雨山城的西政一路爬坡过坎,拾阶而上,演绎出而今的枝繁叶茂、欣欣向荣。

西政文库以集中出版的方式体现了我校学术的传承与创新。它既展示了西政从原来的法学单科性院校转型为"以法学为主,多学科协调发展"的大学后所积累的多元化学科成果,又反映了学有所成的西政校友心系天下、回馈母校的拳拳之心,还表达了承前启后、学以成人的年轻西政人对国家发展、社会进步、人民福祉的关切与探寻。

我们衷心地希望,西政文库的出版能够获得学术界对于西政学术研究的检视与指引,能够获得教育界对于西政人才培养的考评与建言,能够获得社会各界对于西政长期发展的关注与支持。

六十九年前,在重庆红岩村的一个大操场,西南人民革命大学的开学典礼隆重举行。西南人民革命大学是西政的前身,1950年在重庆红岩村八路军办事处旧址挂牌并开始招生,出生于重庆开州的西南军政委员会主席刘伯承兼任校长。1953年,以西南人民革命大学政法系为基础,在合并当时的四川大学法学院、贵州大学法律系、云南大学法律系、重庆大学法学院和重庆财经学院法律系的基础上，西南政法学院正式成立。中央任命抗日民族英雄、东北抗日联军第二路军总指挥、西南军政委员会政法委员会主任周保中将军为西南政法学院首任院长。1958年，中央公安学院重庆分院并入西南政法学院，使西政既会聚了法学名流，又吸纳了实务精英；既秉承了法学传统，又融入了公安特色。由此，学校获誉为新中国法学教育的"西南联大"。

20世纪60年代后期至70年代，西南政法学院于"文革"期间一度停办，老一辈西政人奔走呼号，反对撤校，为保留西政家园不屈斗争并终获胜利，为后来的"西政现象"奠定了基础。

20世纪70年代末，面对"文革"等带来的种种冲击与波折，西南政法学院全体师生和衷共济，逆境奋发。1977年，经中央批准，西南政法学院率先恢复招生。1978年，经国务院批准，西南政法学院成为全国重点大学，是司法部部属政法院校中唯一的重点大学。也是在70年代末，刚从"牛棚"返归讲坛不久的老师们，怀着对国家命运的忧患意识和对学术事业的执着虔诚，将只争朝夕的激情转化为传道授业的热心，学生们则为了弥补失去的青春，与时间赛跑，共同创造了"西政现象"。

20世纪80年代，中国的法制建设速度明显加快。在此背景下，满怀着憧憬和理想的西政师生励精图治，奋力推进第二次创业。学成于80年代的西政毕业生们，成为今日我国法治建设的重要力量。

20世纪90年代，西南政法学院于1995年更名为西南政法大学，这标志着西政开始由单科性的政法院校逐步转型为"以法学为主，多学科协调发展"的大学。

21世纪的第一个十年，西政师生以渝北校区建设的第三次创业为契机，克服各种困难和不利因素，凝心聚力，与时俱进。2003年，西政获得全国首批法学一级学科博士学位授予权；同年，我校法学以外的所有学科全部获得硕士学位授予权。2004年，我校在西部地区首先设立法学博士后科研流动站。2005年，我校获得国家社科基金重大项目（A级）"改革发展成果分享法律机制研究"，成为重庆市第一所承担此类项目的高校。2007年，我校在教育部本科教学工作水平评估中获得"优秀"的成绩，办学成就和办学特色受到教育部专家的高度评价。2008年，学校成为教育部和重庆市重点建设高校。2010年，学校在"转型升格"中喜迎六十周年校庆，全面开启创建研究型高水平大学的新征程。

21世纪的第二个十年，西政人恪守"博学、笃行、厚德、重法"的西政校训，弘扬"心系天下，自强不息，和衷共济，严谨求实"的西政精神，坚持"教学立校，人才兴校，科研强校，依法治校"的办学理念，推进学校发展取得新成绩：学校成为重庆市第一所教育部和重庆市共建高校，入选首批卓越法律人才教育培养基地（2012年）；获批与英国考文垂大学合作举办法学专业本科教育项目，6门课程获评"国家级精品资源共享课"，两门课程获评"国家级精品视频公开课"（2014年）；入选国家"中西部高校基础能力建设工程"院校，与美国凯斯西储大学合作举办法律硕士研究生教育项目（2016年）；法学学科在全国第四轮学科评估中获评A级，新闻传播学一级学科喜获博士学位授权点，法律专业硕士学位授权点在全国首次专业学位水平评估中获评A级，经济法教师团队入选教育部"全国高校黄大年式教师团队"（2018年）；喜获第九届世界华语辩论锦标赛总冠军（2019年）……

不断变迁的西政发展历程，既是一部披荆斩棘、攻坚克难的拓荒史，也是一部百折不回、逆境崛起的励志片。历代西政人薪火相传，以昂扬的浩然正气和强烈的家国情怀，共同书写着中国高等教育史上的传奇篇章。

如果对西政发展至今的历史加以挖掘和梳理，不难发现，学校在教学、科研上的成绩源自西政精神。"心系天下，自强不息，和衷共济，严谨求实"的西政精神，是西政的文化内核，是西政的镇校之宝，是西政的核心竞争力；是西政人特有的文化品格，是西政人共同的价值选择，也是西政人分享的心灵密码！

西政精神，首重"心系天下"。所谓"天下"者，不仅是八荒六合、四海九州，更是一种情怀、一种气质、一种境界、一种使命、一种梦想。"心系天下"的西政人始终以有大担当、大眼界、大格局作为自己的人生坐标。在西南人民革命大学的开学典礼上，刘伯承校长曾对学子们寄予厚望，他说："我们打破旧世界之目的，就是要建设一个人民的新世界……"而后，从化龙桥披荆斩棘，到歌乐山破土开荒，再到渝北校区新建校园，几代西政人为推进国家的民主法治进程矢志前行。正是在不断的成长和发展过程中，西政见证了新中国法学教育的涅槃，有人因此称西政为"法学黄埔军校"。其实，这并非仅仅是一个称号，西政人之于共和国的法治建设，好比黄埔军人之于那场轰轰烈烈的北伐革命，这个美称更在于它恰如其分地描绘了西政为共和国的法治建设贡献了自己应尽的力量。岁月经年，西政人无论是位居"庙堂"，还是远遁"江湖"，无论是身在海外华都，还是立足塞外边关，都在用自己的豪气、勇气、锐气，立心修德，奋进争先。及至当下，正有愈来愈多的西政人，凭借家国情怀和全球视野，在国外高校的讲堂上，在外交事务的斡旋中，在国际经贸的商场上，在海外维和的军营里，实现着西政人胸怀世界的美好愿景，在各自的人生舞台上诠释着"心系天下"的西政精神。

西政精神，秉持"自强不息"。"自强不息"乃是西政精神的核心。西政师生从来不缺乏自强传统。在 20 世纪七八十年代，面对"文革"等带来的发展阻碍，西政人同心协力，战胜各种艰难困苦，玉汝于成，打造了响当当的"西政品牌"，这正是自强精神的展现。随着时代的变迁，西政精神中"自强不息"的内涵不断丰富：修身乃自强之本——尽管地处西南，偏于一隅，西政人仍然脚踏实地，以埋头苦读、静心治学来消解地域因素对学校人才培养和科学研究带来的限制。西政人相信,"自强不息"会涵养我们的品性,锻造我们的风骨,是西政人安身立命、修身养德之本。坚持乃自强之基——在西政,常常可以遇见在校园里晨读的同学,也常常可以在学术报告厅里看到因没有座位而坐在地上或站在过道中专心听讲的学子,他们的身影折射出西政学子内心的坚守。西政人相信,"自强不息"是坚持的力量,任凭时光的冲刷,依然能聚合成巨大动能,所向披靡。担当乃自强之道——当今中国正处于一个深刻变革和快速转型的大时代,无论是在校期间的志愿扶贫,还是步入社会的承担重任,西政人都以强烈的责任感和实际的行动力一次次证明自身无愧于时代的期盼。西政人相信,"自强不息"是坚韧的种子,即使在坚硬贫瘠的岩石上,依然能生根发芽,绽放出倔强的花朵。

西政精神,倡导"和衷共济"。中国司法史上第一人,"上古四圣"之一的皋陶,最早提倡"和衷",即有才者团结如钢;春秋时期以正直和才识见称于世的晋国大夫叔向,倾心砥砺"共济",即有德者不离不弃。"和衷共济"的西政精神,指引我们与家人美美与共:西政人深知,大事业从小家起步,修身齐家,方可治国平天下。"和衷共济"的西政精神指引我们与团队甘苦与共:在身处困境时,西政举师生、校友之力,攻坚克难。"和衷共济"的西政精神指引我们与母校荣辱与共:沙坪坝校区历史厚重的壮志路、继业岛、东山大楼、七十二家,渝北校区郁郁葱葱的"七九香樟""八零花园""八一桂苑",竞相争艳的"岭红樱""齐鲁丹若""豫园"月季,无不见证着西政的人和、心齐。"和衷共济"的西政精神指引我们与天下忧乐与共:西政人为实现中华民族伟大复兴的"中国梦"而万众一心;西政人身在大国,胸有大爱,遵循大道;西政人心系天下,志存高远,对国家、对社会、对民族始终怀着强烈的责任感和使命感。西政人将始终牢记:以"和衷共济"的人生态度,以人类命运共同体的思维高度,为民族复兴,为人类进步贡献西政人的智慧和力量。这是西政人应有的大格局。

西政精神，着力"严谨求实"。一切伟大的理想和高远的志向，都需要务实严谨、艰苦奋斗才能最终实现。东汉王符在《潜夫论》中写道："大人不华，君子务实。"就是说，卓越的人不追求虚有其表，有修养、有名望的人致力于实际。所谓"务实"，简而言之就是讲究实际，实事求是。它排斥虚妄，鄙视浮华。西政人历来保持着精思睿智、严谨求实的优良学风、教风。"严谨求实"的西政精神激励着西政人穷学术之浩瀚，致力于对知识掌握的弄通弄懂，致力于诚实、扎实的学术训练，致力于对学习、对生活的精益求精。"严谨求实"的西政精神提醒西政人在任何岗位上都秉持认真负责的耐劳态度，一丝不苟的耐烦性格，把每一件事都做精做细，在处理各种小事中练就干大事的本领，于精细之处见高水平，见大境界。"严谨求实"的西政精神，要求西政人厚爱、厚道、厚德、厚善，以严谨求实的生活态度助推严谨求实的生活实践。"严谨求实"的西政人以学业上的刻苦勤奋、学问中的厚积薄发、工作中的恪尽职守赢得了教育界、学术界和实务界的广泛好评。正是"严谨求实"的西政精神，感召着一代又一代西政人举大体不忘积微，务实效不图虚名，博学笃行，厚德重法，历经创业之艰辛，终成西政之美誉！

"心系天下，自强不息，和衷共济，严谨求实"的西政精神，乃是西政人文历史的积淀和凝练，见证着西政的春华秋实。西政精神，在西政人的血液里流淌，在西政人的骨子里生长，激励着一代代西政学子无问西东，勇敢前行。

西政文库的推出，寓意着对既往办学印记的总结，寓意着对可贵西政精神的阐释，而即将到来的下一个十年更蕴含着新的机遇、挑战和希望。当前，学校正处在改革发展的关键时期，学校将坚定不移地以教学为中心，以学科建设为龙头，以师资队伍建设为抓手，以"双一流"建设为契机，全面深化改革，促进学校内涵式发展。

世纪之交，中国法律法学界产生了一个特别的溢美之词——"西政现象"。应当讲，随着"西政精神"不断深入人心，这一现象的内涵正在不断得到丰富和完善；一代代西政校友，不断弘扬西政精神，传承西政文化，为经济社会发展，为法治中国建设，贡献出西政智慧。

是为序。

西南政法大学校长，教授、博士生导师
教育部高等学校法学类专业教学指导委员会副主任委员
2019年7月1日

目 录

绪 言 1

第一篇 齐格蒙特·鲍曼的现代性批判

引 言 11

第一章 坚固的现代性批判 27
- 第一节 现代性意象：秩序与矛盾 29
- 第二节 大屠杀的现代性意谓 40
- 第三节 何种现代性？ 47

第二章 后现代性批判 54
- 第一节 后现代性形象 55
- 第二节 后现代的道德批判 60
  - 一、现代：伦理时代 —— 道德危机 60
  - 二、后现代：伦理危机 —— 道德机遇 63
  - 三、对他者的责任 —— 道德复兴？ 67

四、社会正义 69

第三章　流动的现代性批判 72

第一节　消费社会 76

　　一、消费者社会与生产者社会 77

　　二、消费者社会中消费的特征 79

　　三、消费主义的影响和后果 84

第二节　全球化 86

　　一、经济全球化 88

　　二、政治地方化 89

　　三、全球化的后果 91

　　四、反全球化？ 93

第三节　个体化 97

　　一、身份 99

　　二、公共空间的丧失 101

　　三、伙伴与共同体 103

　　四、"流动的生活"的乌托邦 106

第四节　寻找政治：现代还是后现代？ 112

　　一、寻找政治 112

　　二、新共和主义：全球政治与多元文化社会 115

　　三、知识分子的作用 121

　　四、现代，抑或后现代？ 122

第二篇　卡尔·马克思的现代性批判

引　言 131

第四章　现代性的意识形态批判 138
第一节　意识形态之"贬义" 138
第二节　哲学批判 145
第三节　资产阶级意识形态批判 159

第五章　现代性的资本批判 170
第一节　资本形成批判 170
第二节　资本剥削的批判 178
第三节　拜物教批判 185
第四节　资本全球化批判 190

第三篇　比较与价值

引　言 197

第六章　两种现代性批判的比较 201
第一节　现代性批判内容的比较 201
　一、对理性的批判 202
　二、现代性的矛盾性 204
　三、现代性的流动性 206

四、拜物教和消费社会..208
　第二节　现代性批判方法的比较..210
　　一、鲍曼的后现代性视角..212
　　二、实践的认识论与总体性的方法......................................229
　第三节　立场比较..241

第七章　中国的现代性建构..252
　第一节　现代性：批判、重构和建构......................................253
　第二节　马克思主义中国化与中国的现代性建构............................255
　第三节　两种现代性批判比较对中国现代性建构的意义......................262

参考文献..269

绪　言

本书是教育部人文社科青年基金项目"鲍曼与马克思——以现代性批判为题"的研究成果，当时选择这样一个课题基于这样一种理论思考：鲍曼的现代性理论是我博士论文的主要内容，但当我现在来反思我的博士论文时，发现存在两个问题，一是虽然在博士论文中对鲍曼的现代性理论研究已经取得了一个阶段性成果，但还有待于深化；二是认为应该跳出鲍曼自身的理论来反观其理论的价值和意义。于是我选择了一种对比研究，并基于自身学渊和素养选择了马克思理论这样一种典型理论。我相信，这种对比介绍、解析和比较分析，既有利于对鲍曼现代性理论的理解，也有利于对马克思理论的诠释和发展。而且，基于这两种理论的特征，这种研究对现代性话语和中国的现代化建设现实亦具备存在价值。现在看来，我的课题研究和本书实现了部分最初的目的，但对鲍曼社会理论研究的深度和两种现代性理论批判的深度还存在不足，只能期待下一步思考。

一、现代性概念的理解

现代性话语是近几十年来中外哲学社会科学界的重要课题，现代性问题被广泛探讨，但"现代性（Modernity）"这个概念却又是那么难以把握、难以界定，"何为现代性？它到底是一种物质、体现，还是一个特定历史时期的标志？是一种文化的总体性，还是社会的历史进程？是一种还是多种？讨论中，学者们观点各异，答案莫衷一是"①。我们不打算探讨"现代"或"现代性"这个概念的语义或含义，一是因为这样的探讨不说汗牛充栋，也确实已经不少了；二是，一个词语的语义或内涵很少是单一的，语言哲学的研究认为语词的意义是一丛或一簇；三是，语词的意义与其使用是密切相关的，在何种意义上使用一个词需要界定，但经常出现难以界定的情况；四是，新的使用可能赋予语词新的含义。所以，我们这里仅表达我们理解的"现代性"概念，纵观所有对"现代性"概念的使用，我们仍然能概括出这一概念所具有的基本特征。

首先，时间是"现代性"概念明确或潜在的载体。马泰·卡林内斯库明确表述了此一特征："只有在一种特定时间意识，即线性不可逆的、无法阻止地流逝的历史性时间意识的框架内，现代性这个概念才能被构想出来。在一个不需要时间连续型历史概念，并依据神话和重现模式来组织其时间范畴的社会中，现代性作为一个概念将是毫无意义的"②。所以，有学者直接把现代性看作一个时代，如凯尔纳和贝斯特认为"现代性一词，指各种经济的、政治的、社会的以及文化的转型。正如马克思、韦伯及其他思想家所阐释的那样，现代性是一个历史断代术语，指紧随'中世纪'或封建主义时代而来的那个时代"③。即使一些人明确指出不把现代性看作一个时代，其实只是企图弱化现代性的时代意义。如福柯说"我自问，人们是否能把现代性看作一种态度而不是一个历史时期。我说的态度是指对于现时性的一种关系方式。它既标志着属性也表现为一种使命。当然，它也有点像希腊人叫做 êthos

---

① 赵景来：《关于"现代性"若干问题研究综述》，《中国社会科学》2001年第4期。
② 马泰·卡林内库斯：《现代性的五副面孔》，顾爱彬等译，商务印书馆2002年版，第18页。
③ 道格拉斯·凯尔纳、斯蒂文·贝斯特：《后现代理论——批判性的质疑》，张志斌译，中央编译出版社2011年版，第2—3页。

(气质)的东西"①。很明显福柯用来界定现代性的"态度"或"气质"是与"现时性"相关的,是由时代决定并表达时代的态度或气质。

其次,现代性通常被界定为一个时代的总体特征或最能体现时代的特征,前者如利奥塔所说的:"在《后现代状况》中我关心的'元叙事'(meta-narratives),是现代性的标志"②;上述福柯的定义也是一种总体特征。但更多的学者是用某个突出特征来定义现代性的。

最后,不同的人从不同的角度定义了现代性,使现代性成为一个多义概念。这些定义各自反映了时代的某个重要特征,而给出该定义的作者认为该特征是时代最重要的、能表征时代的特征。如早期的波德莱尔认为"现代性,是过渡的,短暂易逝的,偶然的,是艺术的一半,它的另一半是永恒和不变"③,通常被解读为波德莱尔用"矛盾性"来解读现代性;哈贝马斯认为"主体性原则决定着现代文化"④,乌尔里希·贝克认为"现代性意味着一个传统确定性的世界正在衰竭,正在被取代——如果我们幸运的话——即被合法允准的个人主义所取代"⑤。即使是从总体角度来定义现代性的作者,也必然赋予这个总体以某些特性,如福柯把现代性界定为态度或气质,这种态度或气质必然要有具体内容,把现代性界定为价值的,亦需明确价值内容。对现代性概念的分歧主要就在于用何种特性来体现和表征时代,很容易发现不同的作者之间的界定并不矛盾,更多的是补充和交叉,如现代性的理性、主体性、个体主义、矛盾性、不确定性或是资本主义等,都不是截然相反、非此即彼的。另外,毫无疑问自波德莱尔以来,时代在

---

① 福柯:《福柯集》,上海远东出版社1998年版,第533—534页。
② 利奥塔:《后现代性与公正游戏——利奥塔访谈、书信录》,谈瀛洲译,上海人民出版社1997年版,第167页。
③ 波德莱尔:《1846年的沙龙——波德莱尔美学论文选》,郭宏安译,广西师范大学出版社2002年版,第424页。
④ 哈贝马斯:《现代性的地平线》,李东安等译,上海人民出版社1997年版,第82—84页。
⑤ Ulrich Beck, *World Risk Society*, Cambridge: Blackwell, 1999, p. 10.

不断变化，现代性内容也必然发生变化。

二、马克思、鲍曼与比较

把马克思理论与现代性议题联系起来，不是今天才出现的，但可以说是最近马克思理论研究的一个显著特征，大卫·莱昂就认为"马克思或许是早期现代性——被理解为资本主义社会——最出色的社会分析家"[1]，马歇尔·伯曼说"马克思能够告诉我们许多关于现代主义的东西，正如现代主义能够告诉我们许多关于马克思的东西。……特别是，马克思能够澄清现代主义文化与产生出它的资产阶级经济和社会——'现代化'的世界——两者之间的关系，……马克思主义、现代主义和资产阶级在一种奇怪的辩证舞蹈中被卷到了一起，假如我们注意它们的运动，我们就能了解一些有关我们大家共有的现代世界的重要东西"[2]。基于马克思主义与现代的复杂关系，特里·伊格尔顿说"很难看出马克思主义竟然会在现代性不死的情况下'死亡'……如果我们仍然在现代矛盾里挣扎，如果这些矛盾得到解决之前现代性不会结束，如果定期发布的关于现代性的讣告是夸张不实之辞，那么马克思主义就一如既往的是相关的"[3]。有学者更是直接认为"马克思的基本论语就是现代性问题，并且恰恰是马克思清晰地揭示了现代性的存在论状况"[4]。

在英国一套由彼特·汉密尔顿（Peter Hamilton）主编的，介绍伟大的社会思想家之著作、生平和影响的丛书中（入选者为埃米尔·迪

---

[1] 大卫·莱昂：《后现代性》，郭为桂译，吉林人民出版社2004年版，第41页。
[2] 马歇尔·伯曼：《一切坚固的东西都烟消云散了——现代性体验》，徐大建、张辑译，商务印书馆2004年版，第115—116页。
[3] 特里·伊格尔顿：《历史中的政治、哲学、爱欲》，马海良译，中国社会科学出版社1999年版，第118—119页。
[4] 罗骞：《论马克思的现代性批判及其当代意义》，上海人民出版社2007年版，第184页。

尔凯姆、法兰克福学派、乔治·齐美尔、卡尔·马克思、马克斯·韦伯、米歇尔·福柯、皮埃尔·布尔迪厄、西格蒙特·弗洛伊德和齐格蒙特·鲍曼),《齐格蒙特·鲍曼》一书的作者托尼·布莱克肖(Tony Blackshaw)说:"当我在20世纪80年代开始学习社会学的时候,安东尼·吉登斯被认为是英语世界最重要的社会学家,但是,我毫不怀疑地认为现在鲍曼不仅取代了他,而且在这个过程中成为21世纪社会学的重要解释者,它的教授们的教授(professor of professors)。"[1] 能和那些伟大的社会学家站在一起,自然是鲍曼的无上荣誉,也说明了他的工作得到了社会和学界的认可。鲍曼无疑在当代的现代性批判这个领域中具有重要地位。

　　这里我们基于以下理由,把马克思的现代性批判理论和鲍曼的现代性批判理论进行比较:一是,马克思即使不是最早批判现代性的,但肯定是早期最全面批判现代性的人;而鲍曼是当代现代性批判理论的显著人物,跨时代比较这两种现代性批判理论,无疑有助于深化对现代性的理解。二是,鲍曼与马克思理论有深刻渊源,鲍曼出生于波兰,在苏联接受正统的马克思主义教育,二战后因排犹事件退出波兰红军,来到华沙大学哲学与社会学系从教,后来因再受加剧的排犹运动影响,离开波兰,最后定居英国,1971年起在利兹大学从教至退休。从华沙大学从教开始,鲍曼就持续受到法兰克福学派霍克海默、马尔库塞和哈贝马斯等人的批判理论的影响,在一次访谈中,鲍曼更有"愿作为一个社会主义者而死去"的话。三是,鲍曼和马克思的现代性批判有着共同的主题,这也是可以用来比较而不是泛泛而谈两种现代性理论的因素。如果马克思和鲍曼——相隔一个世纪的代表——都阐述了现代性的某些特征,即使不能据此断定这些就是现代性的本质特征,但至少表明是现代性的重要特征。

---

[1] Dennis Smith, *Zygmunt Bauman: Prophet of Postmodernity*, Cambridge: Polity Press, 1999, p.1.

三、研究现状和结构

鲍曼的现代性理论目前在中国还处于介绍阶段，鲍曼的大部分著作已经出现中译本，但其 21 世纪出版的著作都还有待翻译，国内目前对鲍曼理论没有太多深入研究，仅有郑莉出版了其博士论文《理解鲍曼》。鲍曼思想在国外的研究者主要有丹尼尔·史密斯（Denniel Smith）、彼特·贝尔哈兹（Peter Beilharz）、海斯·特斯特（Keith Tester）和托尼·布莱克肖等人，他们各自出版了研究专著，1998 年贝尔哈兹主编了四卷本的研究论文集。这几个人都从各自的视角比较全面地介绍了鲍曼的社会哲学；在贝尔哈兹主编的四卷本论文集中，不同的作者从不同的角度阐述了鲍曼社会理论与马克思主义、社会主义、大屠杀、西方马克思主义和当代社会理论之间的关系。鲍曼后期提出的"流动的现代性（liquid modernity）"理论，及在流动的现代性议题下对当代社会的分析、批判和反思没有引起充分的注意和得到足够的重视，"流动的现代性"理论作为鲍曼的最新理论成果，还需深入研究。我们将根据对鲍曼现代性批判理论的理解，概括介绍鲍曼的现代性批判理论。

马克思的理论虽然很多人耳熟能详，可马克思理论的现代性阐释并不多，但马克思的现代性批判是近年来国内马克思主义理论研究的重点。该问题的研究聚焦了很多学者和学术资源，取得了一系列的理论成果，相关论文和著作得以刊发和出版，代表性的著作如罗骞的博士论文《论马克思的现代性批判及其当代意义》。在这些著作和论文中，对马克思现代性批判本身、其在西方马克思主义那里的继承和发展、与后现代的现代性批判的比较，以及对当代世界和中国的意义等诸多问题进行了阐发。但研究更多集中于马克思现代性批判本身。就马克思现代性批判对当前西方社会所具有的实质意义等问题还有待深入。所以，我选择了一个对比的视角。

全书的脉络大致如下：介绍两种现代性理论是基础，鲍曼的现代性批判，我们将以他的三个核心概念——现代性、后现代性和流动的现代性——为线索依次介绍、解析其现代性批判理论，所以前面三章分别为"坚固的现代性批判""后现代性批判"和"流动的现代性批判"。马克思的现代性批判理论，根据马克思思想发展为脉络，以观念和现实两个角度为切入点，分别概括为"现代性的意识形态批判"和"现代性的资本批判"，作为第四章和第五章。然后，第六章将展开这两种现代性理论的比较分析，比较来自于内容、方法以及必须要考虑的立场，因为前面五章主要以解析两者现代性批判的内容为主，方法和立场就成为比较的重点。最后，也就是第七章将探讨此种比较的价值，分别为对现代性话语的意义以及在当前的马克思主义中国化和中国现代性建构话语中的意义。

第一篇 齐格蒙特·鲍曼的现代性批判

引 言

鲍曼的理论在欧洲产生了巨大影响，他的著作《现代性与大屠杀》（1989）获得阿玛菲奖，1998年他被授予阿多诺奖，是当代最重要的社会理论家之一。但是，托尼·布莱克肖的话①也不尽然，鲍曼虽然也是美国几所大学的荣誉教授，但他在美国的影响就是"碎片化的"（贝尔哈兹语），事实上鲍曼的社会学与美国的主流社会学是格格不入的，鲍曼也不欣赏美国的社会学，他在美国主要是以一个后现代著作家而存在的。鲍曼在德国产生的巨大影响来源于他对大屠杀的解读；在法国，他是因阐述全球化，以及后结构主义与列维纳斯的关系而被关注的；他在澳大利亚所获得的声誉，是与贝尔哈兹的介绍分不开的，贝尔哈兹是一个鲍曼理论的重要研究者，利用他《十一周刊》主编的身份为鲍曼理论的传播做出了重要贡献。波兰，这个鲍曼的出生地，也是他历遭劫难的地方，也对鲍曼的理论给予了极大的关注，他晚年被聘为华沙大学的终身教授。

鲍曼认为他自己不属于任何学术派别，其理论视野的广泛性和变动性使得把他的思想归于某个学派变得困难。研究者认为，他主要吸收了法兰克福学派和法国后结构主义的理论成果，波兰马克思主义对他的学术研究的影响也是明显的；他还受到了后现代主义者如鲍德里

---

① 见本书"绪言"。——编者

亚等人的影响；鲍曼自己也意识到齐美尔对他研究社会学的方式产生了重要影响；葛兰西在他思想的形成过程中也扮演了重要角色。总的说来，鲍曼社会理论的风格是德国和法国式的社会批判风格，而不是英美主流社会学的经验分析模式。

鲍曼八十高龄还笔耕不辍，2007年还有著作问世（*Consumerism*）。在国外的主要研究者有 Denniel Smith, Peter Beilharz, Keith Tester, Tony Blackshaw 等人，他们各自出版了研究性的著作，在1998年贝尔哈兹还主编了四卷本的研究论文集。在中国，鲍曼已经有十多本著作被翻译成中文，部分译者在翻译的同时也对他的思想做过深入研究，北京大学社会学博士生郑莉（现在是哈尔滨工程大学的老师）的博士论文，比较详细地介绍了鲍曼的思想，该文已出版。即便如此，鲍曼在中国学界的影响还是不大的，这可能与他的学术风格有关。他的著作思辨性不强，不大讲求概念的逻辑严密性，这样会导致一些学人不喜欢；他的著作关注的题材似乎太泛，思想缺乏体系性，写作风格是文学式的，而不是哲学式的，要做出精确的整体把握不太容易。

鲍曼的社会理论关注的是20世纪末在西方社会发生的巨大变化，而这些变化在中国正在形成或已经出现，且鲍曼是一个受过马克思思想熏陶的理论家，所以，无论从理论的角度还是从现实的角度，研究鲍曼的社会理论都具有重要意义。

丹尼斯·史密斯认为"鲍曼是他所叙述的故事的一部分，人们可在他绘制的图景上找到他"[①]。所以，我想在此简要地介绍鲍曼的生平和他的生活对他思想的影响是有必要的。鲍曼的前半生饱受反犹主义的困扰，他1925年出生在波兰西部波兹南一个贫苦的犹太家庭，这个家庭不仅忍受着贫穷，而且忍受着反犹主义的痛苦。二战期间他和家人幸运逃脱了德军魔掌。鲍曼18岁在苏联参加了波兰红军，在炮兵部队

---

① Dennis Smith, *Zygmunt Bauman: Prophet of Postmodernity*, Cambridge: Polity Press, 1999, p.1.

与德军作战，并参加了1945年攻克柏林的战役。战后鲍曼在军队得到了很快的提升，50年代初，鲍曼成了波兰军队最年轻的少校之一。也是在这个时期，他开始在华沙大学攻读哲学和社会学的学位。但此时，由于反犹主义，鲍曼被突然解除了军职，他被告知有人看到了他父亲去以色列大使馆咨询移民可能性的问题。残酷的打击并没有使鲍曼消沉，他把黄军服染成了蓝色，投入到了一个全新的领域：学术研究。1954年，鲍曼成了华沙大学哲学与社会科学系的初级讲师，开始了他的学术生涯并取得了不错的成果。其后，他曾以访问学者的身份到英国进修；60年代中期，鲍曼被选为华沙大学社会学协会的主席；1966年他被推举为波兰社会学协会执行委员会的主席。然而，厄运（或许是磨难）再次降临，在1967年，因为以色列和埃及的六日战争，波兰又发生了恶毒的反犹运动，鲍曼与其他五位犹太教授被华沙大学以苏格拉底式的罪名（毒害青年）解除了职务。1968年他和他新组建的家庭在以色列短暂旅行后，先后在加拿大、美国、澳大利亚工作，最后来到英国，1971年起在利兹大学担任社会学教授直到1990年退休。[①] 2017年1月9日，鲍曼在位于英国的家中去世，享年91岁。我们的时代又少了一位见证者和批评者。

鲍曼在1954年到1967年在华沙大学的这段任教经历中，他主要关注的是重建马克思主义、社会主义、文化和社会学等议题，这从他发表的论文可以看出。例如《在工业生产中党组织的社会结构》《对大众文化的两点评论》《现代社会学中的男人意象》《现代和现代马克思主义》《马克思和当代文化理论》《符号论和文化功能》《宏观社会学和当代文化理论》等等。他到英国后在20世纪70年代末和80年代初出版的著作，还是这些思想和关注点的连续，如《作为实践的文化》《社

---

① Dennis Smith, *Zygmunt Bauman: Prophet of Postmodernity*, Cambridge: Polity Press, 1999, pp. 38-40.

会主义：积极的乌托邦》《论批判社会学》《阐释学和社会科学》《阶级的记忆》等。即使是在波兰，鲍曼也都是用英语发表文章的，只有1960年在波兰发表的唯一一部著作《在阶级和精英之间》是用波兰文发表的，但到英国后不久就被翻译为英文。

在最初的几十年里，鲍曼主要受到三位思想家的影响，他们是马克思、葛兰西和哈贝马斯。

毫无疑问，鲍曼受到了马克思主义的影响，他在苏联所受的教育以及在波兰军队受到的熏陶，都是马克思主义的。鲍曼从马克思那里获取的中心思想是，为了理解世界，具体的人类存在不得不重新获得对世界的控制。在资本主义社会中，大多数男女都受到支配，被迫在剥削和疏离的条件下生活和工作，他们存在于一个扭曲的世界当中。结果是，他们必须克服异化，再次使世界成为他们自己的。但是，马克思主义对鲍曼的影响是双重的，因为鲍曼思想的独立性、波兰社会运动以及社会主义建设所具有的独特特征，以及华沙大学哲学和社会学系对马克思主义理论研究的特点，包括鲍曼受到葛兰西等人的影响，鲍曼对马克思主义的研究离正统的，或说是苏联式的马克思主义越走越远。最后，鲍曼主要集中于对社会主义乌托邦的考察。

在一次访谈中，鲍曼承认葛兰西对他产生了重要影响，葛兰西的理论是他关注文化问题的直接根源。葛兰西认为资本主义的生命力和恢复力，主要在于它有一种稳定的"文化基础"。按照葛兰西的观点，资本主义是强大的，因为它的统治思想已经完全彻底地渗入了市民社会。资本主义的意识形态受到知识分子的鼓吹和支持，他们提供了一个总体的世界观来解释不平等、压迫和资本主义的不公正，并使它们合法化。他们采取的方法是：部分通过显示它们的效益和不可避免性，部分通过不让人们去注意它们。当这种世界观被建立起来，支配就被霸权所代替，被人们对把资本主义视作理所当然的习惯和价值观不假思索地接受所代替。资本主义变成了常识，变成了每天生活的一部分，变成了从事每一件事的正确方法。它把自己深深地嵌入市民社会、家庭、行政机关、学校、教堂、酒吧、音乐厅。国家没有明显地强加资产阶级的利益。相反，市民社会的原则和实践体现了"一个特定的社会集团的文化霸权"，以及"一个阶级占主导地位的国家的伦理内容"。葛兰西的著作指出"文化是最具决定性的战场"。鲍曼曾在《作为实践的文化》中说，没有文化就没有社会，文化是社会的基础。同理，社会主义建设也应该重视文化的巨大作用，社会主义知识分子的任务是将社会主义确立为一种新的、重塑常识的文化习语。

就社会学而言，鲍曼受到了哈贝马斯交往行为理论的影响。哈贝马斯认为诸如社会学这样的文化学科的主要任务是"阐释性的"。换句话说，对理解诸如价值观、目标、感情、世界观等意义的关切，会以特定的生活形式体现出来，比如阶级、国家和种族集团。然而社会学科要做的比仅仅给这些意义一致的解释更多，它们还要以"真理"的标准去检验这些理解。被用于探索真理的这一策略是"社会学的阐释学"，它涉及将不同的生活形式连同它们对世界的不同理解融入与他人的交流之中。例如，不同的社会集团、阶级、种族集团的成员可能被邀请到圆桌边，讨论他们对暴力、权威、正义等问题的认识。哈贝马斯对这样的话语发生的条件给予了极大的关注，所有的参与者必须以合作的态度承担探索真理的任务，他们的交流必须是理性的、真诚的、不受限制的。每个人必须具有进入相关知识领域的通道。讨论的议题将取决于争论力度，而不是任何其他因素，对此，人们必须达成共识。当遇到这些有助于"未被扭曲的"交流的条件时，就极有可能从这些话语中浮现出真理。

鲍曼由此得出他的结论：社会主义知识分子的任务是，为"未被扭曲的"交流创造现实的社会和政治条件。事实上，这些条件与平等、自由公正的待遇十分相似，它们是社会主义乌托邦的基础。哈贝马斯的这一影响在后来鲍曼对后现代社会学和后现代性社会学的区分中也显现出来了,虽然鲍曼的这一区分不是很成功。

随着环境的巨大改变,波兰以及全球的共产主义和社会主义运动发生的一些变化,鲍曼对社会主义越来越失望。此时,大屠杀、现代性与后现代性等议题摆上了鲍曼的议事日程,福柯、霍克海默和阿多诺、列维纳斯等人就取代了马克思、葛兰西和哈贝马斯在鲍曼思想中的位置。鲍曼在后来对消费主义、全球化和共同体等的探讨中,受到了鲍德里亚等更多当代思想家的影响。但他的后期思想与前期思想的联系还是存在的,比如鲍曼对大屠杀中的道德缺失以及对后现代伦理学的探讨,就与他前期对社会主义的分析分不开,鲍曼曾指出社会主义在阻止道德的麻木和鼓励个人的道德责任感上失败了。鲍曼特定的学术渊源和学术视域,为我们研究西方马克思主义与后现代的关系提供了鲜活的素材,具有重要的理论价值。

鲍曼自身的不幸经历和他那不可改变的犹太人身份成了他思想中的"前见",《现代性与大屠杀》和《现代性与矛盾性》的主角都是犹太人。而之所以能写出给他带来巨大成功的、具有原创性的作品《现代性和大屠杀》,正是受了他妻子的作品《晨冬》的启发,这是一部描写二战期间犹太人状况的自传式小说,使他看到了比之前的社会学研究结论更深层的东西。在《现代性与矛盾性》中,鲍曼通过对卡夫卡、弗洛伊德和齐美尔这些犹太精英的作品的解读,分析了犹太人对现代性的矛盾性特征的敏锐感触、深刻体会及其不可抑制的焦虑。这些犹太理论家成了时代精神的先锋、犹太人生存状况的晴雨表,他们的作品都尝试寻找现代性的出口。所以,鲍曼理论中的犹太人特征也是我们在理解和思考时不可忽视的向度。但是,为什么鲍曼直到20世纪80年代后期才开始关注犹太人问题,而不是在六七十年代呢?丹尼斯·史密斯认为,在六七十年代,即使现实十分令人失望,但鲍曼还是一个忠诚的社会主义者,他还在为社会主义乌托邦做不懈的理论探索。这种看法是有道理的,可能由于理论和现实(如80年代后期东欧社会主义国家解体）等多方面的原因，他的理论视角转向现代性和后现代性问题，这样，在某些因素（比如他妻子的作品）的激发下，犹太人问题也就从潜意识进入了意识，成了理论的焦点。

　　托尼·布莱克肖认为存在着两个鲍曼，他们的分界线和标志是《立法者与阐释者》的发表，并且认为这两个鲍曼没有可比性，前期鲍曼是一个文化马克思主义者，后期鲍曼完全是一个不同的社会学家。① 这种看法是有一定道理的，后期的鲍曼，主要关注的是现代性和后现代性以及这个主题下的社会问题，虽然前后期的鲍曼的理论还是存在某种联系的，如文化批判，但是，因为主题的巨大差异，要把前后期鲍曼硬拿来比较就显得别扭，也缺乏意义。丹尼斯·史密斯把鲍曼的主要英文著作分为三组。第一组是创作于20世纪70年代和80年代初的六本著作，主要关注社会主义乌托邦的领域，即《在阶级与精英之间》《作为实践的文化》《社会主义：积极的乌托邦》《论批判社会学》《阐释学和社会科学》《阶级的记忆》；第二组创作于20世纪80年代后期和90年代初，此时，开始了前期鲍曼向后期鲍曼的转型，他对社会主义乌托邦的幻想衰退，开始关注现代性和后现代性问题，主要作品有《立法者与阐释者》《现代性与大屠杀》《现代性与矛盾性》；第三组是20世纪90年代初创作的，全面考察了鲍曼既满怀期待又充满疑惑的后现代世界，主要著作有《后现代性的通告》《生活在碎片之中——论后现代道德》《后现代伦理学》《后现代性及其缺憾》《工作、消费主义和新穷人》和《寻找政治》等。贝尔哈兹等人更是在鲍曼的著作中区分出了现代性三部曲（《立法者与阐释者》《现代性与大屠杀》《现代性与矛盾性》）和后现代性三部曲（《生活在碎片之中——论后现代道德》《后现代伦理学》《后现代性及其缺憾》）。在他们的作品出版的时代来看，他们这些分组有一定的合理性，但现在看来，丹

---

① Tony Blackshaw, *Zygmunt Bauman*, London: Routledge, 2005, p. 11.

尼斯·史密斯需要增加一个第四组，而贝尔哈兹需要弄一个"流动的现代性"几部曲了，因为鲍曼又以"流动的现代性"为主题出版了数部作品：《个体化的社会》《流动的现代性》《流动的爱》《废弃的生命》《被围困的社会》《流动的生活》《流动的时代》和《消费生活》。当然，相对于托尼·布莱克肖两个鲍曼的区分，丹尼斯·史密斯的第二组和第三组以及我加上的第四组的区分是较小的，它们都是在现代性和后现代性（或流动的现代性）主题下对当代社会问题的探讨。而鲍曼也正是以对现代性和后现代性问题的阐述闻名于世的。

我们这里主要关注的是第二个鲍曼，企图在鲍曼宽泛的议题中寻找其理论脉络，并对其理论进行分析和反思。鲍曼的作品涉及面很广，我们无法在他的作品中发现一个完整严密的理论体系，他可能也从没想过要构筑一个体系，正如贝尔哈兹所言，鲍曼是接触到什么感兴趣的文章，触动他的灵感，他就做这方面的探索和写作。但即使如此，恐怕也没有人会否定一个思想家理论之间的联系性与连续性，"形散而神不散"可以用来形容鲍曼著作的特征，而我这里所要做的，就是分析鲍曼社会理论中的"神"，寻找他对广泛的社会问题探讨背后的思想内核，分析他思想的连贯性、一致性乃至于矛盾性。像丹尼斯·史密斯和贝尔哈兹那样以时间线索来分析鲍曼的理论也是可以的，因为鲍曼对现代性和后现代性问题的思考确实存在一个变化、成熟的过程，特别是"流动的现代性"概念的提出可供佐证。但我企图在时间线索的基础上，根据他对现代性问题思考的逻辑线索来重构他的理论。我的这种做法，不可避免会损害鲍曼理论的丰富、广泛性方面的特征，这将成为本文的遗憾。

从鲍曼思想的发展过程来看，在20世纪80年代后期，他主要在批判"坚固的现代性"（这里我们不得不提前引入这个概念，其实这个概念是他在90年代后期才提出的，与之对应的是"流动的现代性"概念），他着力批判了现代性的秩序野心和启蒙的进步幻想，既然现代性带来的是巨大的灾难，那么我们该怎么办呢？可能受到主流话语的影响，鲍曼开始讨论后现代性问题，但是，因为种种原因，与其他许多后现代著作家不同，虽然他也讨论文学、艺术、建筑等主流后现代话语，但在他那里，伦理学成了他的后现代性主题的中心（从他的后现代性三部曲可以看出）。可能正是这种对伦理学以及与之相关的社会正义问题的热切关注，他没有在后现代的道路上一直走下去，他拒绝做一个仅仅能阐释当代社会的知识分子，所以他批评后现代社会学的缺点和不足，提倡建立一种后现代性社会学，他企图找到一套新的范畴来创建这种后现代性社会学，以解释而不仅仅是表述当代社会。他的后现代性社会学遭到了质疑，他也没有发明足够多的范畴来进行理论创作，即使他对一些范畴进行了新的解释，也没能建立起他的后现代性社会学理论体系，事实上他也很快就放弃了这种企图。虽然鲍曼的理论是极度碎片化的：跳跃的思维、宽泛的题材、不严密的逻辑，但他绝对不是一个后现代主义者。他否认能形成统一的后现代主义，也反对一些所谓的后现代主义主张（如现代性的终结等），因为害怕他的后现代性主张被人们同一些后现代主义观点混淆（事实上看起来是不可避免的），他提出了"流动的现代性"概念，用"坚固的现代性"和"流动的现代性"这一对概念取代了"现代性"和"后现代性"这一对概念。鲍曼在"流动的现代性"议题下广泛讨论了当前的社会状况和人们的生活策略，他通过对消费主义生活、全球化的"流动"特征，以及由之促使的个体化，和这些所导致的不确定性、不可靠性和不安全性，以及给当代个体带来的无尽的焦虑和挥之不去的恐惧等等的揭示，充分展示了流动的现代社会的运行模式以及这种模式带来的问题，他也尝试着去探寻解决这种问题的途径，提出在一个自由的社会重建共和主义的设想。

当把"现代性"的概念追溯到波德莱尔时，可以发现，在波德莱尔那里，"现代性"一开始就是一个矛盾体，是"过渡、短暂、偶然"

与"永恒和不变"的矛盾体,而当认定鲍曼对"坚固的现代性"的批判是对这一对矛盾的"永恒与不变"的一面的反思时,我们完全可以把鲍曼对"流动的现代性"的探讨看作是对现代性的"过渡、短暂、偶然"的一面的反思。所以,也许,把鲍曼定性为一个现代性的社会理论家比后现代性社会理论家更合适,但不管如何,对社会持续不断的批判和反思,是鲍曼社会理论的核心,也是他的良知给自己规定的作为一个知识分子无可推卸的责任。

追溯鲍曼所使用的三个主要范畴:现代性、后现代性、流动的现代性,我们把鲍曼的现代性批判也概括为三章。第一章主要介绍鲍曼对"坚固的现代性"的批判,并分析和阐述其特点。第二章主要介绍鲍曼对后现代性的批判阐述,并着重分析了鲍曼对后现代伦理学的批判研究。第三章介绍鲍曼通过对消费者社会、全球化、个体化等社会现象的分析,对流动的现代社会批判揭示,反映了鲍曼在广泛的、碎片化的社会现象和生活策略的探讨中所显露的主题关怀;并对鲍曼提出的解决当今社会问题的方法做一探讨,以及在此基础上对鲍曼的社会理论进行分析。

在普遍认为是鲍曼社会理论兴趣转向的标志性著作《立法者与阐释者》中,鲍曼着重关注了一个事实:知识分子的实践策略已经由"立法者"转向了"阐释者"。鲍曼为什么从知识分子所扮演的角色开始他对现代性的分析呢?因为鲍曼认为"立法者"角色这一隐喻是对典型的现代型知识分子策略的最佳描述,而"阐释者"则是当代知识分子的隐喻。"知识／权力"的共生现象是现代性的一个显著特征,这一结盟使现代性具有了强大的力量,既可以取得前所未有的成绩,也可以带来史无前例的灾难,知识的道德向度也就作为问题呈现出来了。鲍曼认为,"立法者"和"阐释者"也反映了现代性和后现代性两种不同的世界观,其最大的区别是多元性取代了一元性,差异性取代了普遍性。

鲍曼认为坚固的现代性的一个最大的特征就是"理性设计",首先是对"秩序"的设计。追求秩序是坚固的现代性的首要任务,是其全部任务的公分母,工具理性是坚固的现代性的指导思想。秩序就意味着划分和分类,世界被划分为正常的和不正常的,正常的意味着可预测的、可决定的、确定的、清晰的;不正常的意味着模糊的、不可预测的、不可决定的。一切不正常的都是要加以根除的。现代性是一种"园艺",是铲除杂草、修整花园的行为。

鲍曼认为现代性对秩序的追求本身注定了是不可完成的任务,注定了最终的结果是走向它的反面——混乱。因为就划分和分类而言,在追求确定性、可界定性、连贯性、一致性、协调性、清晰性、可决断性的同时,造就着同样多的不确定性、不可界定性、不连贯性、不一致性、不协调性、含混性、不可决断性;混乱与秩序如影随形,秩序和混乱是现代性的孪生儿,这就是现代性的矛盾性。

鲍曼用纳粹对犹太人的大屠杀来说明现代性对秩序的追求及其灾难,鲍曼分析认为,现代性是大屠杀的必要条件,没有现代性,就不可能有大屠杀,当前,大屠杀仍是可能的。在鲍曼对现代性的矛盾性进行分析和说明时,犹太人再一次登场了,一个是犹太人矛盾的同化体验,一个是犹太思想家对现代性的矛盾性的敏锐而深刻的体察。有人认为鲍曼的思想是他作为犹太人的不幸经历的写照;有人反对通过这种视角来解读鲍曼的思想,鲍曼自己也认为他的那段经历对他的思想影响不大。

鲍曼在批判地分析了现代性之后,开始试图去确定后现代性的含义,知识分子的状态同样在他的后现代性定义范围中,但他更关注的是后现代性的思维状态(state of mind)和后现代性社会形态,并对后现代伦理学进行了深入分析,提出了自己的伦理学主张。

后现代性与现代性是如此不同,但鲍曼从来就不认为现代性已经终结、后现代性取代了现代性。他说:"对差异和偶然性的后现代庆祝，还没有取代对同一性和确定性的现代欲望。而且，也不可能出现这种取代；也没有能力做出这种取代。就其本身而言，后现代精神和实践无法对任何东西加以移置、消灭或边缘化。"① 他认为现代性仍然和我们在一起，后现代性是现代性的成年，后现代性是承认其原初筹划的不可行性的现代性。后现代性是与其自身的不可能性相妥协并决意无论好坏都要对之容忍的现代性，是一种自身监控的现代性——是清醒地抛弃了曾经不知不觉所做的一切的现代性。

鲍曼认为后现代性不仅仅是毁灭性的，它还是建设性的，所以鲍曼认为当代的知识分子仅仅做一个阐释者是不够的；与之相应，需要的不是后现代社会学，而是要创建一种后现代性社会学，用一套新的范畴来解释和分析当今社会。

对后现代性伦理学的深入探讨在鲍曼的理论中占有重要地位，从他的字里行间我们深深感到一个道德、正义的社会跃然纸上，但又充满了疑虑和无奈。鲍曼认为大屠杀的一个重要理论启示就是必须寻求道德的前社会根源，鲍曼认同列维纳斯"责任先于存在"的思想，并根据这种思想提出了他自己相应的伦理学主张。同时，鲍曼指出列维纳斯的思想存在着很大的缺陷，即"对他者的无条件责任"只适合于纯粹的道德场景，走出道德场景之外就必须求助于社会正义，列维纳斯虽然希望国家机构的工作致力于促进正义的发扬，但他没有正视"它们的工作也许缺乏道德理想，甚或产生对道德价值有害的后果"，鲍曼企图找到一种新的政治伦理来弥补这一缺憾。

鲍曼极力把他的"后现代性"概念与"后现代主义"这一概念区分开来并与之保持距离。因为"后现代主义"话语逻辑地推导出"现代性的终结"，这是与鲍曼的主张相反的。但是，鲍曼发现，在许多场合，后现代性和后现代主义被作为同义词使用，他区分后现代性和后

---

① Zygmunt Bauman, *Modernity and Ambivalence*, Cambridge: Polity Press, 1991, p.256.

现代主义的努力变得越来越困难，所以他考虑抛弃"后现代性"概念。另一个让他打算抛弃"后现代性"概念更为重要的原因是，无论如何，在我们使用"后现代性"这个单词时，总好像暗含了"现代性的终结，把现代性抛在了后面，到了现代性的彼岸"，但是，事实完全不是如此，我们像以往一样现代，持续地"现代化"我们手边的每一样东西。鉴于以上两个原因，鲍曼寻找其他的概念来代替"后现代性"。他也曾考察过描述当代社会状况的其他概念——"晚期现代性""反思的现代性""第二现代性"等，但认为它们都存在一定缺陷，最后，他找到了属于他自己的概念：流动的现代性。

鲍曼在流动的现代性的议题下，通过对消费者社会、全球化和个体化等现象的分析，描述了流动的现代社会的主要特征：不确定性、不安全性和不可靠性。充分揭示了流动的现代社会存在的问题：全球化和消费主义加剧的两极分化，个体普遍处于持续的焦虑和无穷的恐惧当中，共同体丧失了它昔日的意义和功能。

鲍曼认为"消费主义"是一个符合后现代性要求的理论模式的中心范畴。他认为消费不仅仅是一个满足物质欲望，或填饱你的胃的事情，它起着形塑当代社会的功能：在生活世界的层面，它是构建身份、构建自我和构建与他者的关系的工具；在社会的层面，它是维持制度、群体、结构和此类事物的持续存在的纽带；在系统的层面，它是确保所有生活和社会状况的再生产的途径。鲍曼认为就消费者社会作为表达当代社会的一个不同的理论工具而言，它本身像其他的理论工具一样既不是道德的也不是非道德的。

鲍曼认为在当今社会，最普遍、最吸引人的经历，即最有可能为世界图像的形成提供原材料的经历，是消费者的经历：一种把生活视为一系列的消费者选择的经历。所谓消费主义，并不指寻求积累财富，它本质上是指寻求刺激，在消费社会中，消费本身就是目的，因此它是自我推进的，消费社会的形成和发展经历了一个需要—欲望—愿望的过程。消费起着塑造身份的功能,首先是合格的和不合格的消费者,成为合格的消费者成了国家对公民的首要要求。在消费者社会,社会阶层的划分标准是消费者的"流动程度",即消费的选择能力。在消费者社会中,塑造社会秩序的方式由"压制"转为"诱惑",当然这是对合格的消费者而言的。

鲍曼认为"全球化"是一个无法逃脱的命运,一个无法逆转的过程,我们所有人都在被全球化。但是,鲍曼讲的全球化主要指的是经济全球化,是资本、市场的全球化。他认为政治不仅没有全球化,反而在经济全球化的过程中本土化、地方化。政治本土化不仅不是与经济全球化对立矛盾的,反而是经济全球化的条件和保证。鲍曼认为全球化的主要特征是"流动的自由",在全球化的时代,流动性成了最有力的、最令人垂涎的划分社会阶层的因素。全球化使人类状况越来越趋向两极分化,因为一部分人的流动自由总是建立在剥夺其他人的这一权利的基础上的。鲍曼认为全球化是迎合旅游者的梦想和欲望的,但是它不可避免的副作用是把许多人变成了流浪者。鲍曼认为对全球化的反应只能是全球性的,这种全球性反应的命运取决于全球性(有别于"国际性")政治舞台的出现和确立。今天缺少的恰恰是这样的舞台。当然,鲍曼想要的不是建立一个普遍的国际秩序,而且也从没想过要建立这样一种秩序。

鲍曼认为个体化是一件必然发生的事情,是一个命运,而不是可选择的。"个体化"指的是,人们的身份从"承受者"到"责任者"的转型,使行动者承担完成任务的责任,并对他们行为的后果(包括副作用)负责。鲍曼认为,个体化任何时代都存在,进入现代以来,个体化更为突出,但不同时代的个体化有不同的特征。流动的现代社会与稳固的现代社会的个体化有一个重要的不同是,现在不仅个人的事务更少地受到公共监视,而且私人事务大大侵入公共领域,总统的私生活比他的政绩受到更多的关注;公共空间日益缺乏公众问题,但公众问题不是不存在，而是难以形成或得不到应有的重视，这使得那些只有通过公共层面才能解决的个体问题无法得到解决。今天，为了个体能享受真正的自由，公共领域非常需要得到重建和保护，以免受私人的入侵。

鲍曼认为，在当今社会，已经不存在传统意义上的、有着共同的信念、相对稳定的共同体了，现在的共同体是一些"衣帽间式的共同体"或"表演会式的共同体"，这种共同体的最大特征就是进出自由，这种共同体不仅无法解决个体化带来的问题，而且有时还是使问题加剧的原因。

可以看出，以上分析得出当今社会的最大的特征就是"流动性"，流动性带来的最大的成果是自由，但它也产生了很多问题，如新贫穷、两极分化、世界的极度无序等等。虽然鲍曼也曾经抱有马克思的"改变世界"的理想，但他也深感理论作用的有限性。但分析解决问题的可能性是他的责任。

本篇在探讨鲍曼对当今社会的困境试图提出解决办法的基础上，对鲍曼的社会理论进行了某种程度的定性。鲍曼分析了流动的现代社会带来的政治困境：在私人生活和公共生活之间的纽带不复存在，私人麻烦和痛苦就无法被归结在一起，转换成一个公共问题，或反过来无法从私人麻烦中洞悉并指示其公共问题的性质，这样，个人自由和集体无能将同步增长。这种状况给当代社会带来种种麻烦，其中最险恶且最令人痛心的麻烦，鲍曼用德语单词 Unsichheit 来表达，它包含了三个英语单词——uncertainty, insecurity, unsafety——的意思。事实上，如果找不到解决办法，这种麻烦是自我循环的。

鲍曼认为，要解决这种状况，一个可能性就是通过重建 agora——这是一个既非私人，亦非公共，而同时恰恰又更私人、更公共的空间——来找回政治失去的权力。鲍曼寻求建立一种新的共和主义，纠正越走越极端的自由民主带来的困境；他认为全球化负面影响只有在全球层面上才能解决,既要强调文化的多样性、保证不同文化存在的权利,又要促进不同文化之间的交流与融合。

鲍曼认为他不能仅是一个阐释者,他给作为一个知识分子的自己规定的任务是:一个社会现状的持续批判者。

第一章　坚固的现代性批判

"坚固的现代性（solid modernity）"概念并不是鲍曼一开始关注现代性理论就提出来的，反而是鲍曼提出"流动的现代性（liquid modernity）"后的一个对应概念，主要用以指称流动的现代性以前的现代性。但是，当我们发现鲍曼所批判的坚固的现代性与其他一些现代性批判的一些相同之处，如批判工具理性、矛盾性等等，而在流动的现代性中他似乎不再涉及这些东西时，不容忽视的是，这些坚固的现代性特征在鲍曼的流动的现代社会中并没有消失，所以，与其说"流动的现代性"是"坚固的现代性"之后的现代性，不如说是现代性的一些新的特征凸显，而这两方面特征事实上是并存的，也正好契合波德莱尔对现代性的定义，而在马歇尔·伯曼看来："在马克思的认识中，现代生活分别有一副'坚固的'图景和一幅'融化的'图景，而两者之间存在着一种张力。"[①] 鲍曼对坚固的现代性的批判，有其独特的视角——后现代性视角，所以还得说说现代性和后现代性。在本章中，如没有特别指明，现代性就是指坚固的现代性。

　　什么是现代性？什么是后现代性？现代性与后现代性有何关联？这样的问题即使不考虑提问方式，可能给出的答案也是五花八门的

---

① 马歇尔·伯曼：《一切坚固的东西都烟消云散了——现代性体验》，徐大建、张辑译，商务印书馆2004年版，第116页。

了,因为现代性和后现代性,在不同的学科和专业领域,在不同的思想家那里,有着不同的意义和内涵,它们有相互交叉重叠的,也有不同乃至矛盾的,但有一点是肯定的,那就是脱离现代性来论述后现代性是不可能的,任何这样产生的理论都是有失偏颇的。德国学者沃尔夫冈·韦尔施就认为:"谁谈论后现代,谁就不得不谈论现代。谁想明智地谈论后现代,就得说明他想抛弃的是哪一种现代。"①那么,能不能脱离后现代性谈论现代性呢?答案当然是肯定的,在后现代性进入理论话语之前,就产生了很多讨论现代性问题的文本,这是因为现代性还有一个对应物:前现代。但是,时至今天,情况可能发生了一些变化,皮特·尼杰科夫(Pieter Nijihoff)就认为:"'现代性'仅当它的反面的、无序的'后现代性'成为第一手经验的时候才会被认识,它是基于今天的环境对过去的重新评价,……总之,这两个概念是作为一对产生的,它们的定义彼此来自于对方。"②确实,虽然"现代性"概念和问题比"后现代性"出现得早,但即使是在最早的现代性思想家,如波德莱尔、齐美尔等人那里,人们都能捕捉到"后现代性"的影子;当然,鉴于现代还有前现代这个对应物的存在,他的这个观点就有了夸大之嫌,但也表达了一种评价现代性的视角:后现代性视角。在后现代性作为重要的理论话语突显的今天而言,任何人讨论现代性而忽视后现代性的存在,恐怕都是不大恰当、极可能被质疑的。在这个意义上,皮特·尼杰科夫的话是有道理的,任何人在今天讨论现代性或/和后现代性,都不能忽视对方的存在,甚至脱离了一方就无法讨论另一方。鲍曼对现代性和后现代性问题的阐述,采取的就是这种态度,即用后现代性视角来理解现代性,而后现代性又总是作为现代性的对应物而存在的。鲍曼在其把学术视野转向现代性和后现代性的著作《立

---

① 沃尔夫冈·韦尔施:《我们的后现代的现代》,洪天富译,商务印书馆2004年版,第66—67页。

② Peter Beilharz (ed.), *Zygmunt Bauman*, Volume I, London: Sage Publications Ltd., 2002, p. 106.

法者和阐释者》一书中，从一开始就是把现代性和后现代性相对应提出的。但在随后出版的几本著作中，鲍曼主要集中于对现代性的批判，随后才阐述他的后现代性的内涵和特征，这并不是说他的后现代性思想产生于他的现代性批判之后，而是他的后现代性思想在他的现代性批判中进一步清晰起来，当然也就出现进一步的理论任务和兴趣，所以，现代性批判不仅不能忽视，反而是分析鲍曼的后现代性理论的基础。可以认为，在鲍曼那里，现代性和后现代性是互为视角的。这一章的任务就是分析鲍曼的现代性批判，在介绍内容的基础上分析其特点，并且关注鲍曼的现代性理论在整个现代性话语中的独特之处。

鲍曼通过对几种主要的现代性理论进行分析后指出它们具有三个共同特征，其中之一是他们"都从'内部'看现代性"，它们"都是自我指涉和自我确证的"，"在它之外看不到任何东西，从而没有能够使现代性这一现象自身相对化和对象化的东西，同样原因，也无法把它看作一个意义已经被确定和限定的完成了的事件"。[1] 他认为，后现代主义提供了一个新的视角，把现代性看作一个已经盖棺定论了的对象，一个在本质上已经实现了的产品，一个有明确的开端和尾声的历史事件。鲍曼反对这种后现代主义的视角，但他借鉴了其特征：外在审视现代性，强调后现代性与现代性存在根本区别，但它们之间的连续和关联也同样是不可否定的。后现代性视角将在后面进一步阐述。

第一节 现代性意象：秩序与矛盾

立法者是鲍曼对现代性社会状况下知识分子的一个隐喻，与后现

---

[1] Zygmunt Bauman, *Legislators and Interpreters: On Modernity, Post-modernity and Intellectuals*, Cambridge: Polity Press, 1987, p. 116.

代性状况下知识分子的阐释者角色相对立,这一隐喻形象地说明了知识分子在现代性社会状况下的作用,更重要的是揭露了现代社会中知识／权力的共生关系。这里的立法者不是制定法律的人,而是建构权威的人,"立法者角色由对权威性话语的建构活动构成,这种权威性话语对争执不下的意见纠纷作出仲裁与抉择,并最终决定哪些意见是正确的和应该被遵守的"①,因为知识分子拥有更高层次的知识,更容易运用普遍性的程序性规定,这样"他们的知识,与社会秩序的维护和完善有着直接的和决定性的关系。……他们被赋予了对社会各界所持信念之有效性进行判断的权利和责任"②。知识／权力的共生关系就这样形成了。但"知识分子"这一概念在启蒙时期才获得其自身的意义,并进入西欧话语体系,同样,"正是在启蒙时代,作为现代性之最显著特征的"知识／权力"之共生现象被确立"。③ 鲍曼认为启蒙时代确立起来的"知识／权力"关系显现为一种无限的自我生长的机制,即使在人类历史的早期,它已经创造了使自身得以进一步延续并发展壮大的条件。而知识分子范畴从来不曾、将来也永远不可能"自足地被定义",那些通行的知识分子的定义,都只是依据范畴自身的特点来解释知识分子在整个社会中的地位和作用,它们都无法超出被知识分子合法化的社会结构的合法性层面,也就是说,这些通行的知识分子定义,深深地依赖于范畴自身产生的权力修辞学,它们仅是"错误地把问题当作了解决方法"④。

---

① 齐格蒙特·鲍曼:《立法者与阐释者——论现代性、后现代性与知识分子》,洪涛译,上海人民出版社1999年版,第5页。
② 齐格蒙特·鲍曼:《立法者与阐释者——论现代性、后现代性与知识分子》,洪涛译,上海人民出版社1999年版,第6页。
③ 齐格蒙特·鲍曼:《立法者与阐释者——论现代性、后现代性与知识分子》,洪涛译,上海人民出版社1999年版,第2页。
④ Zygmunt Bauman, *Legislators and Interpreters: On Modernity, Post-modernity and Intellectuals*, Cambridge: Polity Press, 1987, p. 18.

随着文艺复兴、自然科学的发展,特别是启蒙运动以来,知识和知识分子在社会和人们的生活中显得越来越重要,理性的地位得到极大的提升和巩固。人们应该理智地生活,应该用理智来束缚激情,只有这样,才能使生活多一点幸福,少一点痛苦。但鲍曼认为"理智—激情"这套话语还有一个重要的语言表达效果,那"就是把穷人和微末的人重新铸造成必须受到管制和教训,以防成为破坏社会秩序的危险阶级,他们的生活方式也被重新塑造为一种出于动物本能的行为,低于理智的生活,并且与后者相冲突"[1]。启蒙的一个重要的途径和手段就是教育,鲍曼认为"教育是一种事后的思考,是一种'危机—管理'式的回应,是失控之后恢复控制的艰难努力"[2],通过对启蒙时期教育思想的考察,鲍曼得出的结论是:"教育的目的在于使学生学会服从,……给学生传授的不是知识,而是一种循规蹈矩的、有规则可循的和在总体上行为具有可预测性的氛围。"[3]卢梭的格言"必须强迫人们自由"传达了这样一种观念,即"被理解为人类社会的完美秩序的理性,并不置身于个体意识中,理性与个体意识两者不可相提并论,它们各服从于一套截然不同的、独立的目的系统与行为系统,当两者遭遇时,理性必定被赋予了相对于个体意识的优先性(这乃是一种正当要求)"[4]。所以鲍曼尖锐地指出:"启蒙激进的实质,与其说是传播知识,毋宁说是推动了立法、制度化和管理的实践。"[5]鲍曼引用了奇西克

---

[1] Zygmunt Bauman, *Legislators and Interpreters: On Modernity, Post-modernity and Intellectuals*, Cambridge: Polity Press, 1987, pp. 57-58.

[2] Zygmunt Bauman, *Legislators and Interpreters: On Modernity, Post-modernity and Intellectuals*, Cambridge: Polity Press, 1987, p. 69.

[3] Zygmunt Bauman, *Legislators and Interpreters: On Modernity, Post-modernity and Intellectuals*, Cambridge: Polity Press, 1987, p. 73.

[4] Zygmunt Bauman, *Legislators and Interpreters: On Modernity, Post-modernity and Intellectuals*, Cambridge: Polity Press, 1987, p. 74.

[5] Zygmunt Bauman, *Legislators and Interpreters: On Modernity, Post-modernity and Intellectuals*, Cambridge: Polity Press, 1987, p. 74.

的观点指出,"启蒙被理解为有条理的、理性的思维能力的发展和建立在广博知识基础上的判断能力的提高,而'群众'的固有缺陷则是启蒙的不可逾越的界限。统治者需要被启蒙,臣民需要受训练以成为有纪律的人",从而启蒙运动这一实践也"分为两个截然不同却密切相关的部分,第一,国家扩张它的权力,它的胃口在增大……第二,制造了一个全新的、有意设计的训导人们行为的社会机制,目的在于规范和调整作为这个教育者和管理者的国家的臣民的社会生活"。① 对鲍曼而言,启蒙运动俨然成了知识和知识分子获取权力的过程,不管是出于何种目的、怀抱何种理想,"其真正的、最终的、最重要的结果是:知识者的统治和作为一种统治力量的知识"②。

丹尼斯·史密斯认为理解鲍曼的现代性和后现代性研究的精华,最快捷的方式是讲一个类似柏拉图"囚徒神话"式的"笼中人神话":现代性是一座城市,他快乐的居民没有被限制在洞穴里,但被放置在以人类工程学方法设计好的笼子里。③ 这里指出现代性的一个最大的特征就是"理性设计",首要的是对"秩序"的设计。鲍曼说:"在现代性为自己设定的并且使得现代性成为现代性的诸多不可能完成的任务中,建立秩序的任务(更确切地说,同时这也是极为重要的,是作为一项任务的秩序的任务)——作为不可能之最,作为必然之最,确切地说,作为其他一切任务的原型(将其他所有任务仅仅当作自身的隐喻)——凸现出来"④,"我认为集中于秩序,或一个有秩序的、可管理的社会,是其他现代事业——工业主义、资本主义、民主——的一

---

① Zygmunt Bauman, *Legislators and Interpreters: On Modernity, Post-modernity and Intellectuals*, Cambridge: Polity Press, 1987, p. 80.
② Zygmunt Bauman, *Legislators and Interpreters: On Modernity, Post-modernity and Intellectuals*, Cambridge: Polity Press, 1987, p. 67.
③ Dennis Smith, *Zygmunt Bauman: Prophet of Postmodernity*, Cambridge: Polity Press, 1999, p. 16.
④ Zygmunt Bauman, *Modernity and Ambivalence*, Cambridge: Polity Press, 1991, p. 4.

个公分母"①。现代性是理性的艺术，理性希望像驾驭自然一样驾驭社会，通过理性的设计，产生一个确定的、秩序井然的社会，是现代性的筹划，也是其实践，为了实现这一具有巨大诱惑力的宏伟计划，需要采取各种各样的措施，从有效监控、像园艺一样清除杂草到大屠杀，现代性无所不用其极。现代性在这种筹划的旗帜下，合理化一切手段。

鲍曼很是钦佩和认同福柯用边沁的"全景式监狱"来分析现代性对人的控制和秩序的追求，他说："再多点思考，我们就能把全景式监狱理解为边沁对整个社会的一种譬喻——一个充满生气的社会、一个富有秩序的社会、一个没有罪恶的社会，一个不合作行为极易显现并迅速得以处理的社会，一个积极为其成员寻求最高收益和最大幸福的社会，一个功能齐全、为自身生存和成功创造了条件的社会。"②这样一个社会就是现代性追求的目标，不仅监狱在目标的实现中发挥着越来越重要的作用，三分之一的人因为三分之二的人的利益被关进了监狱，即使是福利制度，也都是这种目标实现的重要工具，要想获得福利待遇，你的每一个生活细节都要受到严格审查，你必须在申请表上公开全部隐私（这种表格就是为此设计的），必须按时汇报所有活动，细到一周用了几个避孕套。总而言之，你是赤裸裸的，被一览无余，这正是边沁的全景式监狱的实质和神话。

要设计、创制和维持一种秩序，最常用的有效手段就是"分类（classify）"。分类是给世界一个结构，把世界限定于某些范畴之中，减少可能性，好像世界不是偶然的一样行为；面对着日常生活中事件和情况的复杂性和随机性，它努力寻求秩序和一致性。

但是分类天然的是个两面派，包容和排斥是分类行为的两个共存的面，模糊性是分类的敌人，也是它得以存在的前提，没有模糊，就

---

① Peter Beilharz (ed.), *Zygmunt Bauman*, Volume Ⅲ, London: Sage Publications Ltd., 2002, p. 78.
② 齐格蒙特·鲍曼：《自由》，杨光、蒋焕新译，吉林人民出版社2005年版，第17页。

不需要分类，模糊性涉及的是用多于一个范畴去确定一个对象和事件的可能性，它甚至会质疑语言的能力，因为它否认事物能够被容易地区分、分开和命名，从而使由独立的实体组成的世界能精确划分。鲍曼认为分类的理想是把事件安排进一种"包容一切文件的、宽敞的文件柜，这个文件柜容纳了世界所能容纳的一切——但将每份文件、每个项目放置在各自单门独立的地方"①。但是找到这样的一个文件柜永远只是现代性的理想。在追求确定性、可界定性、连贯性、一致性、协调性、清晰性、可决断性的同时，造就着同样多的不确定性、不可界定性、不连贯性、不一致性、不协调性、含混性、不可决断性；混乱与秩序如影随形，秩序和混乱是现代性的孪生儿，讽刺的是，越是追求这种划分，就有更多的矛盾性随之被揭露出来，越多分类企图，越显示任务是不可完成的，矛盾性"是分类劳动的副产品"②。

现代性的秩序和分类努力狰狞毕现，深入到了社会的各个层面，更重要的是，它与寻求秩序的反思过程结盟，在这个过程中，秩序之非自然性的发现导致了对霍布斯观点的接受，即秩序必须被创造。这不是天真地认为前现代的秩序是令人满意的，而是像鲍曼所认为的那样，是一种"没有我们，定遭洪水灭世"③的感觉。于是乎，现代性事业不是企图去发现混乱背后的秩序，而是去设计一个不存在的秩序，它发明了"设计的任务"，而不是接受世界已存的秩序。后果是意义重大的：自然现在是某些需要掌握、支配和征服的东西，它需要被再造；秩序是在不服从的自然的废墟中制造出来的。于是，一场西西弗斯式的战争打着进步的旗号在无数的地方性区域展开了，这些区域反对被建构进伪天命的秩序。这是现代性极其愚蠢的梦想，认为世界的碎片能够轻易整合为一个整体。但事实是，这些碎片就是分类和整合制造

---

① Zygmunt Bauman, *Modernity and Ambivalence*, Cambridge: Polity Press, 1991, p. 2.
② Zygmunt Bauman, *Modernity and Ambivalence*, Cambridge: Polity Press, 1991, p. 3.
③ Zygmunt Bauman, *Modernity and Ambivalence*, Cambridge: Polity Press, 1991, p. 8.

的。正如鲍曼所言"更多的矛盾性是现代的、碎片的、对秩序的追求的终极产物,问题是在解决问题的过程中产生的,是在对地方相对自治的压制中产生的"[1]。

当一个人描述谁是朋友,谁是敌人的时候,一个不对称的过程产生了,在这个过程中,朋友和敌人的关系变成了一种社交形式。一个人定义他者,是这个人与他者的对立的反应,正如鲍曼所言:"是一个朋友或是一个敌人,是他者作为另一个主体被认知、被建构为像我一样的主体、在我自己的世界被承认的两个模式。"[2] 但是,是不是所有的人都可以被描述为或者是朋友或者是敌人呢?答案是否定的,因为存在着另外一类人:陌生人。

关于"陌生人"的文本通常认为齐美尔是权威,他第一个建构了陌生人的社会理论。后来,齐美尔的陌生人被不断重构,如帕克(Park)的"边缘人(marginal man)"、伍德(Wood)和舒茨(Schutz)的"新来者(the newcomer)"、苏(Siu)的"暂住者(the sojourner)"以及施特恩奎斯特(Stonequist)的"都市个体(the cosmopolitan individual)"和"国际人(the international mind)"。鲍曼在关注当代社会和文化的他者的产生和遭遇时,也利用了陌生人的范畴,使其成为一个刻画现代性的矛盾性以及后现代的新的矛盾的一个重要工具,鲍曼的理论得到了本赖特·迪克(Bülent Diken)的共鸣,在他的著作《陌生人、矛盾性和社会理论》中,他就利用鲍曼的陌生人以及陌生人和现代性的关系的理论,构建了一个"矛盾社会理论(ambivalent social theory)"。对鲍曼来说,犹太人是现代社会的文化他者,是现代社会的陌生人,而"新穷人"是当代消费主义社会的陌生人。本节主要阐述的陌生人理论的基本观点和现代社会的陌生人、后现代社会的

---

[1] Zygmunt Bauman, *Modernity and Ambivalence*, Cambridge: Polity Press, 1991, p. 14.

[2] Zygmunt Bauman, *Modernity and Ambivalence*, Cambridge: Polity Press, 1991, p. 54.

陌生人将在本书第三章介绍。

在鲍曼的作品中有两个词可以翻译为"陌生人",即 alien 和 stranger(alien 也被翻译为"异乡人",从其著作内容看来这两个词没有实质分别),陌生人不是定居者,他们有离开的自由和方便;陌生人也不是流浪者,因为他定居下来了,不再继续前行。陌生人比任何被社会地建构的敌人更为危险。他威胁社交本身,向敌人／朋友的二分法挑战,他存在于地图没法定位的地方,陌生人是那些"不可决定"的事物之一,是可能是朋友可能是敌人甚或两者都是的人之一,他既不在外面也不在里面,他真正的潜力和潜在的危险,正是它的不可决定性,"陌生人的不能赎回的原罪,就是他的在场与他者的在场之间的互不相容,而这则是世界秩序的根本"①,陌生人不是那些在现代性过程中的某一阶段不能分类的人,而是那些从来就不能被分类的人,"他们不是仅质疑当下的对立,他们质疑的是对立本身,质疑对立的原则,质疑它所主张的二分法的必要性和它所要求的分隔的可行性,他们揭开了分类的脆弱的虚假面具"②。陌生人不仅使这个世界的道德推理不得安宁,而且严重削弱了这个过程中世界的空间秩序,揭露它的虚假性和脆弱性。于是陌生人成了矛盾性、模糊性的代名词,它不是秩序,也不是混乱(混乱是存在被秩序征服的可能性的),而是"现代性的灾星",因为它"模糊了对社会秩序或生活世界的建构有着至关重要性的边界线","没有一种反常现象比陌生人更反常"。③ 所以鲍曼用欧文·戈夫曼(Erving Goffman)所要除掉的"污名"和萨特所说的混淆了事物边界的令人恐怖的"黏液"来形容陌生人,现代人对陌生人的恐惧比对敌人的恐惧更甚。可见,陌生人是现代秩序的破坏者,是难以分类的杂草,也就成了现代性园艺的对象,所以在追求秩序、完美、

---

① Zygmunt Bauman, *Modernity and Ambivalence*, Cambridge: Polity Press, 1991, p. 61.
② Zygmunt Bauman, *Modernity and Ambivalence*, Cambridge: Polity Press, 1991, pp. 58-59.
③ Zygmunt Bauman, *Modernity and Ambivalence*, Cambridge: Polity Press, 1991, p. 61.

和谐的现代社会中,陌生人始终处于一种被消灭的状态,"秩序建构就是反对陌生人的拉锯战"①。鲍曼分析认为,并不是哪类人或哪些人天生就是或希望成为陌生人,事实上,陌生人是现代社会同化压力和现代性文化的不宽容性的产物,陌生人心中充满了不安和焦虑。

犹太人就是欧洲的陌生人、现代社会的陌生人,"在走向现代性的途中,每一扇门在砰然关上时,犹太人的手指都正好放在了门缝上。……实际上,概念中的犹太人已经被认定是渴求秩序和清晰的现代梦的'黏性物质'的原型,被认定是一切秩序的敌人:旧的、新的,尤其是渴望得到的"②。犹太人的遭遇和体验是现代性的矛盾性的体现,鲍曼从两个方面阐述了这个问题,一个是犹太人矛盾的同化体验,一个是犹太思想家对现代性的矛盾性的敏锐而深刻的体察。当然,他们成为这种体察的承担者,绝不是偶然的,一个重要的原因就是他们是犹太人。

德国的犹太人在现代民族国家兴起,民族主义、民族精神盛行的时代,他们唯一的、同样也是迫切的选择就是德国化,同时也是去犹太化,因为他们是没有国家的民族。于是,许许多多犹太精英纷纷试图融入日耳曼文化,他们放弃了犹太传统,甚至默认了对自身传统文化的无端污蔑和指责。但是,他们发现他们的努力白费了,即使他们的生活方式比德国人还德国人,在德国人眼中,他们还是不折不扣的犹太人,"犹太人的去犹太化,即谦逊和自身抹消的行为,被本地人的观点视为犹太化"③,之所以这样是因为"犹太人为了得到德国社会的接纳而服从的价值观,正是那种使得接纳成为不可能的价值观"④,这种价值观就是现代性价值观,它在"民族国家建立的时代的特点是文化上

---

① Zygmunt Bauman, *Postmodernity and Its Discontents*, Cambridge: Polity Press, 1997, p. 18.
② Zygmunt Bauman, *Modernity and the Holocaust*, Cambridge: Polity Press, 1989, p. 56.
③ Zygmunt Bauman, *Modernity and Ambivalence*, Cambridge: Polity Press, 1991, p. 120.
④ Zygmunt Bauman, *Modernity and Ambivalence*, Cambridge: Polity Press, 1991, p. 121.

的不宽容性；更普遍地说，是对一切差异及其不可避免的后果——多样性和矛盾性——的难以忍受和不耐烦"①。鲍曼认为德国的犹太人在19世纪所经历的这种困惑和矛盾后来成为整个现代社会中占据统治地位的生活经验，我们所有的人现在将世界体会为一个令人困惑的、充满矛盾的现象。

德国犹太思想家——作为犹太人的精英——在亲身体验着这种矛盾性痛苦的同时，也用笔记录了这一切，从马克思到弗洛伊德，从卡夫卡到维特根斯坦，都以德语给现代意识做出了开创性的贡献，鲍曼对此给予了高度评价，他说："如果现代化在其他地方得到讨论，那么，它一般说来体现为对由德国犹太思想家和政治家首先给予明确形式的那些思想加以评价或者批评，并且从这些思想中得出理论性和实用性的结论。"②这些犹太思想家用笔刻画出了这种矛盾性和由现代性和矛盾性的斗争产生的焦虑，并且用他们各自的方式尝试着提供出路。弗洛伊德选择了精神分析，"精神分析挑战的核心是，没有任何诠释的代码是享有特权的，没有一种赋予意义的语境是明显优越于其他语境的，没有一种意义的选择是排斥其他的意义的"③。卡夫卡用连词"aber（但是）"表达着诠释的多样性，用没有连词的并置结构消解任何等级秩序，用怪诞的主人公及其怪诞的名字来申明命名的不确定性及其困难。齐美尔从孤独流浪者的视角来看社会，他看到的是一种没有开始没有结局，没有时间、地点和情节的片断景象，看到的是一出没有导演没有剧本而又一遍一遍上演的戏剧。这些犹太思想家都把现代性当作了靶子，向它开炮，企图消解现代性的秩序、确定性、普遍性等一切，所以他们经常被称为后现代的。

在秩序创建的手段和措施中，"园艺"是鲍曼最喜欢和最常用的另

---

① Zygmunt Bauman, *Modernity and Ambivalence*, Cambridge: Polity Press, 1991, p. 141.
② Zygmunt Bauman, *Modernity and Ambivalence*, Cambridge: Polity Press, 1991, p. 110.
③ Zygmunt Bauman, *Modernity and Ambivalence*, Cambridge: Polity Press, 1991, p. 175.

一个隐喻，他认为"现代国家是一种造园国（gardening state），其姿态也是造园姿态"①。所谓园艺，就是一种花园建设和管理的技术，其一项首要的任务就是清除花园中的杂草、按照规划来修剪花木。鲍曼认为"现代性的展开就是一个从荒野文化（wild culture）向园艺文化（garden culture）转变的过程"②。荒野文化的概念鲍曼借于欧内斯特·盖尔纳，表示一种无需有意识的计划、管理、监督或专门供给就能一代又一代自我复制的文化。而与之相反，园艺文化是需要计划、需要管理的，所以需要园丁持续不断的照顾。荒野文化过渡到园艺文化是一个复杂的社会过程，"经历了始终充斥着邪恶的、残忍而漫长的文化改造运动，经历了争夺社会主导权及时间、空间的控制权的社会权力的重新配置，经历了新的统治结构的逐渐确立，其真正的、最终的、最重要的结果是：知识者的统治和作为一种统治力量的知识"③。现代性的规划就是一种园艺规划，在现代社会中，知识分子乐于、积极承担起立法者或园丁的角色，他们为社会制定秩序，把人划分为守秩序的和不守秩序的，美好的和肮脏的。现代国家的官僚体制这个勤劳而又无所不能的"园丁"克尽职守，要把一切肮脏的、破坏秩序的杂草清除出去。当无法被现代性同化为秩序的奴仆的时候，遭遇的就是现代性的"吐出"策略④，这是一个最符合理性算计、最符合效率原则的选择。

犹太人是天生的世界主义者，他们不适应民族国家的秩序，于是

---

① 齐格蒙特·鲍曼：《现代性与矛盾性》，邵迎生译，商务印书馆2003年版，第31页。
② 齐格蒙特·鲍曼：《立法者与阐释者——论现代性、后现代性与知识分子》，洪涛译，上海人民出版社1999年版，第67页。
③ 齐格蒙特·鲍曼：《立法者与阐释者——论现代性、后现代性与知识分子》，洪涛译，上海人民出版社1999年版，第87页。
④ 这是鲍曼借用的列维·斯特劳斯的术语，与之相对应的是"吞噬"，这是列维·斯特劳斯分析得出的两种不同的同化策略，古代主要是"吞噬"，而现代更多的是"吐出"，指的是把不守秩序者排除出体制之外。

他们成了叛徒，成了建设一个纯洁而美好社会的障碍；他们是异类，是肮脏的，是现代民族国家要清除的杂草，于是希特勒要把犹太人迁出德国，这就是希特勒政府刚开始采取的政策，那么后来又何以发展成大屠杀呢？随着纳粹德国侵略行为的不断得逞，其版图越来越大，领土内的犹太人越来越多，而可迁之地却越来越少，加之对苏联的侵略受阻，把犹太人迁往北高加索地区的计划无法实施，这时，从身体上消灭成了最"行之有效"的方案，这就是大屠杀。

第二节 大屠杀的现代性意谓

纳粹主义起源和成因的分析以及深入探讨是战后德国思想界的主要任务，被广泛研究和论证，各个方面的可能因素都得到了分析，如宗教、民族、历史、国家以及希特勒等纳粹分子的个人心理、性格等等，因为这件事对德意志民族来说显得如此重大，意义如此深远，对其原因的合理解释既是德国思想界无可推卸的责任，又是他们急切地想尽快卸下的思想包袱。其中有一种认同率高、影响重大的解释是所谓的"道路特殊（Sonderweg）"论题，即假设德国的历史在某个点走上了一条特别的道路，偏离了"正常的"西方现代化进程，这个假设在19世纪末和20世纪初的德国已经是常见的了，此时，这种偏离被认为是积极的，因为出现了一个强大的国家主义传统，有力和有效的公务系统，用改良代替了革命。这种解释在1918年后消失，但1945年后以一种完全颠倒的评价重现。此时，德国被认为是一个"落后的（belated）国家"，它虽然在工业化方面取得了巨大成功，但在民主政治文化方面是落后的，相比西方其他国家而言，过迟的国家统一和民族国家建设、德国革命的失败和自由主义的懦弱都成了德国的缺点，这些因素导致了德国资产阶级在政治和社会方面影响有限。[1]这种观点影响了大部分德国的自由主义和左派的历史学家，这种解释成了一些知识分子自我理解的基石，他们把1945年后西德的西方化作为这种久存的否定传统的最终纠正。任何怀疑这种解释的人很快就被标上了保守主义、国家主义或反动的标签。汉斯·约纳斯说："他的书《现代性与大屠杀》犹如晴天霹雳震撼了德国的讨论。"[2]鲍曼关于大屠杀的书是少数真正地解释现代社会最恐怖的事实的社会学努力之一，他没有把种族大屠杀归结于罪犯们的不正常心理或是德国历史的特定性，且他又或多或少地不同于主流社会学理论暗含的一个假定，即他坚决拒斥把大屠杀解释为现代化进步过程中的某种偏离。对鲍曼而言，大屠杀不能被宣称是德国人—犹太人关系历史中的一个特定事件，也不是现代性的一个暂时的倒退或回归。相反，只有我们完全意识到它现代的特征之后我们才能理解大屠杀，同时我们只有从大屠杀的理解出发，才能对现代性做出恰当理解，所以，约纳斯认为"鲍曼的书可以被认为是'后奥斯维辛社会学'的一个决定性文本"[3]。

鲍曼通过对大屠杀得以可能的条件分析指出，除了战争这一偶然因素外，其他条件都是现代性本身所具有的特征。导致大屠杀的两个互为联系的重要条件："在远处行动的能力"和"行为道德约束的失效"，都是现代官僚体制的重要特征，正是因为严密的、分工精细的官僚体系，使得行为和结果之间的联系越发无法察觉，对官僚体系中工作人员工作的道德评价无从实施，对行为的道德评估被服从的伦理取代，使每个人在其职责范围内的任务的道德意义被隐藏或消解，大屠杀的命令就这样被有效执行了。即使是犹太委员会"被诱惑的合作"也完全是理性的，是诸如"牺牲一百个人保全一千个人"之类的理性

---

[1] Peter Beilharz (ed.), *Zygmunt Bauman*, Volume Ⅰ, London: Sage Publications Ltd., 2002, p. 87.

[2] Peter Beilharz (ed.), *Zygmunt Bauman*, Volume Ⅱ, London: Sage Publications Ltd., 2002, p. 3.

[3] Peter Beilharz (ed.), *Zygmunt Bauman*, Volume Ⅱ, London: Sage Publications Ltd., 2002, p. 5.

算计的结果。鲍曼得出的结论是令人震撼的:"在大屠杀漫长而曲折的实施过程中没有任何时候与理性的原则发生过冲突。……大屠杀不是人类前现代的野蛮未被完全根除之残余的一次非理性的外溢。它是现代性大厦里的一位合法居民;更准确些,它是其他任何一座大厦里都不可能有的居民。……我还认为正是工具理性的精神以及将它制度化的现代官僚体系形式,才使得大屠杀之类的解决方案不仅有了可能,而且格外'合理'——并大大地增加了它发生的可能性。"[1] 当然,鲍曼也并不认为现代性是大屠杀的充分条件,即现代性必然导致大屠杀;但他认为现代性是大屠杀的必要条件,没有现代性大屠杀是不可想象的,因而在现在这样一个现代性梦想并没有完全被抛弃的时代,类似的大屠杀是完全可能的,伊拉克对库尔德人的屠杀、发生在非洲大陆的种族大屠杀就是很好的佐证。

伊恩·瓦尔科(Ian Varcoe)详细地比较了大屠杀的四种解释:保守主义的、"特殊道路"的、哈贝马斯的和鲍曼的。他认为这四种立场主要存在两个方面的分歧:一是大屠杀与其他种族屠杀的可比较性,与之相关的是德国人的身份(German identity)问题;二是关于大屠杀的机械化使用问题,即科学技术卷入大屠杀的问题,这个问题涉及是否能对大屠杀进行社会学解释的问题。瓦尔科认为,对第一个问题,保守主义的历史学家认为大屠杀是可比较的,德国人的身份也是成问题的;哈贝马斯认为大屠杀是不可比较的,德国人的身份是很成问题的;"特殊道路"历史学家认为德国人的身份不是特别成问题的,成问题的是德国的体制(German institution),他们像哈贝马斯一样认为大屠杀是不可比较的;鲍曼认为大屠杀是可比较的,德国人的身份是没有问题的。关于第二个问题,保守主义历史学家没有对大屠杀提供一个社会学的解释,但他们认为机械化是大屠杀的一个中心问题;哈贝

---

[1] Zygmunt Bauman, *Modernity and the Holocaust*, Cambridge: Polity Press, 1989, p. 23.

马斯也没有提供大屠杀的社会学理论，他也不认为大屠杀的技术手段的应用是它的一个关键性区别特征；"特殊道路"历史学家提供了大屠杀的社会学解释，但没有特别强调大屠杀中科学技术的应用，他们强调的是体制因素；鲍曼为大屠杀提供了一个社会学的解释，也强调了科学技术的应用在大屠杀中的作用。[1]

总的说来，瓦尔科对鲍曼关于大屠杀的理解也正确，但我认为至少有两点需要补充的。一是鲍曼虽然拒绝"特殊道路"理论，即把大屠杀主要理解为是由于德国不同于西欧其他国家的政治和社会体制造成的，但有效的官僚体系在鲍曼的大屠杀之所以可能的原因中占有重要地位，鲍曼认为大屠杀的最关键的构成要素就是"典型现代的、技术—官僚的行为模式，以及这些行为模式的制度化、产生和再生产的心态"[2]。在这种指导思想背景下的官僚体系产生的一个重要后果就是"对象的非人化"，这种对象的非人化、道德中立化是克服行动者的道德良知的重要原因；另外，官僚体系的严密分工，也是造成这种道德冷漠的方式，所以鲍曼认为"官僚体系有执行种族灭绝行动的内在能力"[3]。当它遭遇现代性的另一个创造——一个更好的、更合理的、更理性的社会秩序的大胆假设以及实现这种设计和假设的决心时，大屠杀就产生了。所以，当采访者向他提出官僚体系的问题时，他承认高效的官僚体系这一普鲁士传统的角色——但很清楚的是它绝对不是在绝对主义残余的意义上缺乏现代性，而是在官僚化的普遍现代趋势中的领先。

另外一个需要补充瓦尔科的观点的是，鲍曼不管是在论述官僚体系还是科学技术在大屠杀过程中发挥的作用时，他都是通过道德冷漠

---

[1] Peter Beilharz (ed.), *Zygmunt Bauman*, Volume I, London: Sage Publications Ltd., 2002, pp. 95-97.

[2] Zygmunt Bauman, *Modernity and the Holocaust*, Cambridge: Polity Press, 1989, p. 94.

[3] Zygmunt Bauman, *Modernity and the Holocaust*, Cambridge: Polity Press, 1989, p. 106.

和工具理性这两个范畴来论证的。鲍曼认为现代官僚体系最擅长的一件事就是使手段与目的的道德评价脱节，手段仅受工具理性的单一标准支配。这一脱节是由两个过程造成的，一是细致的劳动分工划分，二是以技术的责任代替道德的责任。劳动分工使对集体行动的最终结果有所贡献的大多数人和这个成功本身之间产生了距离。这样，每一个人完成的任务，其本身可能是不具有什么道德意义的，它的意义要由整个事件来赋予，而最后的结果可能是行动者无法知晓的；有些行动者甚至对其行动的意义没有任何的认识，他们的行动理由就是服从命令。这样产生的一个结果是，"个人所做的每一件事在原则上是有多个结局的；也就是说，任何一件事都可以被合并和整合成多种意义决定的总体"，这样，道德标准对整个过程的大多数行动者而言就显得不重要，他们也被剥夺了这种知情权，久而久之，造成的后果就是彻底的道德冷漠，而技术责任却适时地取代了道德标准的位置，"道德也就归结为要做一个好的、有效率的和勤劳的专家和工人的戒律"。[1]

鲍曼认为："在使大屠杀得以持续的过程中，科学既直接地又间接地扮演了黑暗而不光彩的角色。"[2]之所以说间接地起作用，主要表现在科学提供的价值无涉。科学通过质疑道德和宗教的权威，通过质疑价值和规范的主观性和对客观性的追求，把工具理性摆上了神坛，科学使大屠杀看起来是如此之高效，如此之"合理"，"科学带着狂热和放任拆除了所有阻止它的障碍"[3]。直接的作用有，一些科学家为了获得政府对科研的支持，采取了向纳粹妥协和合作的态度，一些科学家更是直接成了纳粹的帮凶，为大屠杀提供尽可能有效的技术手段，如毒气室的建造，运送犹太人的火车设计等等。当然，鲍曼并不会把科学家当成嗜血狂人，总的说来怀疑科学家的崇高是没有道理的，更没有理

---

[1] Zygmunt Bauman, *Modernity and the Holocaust*, Cambridge: Polity Press, 1989, p. 104.
[2] Zygmunt Bauman, *Modernity and the Holocaust*, Cambridge: Polity Press, 1989, p. 108.
[3] Zygmunt Bauman, *Modernity and the Holocaust*, Cambridge: Polity Press, 1989, p. 104.

由指责他们有恶意预谋。然而，犹太人屠杀给我们的教训是"应该对科学家有权区分善与恶这一主张的明智性，对科学作为道德权威的能力，更确切地说，对科学家确定道德问题，并对他们的行动结果做出道德判断的能力，加以怀疑"①。鲍曼引用和详细分析了米格拉姆实验结果来证明他的观点。米格拉姆（Milgram）是耶鲁大学的一个心理学教授，他设计了一个实验，过程大致如下：在实验员的指导下，以科学的名义，以电击、鞭打等方法残害被实验对象，在电击这种远距离的情况下，当被告知电压不足以造成对象的永久性伤害时，随机找来的人都会拉下电闸，在近距离的鞭打情况下，出现一定的拒绝率，当实验人员故意对实验方式表示分歧出现争吵时，一般都会拒绝参与实验。鲍曼认为米格拉姆的实验至少具有以下几方面的意义：

（1）米格拉姆假设并证明了非人性是社会关系中的一个事实。当后者被理性化以及在技术上被引向完美时，非人性的社会生产的能力与效率也趋向如此。残酷与一定的社会互动模式的关联比它与执行者的个性特征或者执行者的其他个人特征的关联要紧密得多。残酷从其本源来说，社会性的要远多于性格上的。

（2）理性化的进程内在地、不可避免地促进了结果是野蛮和残酷的行为的产生，即使行为的意向并非如此。行为的组织越是理性，越容易制造痛苦。

（3）科学比起其他的权威来更多地被公众舆论许可实施伦理上可憎的原则，即用目的来使手段变得合理。科学成为目的与手段分离得最彻底的化身，这种分离是人类行为的理性组织所怀的理想：是目的而不是手段遭受道德的评价。

（4）从米格拉姆整套试验中得出的一个最突出结论就是，多元主义是防止道德上正常的人在行动上出现道德反常的最好的良药。而只

---

① Zygmunt Bauman, *Modernity and Ambivalence*, Cambridge: Polity Press, 1991, p. 46.

有在政治与社会纷争的嘈杂中，才能清楚地听到个人的道德良知发出的声音。①

鲍曼的观点与霍克海默和阿多诺在《启蒙的辩证法》中的观点的相似性是明显的，鲍曼也承认他们的影响，但许多评论家也发现了他们之间的区别，霍克海默和阿多诺在他们的书中假设了工具理性支配的线性增长，在某个点上将完成和取得胜利；而鲍曼对这个过程的矛盾持更为开放的观点，认为今天工具理性支配的进一步增长具有较少的线性，更多的选择意愿。这可能有时代的原因，因为鲍曼发现了许多后现代性状况。鲍曼经常遭遇的批评是他没有分析导致"最终解决"的决定的做出过程，所以他没能描述纳粹政权不断增长的激进化；另一个批评认为，不是官僚体系本身，而是现代官僚体系机构嵌入（institutional embeddedment）的腐蚀导致了道德冷漠。这些批评确实是中肯的，但若我们意识到鲍曼的明确意图不是更多地理解历史，而是精确理解大屠杀的起源，这些批评也就显得不那么重要了。鲍曼对大屠杀的结论使对我们的时代做出激进的重估成为必要，鲍曼通过阐述一个后现代性社会学来追求这一目标，因为他认为只要继续现代性，大屠杀的可能性就存在，他认为："能够真正抗衡并最终抵消现代性的工具性能及其工具——理性心态中的种族大屠杀的潜在性的唯一因素——的，是权力的多元主义（因此也包括权威意见的多元主义）。"②而在鲍曼那里，后现代最重要的特征就是多元主义，从米格拉姆实验中得出的对道德多元主义的要求，使鲍曼区别于几乎所有的后现代性理论家，他把伦理问题作为了后现代性理论的中心问题。可见，对大屠杀的思考，在鲍曼整个社会理论的建构中是具有重要地位的。

---

① Zygmunt Bauman, *Modernity and the Holocaust*, Cambridge: Polity Press, 1989, pp. 155-167.
② Zygmunt Bauman, *Modernity and Ambivalence*, Cambridge: Polity Press, 1991, p. 51.

第三节 何种现代性？

正如法国学者安托瓦纳·贡巴尼翁所言："'现代、现代性、现代主义'，这些词在法语、英语、德语中并不具有同一意义；它们并不指向清楚、明晰的概念，也不指向封闭性的概念。"[①] 现代性这个概念不是某个学科独有的，在不同领域的学者，以及同一领域的不同学者那里，都可能不是在同一意义上使用这个概念。现代性至少包括三种主要的话语形式：艺术、哲学和社会学。本节试图在简单介绍和概括这些不同的现代性话语的基础上，分析这些现代性话语的家族相似性，在此基础上，阐明鲍曼的现代性概念所具有的含义。

波德莱尔在现代性话语中占有的重要地位是无可置疑的，他不是第一个使用"现代性"这一概念的人，但却是第一个对现代性做出概念界定的人。正如《一切坚固的东西都烟消云散了》一书的作者马歇尔·伯曼所言："西方文化越是认真关注现代性的问题，波德莱尔的创新和勇气就越让我们感到他是一个预言家和先锋，如果一定要我们提名谁是第一个现代主义者，那他一定会是波德莱尔。"[②] 在波德莱尔看来，现代性的"问题在于从流行的东西中提取出它可能包含着的在历史中富有诗意的东西，从过渡中抽出永恒"，所以他认为"现代性就是过渡、短暂、偶然，就是艺术的一半，另一半是永恒和不变"。[③] 波德莱尔这个概念的最大特征就是它的矛盾性，现代性就是一种矛盾意识，就是一种对立面共存的意识。

---

① 安托瓦纳·贡巴尼翁：《现代性的五个悖论》，许钧译，商务印书馆 2005 年版，第 7 页。
② 马歇尔·伯曼：《一切坚固的东西都烟消云散了——现代性体验》，徐大建、张辑译，商务印书馆 2004 年版，第 169 页。
③ 波德莱尔：《1846 年的沙龙——波德莱尔美学论文选》，郭宏安译，广西师范大学出版社 2002 年版，第 424 页。

哈贝马斯先生总结了现代性的哲学话语，从他的书中可以看出，在他看来现代性的主要特征可以用以下三个概念来概括，即主体性、理性和意识哲学。哈贝马斯认为，"黑格尔是使现代脱离外在于它的历史的规范影响这个过程并升格为哲学问题的第一人"①，黑格尔发现主体性是现代的原则。黑格尔用主体性原则表明现代世界是一个优越性与危机、进步与异化精神共存的世界，这也是现代的矛盾性在哲学中的体现。在黑格尔这里，主体性原则是规范的唯一来源，也是现代时代意识的源头。这种原则的必然要求就是扩张理性的力量，直至绝对精神。所以哈贝马斯认为："黑格尔的哲学满足了现代性自我证明的要求，但付出的代价是贬低了哲学的现实意义，弱化了哲学的批判意义。"②黑格尔哲学突显的是现代性绝对的一面：永恒的以主体性为原则的理性。

哈贝马斯认为黑格尔死后，哲学曾一度把明确现代性自我理解的理论使命转让给了政治科学和社会科学以及文化人类学，直到海德格尔才再一次把现代性话语引入真正的哲学思想运动当中。在此期间，青年黑格尔派曾企图把源于现代性精神自身的"批判"的思想框架从黑格尔理性概念的压迫下解放出来，他们很想把面向未来的现在从全知全能的理性控制之下解脱出来。他们希望重构历史维度，为批判打开一个活动空间，以便应对危机。而实践哲学则认为现代性的原则不是主体性，而是生产力的解放，现代性原则的基础与其说是认知主体的反思，不如说是生产主体的实践。因此，在实践哲学看来，构成现代性原则的不是自我意识，而是劳动。

尼采对现代性的批判直接影响了其后大多数的现代性哲学话语。尼采消除了以主体为中心并退化为工具理性的理性批判当中所具有的

---

① 于尔根·哈贝马斯：《现代性的哲学话语》，曹卫东等译，译林出版社2004年版，第19页。
② 于尔根·哈贝马斯：《现代性的哲学话语》，曹卫东等译，译林出版社2004年版，第49页。

辩证法芒刺,且放弃对理性概念再做修正,并且告别了启蒙辩证法,他的目的是要彻底打破现代性自身的理性外壳。于是,尼采用狄奥尼索斯取代了阿波罗,在尼采看来,所谓酒神精神,意味着主体性上升到彻底的自我忘却。从尼采开始,现代性批判第一次不再坚持其解放内涵,以主体为中心的理性直接面对理性的他者。尼采声称,相对于理性,只有主体性复古的自我揭示经验能够充当立法机构,它没有中心,不受任何认识和目的的约束,也不听从任何公理和道德的命令。"打破个体化原则"成了逃脱现代性的途径。尼采依靠超越理性视界的彻底的理性批判,建立起了权力理论的现代性概念,尼采认为理性不是别的,它就是权力,是十分隐蔽的权力意志。哈贝马斯认为巴塔耶、拉康、福柯、海德格尔、德里达等人都在某些方面继承和发扬了尼采的现代性批判。同时,尼采也打开了后现代的大门,海德格尔和巴塔耶则在尼采的基础上开辟了两条通往后现代的路线。①

哈贝马斯通过对海德格尔、德里达、巴塔耶、福柯等人的理论的分析指出,他们都采取各自的方式试图从现代性原则中突围,克服主体性原则,超越主客二分的范式特征。他们各自提出了一些具有原创性的理论,也取得了一些成功,但他们最后都未能从实质上摆脱主体哲学。"海德格尔只是在宣扬要把主体哲学的思维模式颠倒过来,他仍然局限于主体哲学的问题而不能自拔"②;"德里达实际上是回到了神秘主义转向启蒙主义的历史时刻。无论如何,它都只会让我们在尼采及其追随者试图超越的现代性当中越陷越深"③。"哲学对语言的使用是这样的:哲学之后永远不会是沉默。所以,高潮时刻必然会超出哲学

---

① 于尔根·哈贝马斯:《现代性的哲学话语》,曹卫东等译,译林出版社2004年版,第110—121页。

② 于尔根·哈贝马斯:《现代性的哲学话语》,曹卫东等译,译林出版社2004年版,第186页。

③ 于尔根·哈贝马斯:《现代性的哲学话语》,曹卫东等译,译林出版社2004年版,第217页。

追问的范围"①，所以巴塔耶也没法在哲学之内找到答案。"福科无法用从主体哲学自身获得的权力概念，来消除他所批判的主体哲学的种种困境"②。

我们姑且不论哈贝马斯对上述哲学家的认识是否完全正确，这事实上可能也是一个解释学的问题，但就他以主体性为线索所展现的现代性哲学话语而言，恐怕还是难以反驳的。其实这些哲学家本人也或多或少地意识到，他们在批判主体哲学的同时，又落入了主体哲学的窠臼。他们也企图走出这一怪圈，海德格尔后期哲学的转向，德里达和福柯晚年的伦理学转向，都是探寻解决主体性问题的新的途径。哈贝马斯认为语言哲学的转向是主体性问题得到解决的真正契机，用语言哲学取代意识哲学，用主体间性取代主体性，用交往理性，而不是工具理性，指导社会交往领域。哈贝马斯甚至指出，黑格尔、海德格尔都曾有提出交往理性的机会，但是都错失了。当然，他的解决办法也受到了利奥塔和德里达等人的强烈批评，指出商谈伦理的不可行性和理想主义特征。

既然哈贝马斯说到哲学曾一度把现代性话语交给了社会学、政治科学和人类学等，那么下面我们来看看现代性话语在社会学那里的状况。法国学者达尼洛·马尔图切利在其著作《现代性社会学》中区分了三种社会学的现代性模式：社会分化、理性化和现代状况。社会分化当然总是和社会整合联系在一起的，埃米尔·迪尔凯姆、塔尔科特·帕森斯、皮埃尔·布迪厄、尼古拉斯·卢曼被马尔图切利归入了社会分化模型（这是他用的一个概念，认为其没有库恩的"范式"要求那么严格，表达了一种松散的风格）；而马克斯·韦伯、诺伯特·埃

---

① 于尔根·哈贝马斯：《现代性的哲学话语》，曹卫东等译，译林出版社2004年版，第279页。
② 于尔根·哈贝马斯：《现代性的哲学话语》，曹卫东等译，译林出版社2004年版，第323页。

利亚斯、赫伯特·马尔库塞、米歇尔·福柯和于尔根·哈贝马斯被他划入了理性化的模型；乔治·齐美尔、芝加哥学派、欧文·戈夫曼、阿兰·图雷纳和安东尼·吉登斯被他归入现代状况这一模型，现代状况这一模型阐述的是现代性固有的矛盾性。

马尔图切利认为只有到了埃米尔·迪尔凯姆那里，社会分化的概念才真正地作为现代性的模型得以形成。迪尔凯姆第一次把现代性和社会分化过程等同起来，尤其希望在社会分化过程中和通过这种过程找到关于现代社会固有的整合问题的答案。这个答案的关键是个体和社会之间的关系。在社会分化模型中的社会学家的理论主要都是围绕这一答案展开的。迪尔凯姆在寄希望于规范的同时却又一直对之怀疑；个体和社会的二元论是帕森斯的分析方法的核心；布尔迪厄把一个近乎理想的和近乎古老的模型——社会地位和个人能力之间相关的模型——放在他的社会学观点的中心，用以否定现代性固有的模型间距——社会分化造成的个人与社会之间的不统一——的实际存在。卢曼与他们三个不一样，他认为，现代社会的整合最好被描述为一种极其偶然的和完全不稳定的情景。在卢曼看来，新的分化形式导致每一个系统的固有能力大量增加，导致不同系统之间层次协调一致的可能性的终结。在卢曼看来，社会系统是用来解释描述现代社会形式的当今最恰当、最完善的理论框架。这个理论框架是复杂的，所以我们必须抛弃试图在行动或主体方面找到理解我们社会的要素的幻想，应该用系统概念来代替古老的主体概念。

马尔图切利看到虽然社会分化是研究现代性的社会学的重要模型，但有一个不可否认的事实，那就是在整个20世纪，理性化在很大程度上是占主导地位的现代性的解释模型。而这种理性化的模型毫无疑问发端于马克斯·韦伯，韦伯在西方历史进程中观察到的向着理性化发展的倾向是现代社会的基石，在韦伯看来，现代性的出发点的标志不是人和世界之间的一种距离感，也不是把一种意义给予世界的愿望，而是通过理性控制的延伸重新阐明世界意义的意愿。韦伯的理性化思想产生了很大的影响，马尔图切利把他的遗产划分为四种可能性路向，第一种可能性更多以一种肯定的方式来解释理性化，尤其是把社会科学当作理性化的可能和适当的工具之一（诺伯特·埃利亚斯）。与之相反，第二种可能性属于对韦伯著作的悲观主义的解读，因为它为了一个被治理的社会而逐渐取消一切抵抗或人的解放的余地（赫伯特·马尔库塞）。第三种是福柯的著作，它强硬地坚持韦伯理性化的描述。第四种是于尔根·哈贝马斯的著作。马尔图切利认为他们的理论在某种程度上都是围绕韦伯的理性化思想展开的。

现代状况模型的社会学反思是围绕现代生活的工具悖论或矛盾展开的，在意识到现代性给我们带来的机遇和风险之后，这种社会学反思强调，世界从此以后不再有平静，世界处在永恒的变化之中。在本质和现象之间的紧张被理解为在现代性中的个体经验的现象学的和存在的表现，这种紧张处在这个模型的中心：现代性是对"主体性的历史方式"的一种有意识的反省。在这个模型中，社会学家主要探讨先定和谐的社会秩序的可能性的最终概念，不管是根据"理性的诡计"，还是根据"看不见的手"或"社会化"，因为人们承认社会生活的分裂是不可逾越的，但不一定是破坏性的。马尔图切利认为这种现代状况的社会学保留了面对现代性的早期思想家的热情和焦虑，突显了在波德莱尔等早期现代性作家那里的现代性不可避免的矛盾性。从齐美尔历经芝加哥学派到欧文·戈夫曼，以及图雷纳和吉登斯，马尔图切利认为，这些社会理论家关心的一个共同的中心主题就是主客体分裂引起的焦虑和紧张。

就艺术话语而言，伯曼通过对歌德的《浮士德》、波德莱尔和19世纪彼得堡的一批文学作品的分析，得出的结论是："所有的各种形式的现代主义艺术和思想独有一种双重特性：它们既是现代化进程的表现,又是对现代化进程的抗议。"① 这与贡巴尼翁在《现代性的五个悖论》中通过对抽象主义、超现实主义等艺术流派的分析得出的结论是相同的,贡巴尼翁认为:"现代性所认同的美的双重性质意味着不可分割的另一面,那就是对现代性的拒斥。"② 总的来说,在艺术和文学、绘画等形式中,现代性话语的主要表现是它的二重性、它的矛盾性。而在现代主义建筑中,则是以理性主义为特征的。现代主义建筑学可以说是以包豪斯为发端,并借助 1928 年成立的现代建筑国际代表大会而得以确立的,这种建筑风格赋予功用以优先权,它们的格言是"Form follow function(形式伴随功用)"。这种风格的建筑产生了广泛的影响,出现了不少有代表性的设计,如巴西利亚城等,它的产物通常都是一条条井然有序的街道,一个个的立方体盒子。

从我们对上述一些现代性话语的分析可以得出,尽管不同领域中的现代性话语有所不同,但现代性特征家族的主要成员却是相似的,包括了主体性、理性和矛盾性等。从本章的前两节可以看出,鲍曼对现代性的分析主要揭示的就是现代性的这些方面。阿格尼丝·赫勒说鲍曼是把现代性当作启蒙运动来批判的(这是她在复旦大学的一次讲座上阐述的观点),这一论断在一定程度上是正确的,因为理性主义和进步主义是发端于启蒙运动的,但是鲍曼对工具理性的批判是与社会整合联系在一起的,正是因为工具理性成为社会秩序的指导思想,才导致了大屠杀,而严密组织的官僚体制和道德的失范也超出了启蒙运动的预期,从这点来说,赫勒的评语又是值得商榷的。

---

① 马歇尔·伯曼:《一切坚固的东西都烟消云散了——现代性体验》,徐大建、张辑译,商务印书馆 2004 年版,第 308 页。
② 安托瓦纳·贡巴尼翁:《现代性的五个悖论》,许钧译,商务印书馆 2005 年版,第 28 页。

第二章　后现代性批判

鲍曼的"后现代性"概念一直是与"现代性"概念相对提出的，因为"后现代性"这个概念已经事实上存在的模糊性，鲍曼使用这个概念的时间并不长，而且他自己也在多个意义向度上使用"后现代性"这一概念，主要有知识分子的体验、思维状况（a state of mind）和社会形态（用鲍曼自己的话说应该是"栖息地"），所以，丹尼斯·史密斯认为鲍曼的后现代性包含三个方面：后现代视角、后现代栖息地和后现代进程。[①] 后现代进程事实上论述的是现代性和后现代性的关系问题，对于后现代栖息地，鲍曼在批判现代性的同时，对应地对其进行了描述，而后来在逐渐放弃了后现代性这一概念后，更多的是在"流动的现代性"名义下进行更详细的阐述。当然，后现代性的不同方面并不是截然分离的，而是相互关联的，知识分子体验到的正是社会状况的变化，它们都呼唤一种新的视角：后现代性视角。而所谓的后现代性进程，事实上它既是视角的转换，又是社会形态的变化。对后现代性这一视角的特征，我们将在方法论的比较部分解析，这里也甚少探讨鲍曼后来在"流动的现代性"议题下探讨的问题，而主要解析作为现代性对应物的后现代性，以及鲍曼在后现代性议题下所做的道德批判。

---

① Dennis Smith, *Zygmunt Bauman: Prophet of Postmodernity*, Cambridge: Polity Press, 1999, pp. 153-154.

第一节　后现代性形象

为什么我们需要"后现代性"这个概念，而不是使用已经存在的"后资本主义""后工业主义"这样的概念呢？鲍曼认为，"后现代性"概念要合法化它存在的权利，它必须做到：产生一种社会科学的话语，这种话语能理论化当代体验的不同方面，或用不同的方式理论化当代体验。

鲍曼认为，捕获和表述当代知识分子的新奇体验，就能完全证明"后现代性"概念的价值，因为在当今社会，知识分子的地位、功能和策略都发生了重大变化。[1] 这主要表现在三个方面：一是当今世界不再需要知识分子提供"对认识真理、道德判断和美学鉴赏等问题的权威解答"；二是知识分子传统的合法化功能已被更经济有效的"诱惑与压制"机制所抹杀；三是知识分子在不断扩大的文化生产和消费领域中（潜在）的影响和控制地位已被"资本"和"官僚"所取代。[2] 这些变化造成了知识分子的忧虑、失落和迷惘，对知识分子的这种新奇体验的理论化需要"后现代性"这个概念。

在鲍曼关注现代性的早期，就提出了知识分子问题，《立法者与阐释者》一书的副标题是"论现代性、后现代性与知识分子"，这个副标题透露出两个信息：一是现代性和后现代性对应出现；二是通过知识分子这一角色解析现代性和后现代性。鲍曼认为："'阐释者'角色这一隐喻，是对典型的后现代性知识分子策略的最佳描述。阐释者角色由形成解释性话语的活动构成，这些解释性话语以某种共同体传统为基础，它的目的就是让形成于此一共同体之中的话语，能够被形成于

---

[1] Zygmunt Bauman, *Intimation of Postmodernity*, London: Routledge. 1992, pp.93-94.

[2] Zygmunt Bauman, *Intimation of Postmodernity*, London: Routledge, 1992, pp. 96-100.

彼一共同体之中的知识系统所理解。"① 与作为立法者的现代性知识分子截然相反，后现代性知识分子不追求普遍性，不是为了树立权威，而是寻求解释、寻求理解，途径不是排斥、不是非此即彼，而是沟通和共存。

　　立法者向阐释者的过渡是一个长期而又复杂的过程，有文化的变迁，有政治的反抗，有价值的挑战，结果是"今天已没有一种权力能够声称它所代表的生活方式具有客观优越性"②，这种情况对作为立法者的知识分子是釜底抽薪的，就像鲍曼借用伊恩·迈尔斯和约翰·欧文分析"西方统治东方的命运"时说的："对西方优越论的绝对基础的哲学追求，听起来必然会愈来愈显得空洞与虚伪：因为打算说明的事实已经不存在了"③，知识分子要做的或说要达至的目标已经是不可能的了。知识分子的信念出现危机，他们的态度出现了急剧转变，因为"只要知识分子试图履行其传统职能（也就是说，随着现代的来临，他们接受训练，并进行自我训练，以履行其职责），就会驻足难前，只要看一看他们所面临的困难，他们的态度便可以理解。知识分子已经不再适合作为立法者存在于当今社会"④。立法者这一角色已不再被社会需要只是知识分子角色转换的直接和表面原因，更为根本的原因是权力机制或者说社会组织模式的彻底改变，"现代权力的例行公事化的事实，可以被认为（事实也正是如此）是训练有素的专家被官僚主义政治所取代，可以被认为是一种侵夺的行为——知识分子被剥夺了他们

---

　　① 齐格蒙特·鲍曼：《立法者与阐释者——论现代性、后现代性与知识分子》，洪涛译，上海人民出版社1999年版，第6页。
　　② 齐格蒙特·鲍曼：《立法者与阐释者——论现代性、后现代性与知识分子》，洪涛译，上海人民出版社1999年版，第161页。
　　③ 齐格蒙特·鲍曼：《立法者与阐释者——论现代性、后现代性与知识分子》，洪涛译，上海人民出版社1999年版，第161页。
　　④ 齐格蒙特·鲍曼：《立法者与阐释者——论现代性、后现代性与知识分子》，洪涛译，上海人民出版社1999年版，第162—163页。

生来就被视为属于他们自己的职能与资格"①。于是，在当今社会，"许多迹象显示，用'立法者'意象描绘的知识分子的传统职能（无论是践履的，还是仅仅心向往之的），正逐渐被另一种职能取代，'阐释者'意象是对后者的最佳描绘"②。

鲍曼在分析了多元主义的普遍存在后指出："由于多元主义是不可逆转的，不可能出现全球普遍认同的世界观和价值观，现存的各种世界观均牢牢地根植于各自的文化传统基础之上（更准确地说，建立于各自的自主性权力制度的基础之上），各种传统之间的交往，成为我们时代的核心问题"③，这一核心问题，"迫切需要在各种文化传统之间进行译解的专家"，而知识分子因为其所具备的知识和技能，成为这一任务最适合的承担者，于是知识分子另一更为本质的传统回归了——不断进行讨论，教导人们做得更好，这就是阐释者。阐释者与立法者区别明显："与他人对话而不是斗争，理解他人而不是把他人当做异己分子消灭"④，而后者正是立法者做的事情。

阐释者只是鲍曼找到的后现代社会中知识分子角色的隐喻，而这一隐喻又如何切入后现代性呢？那就是"阐释策略"，"阐释策略"才是，也就是后现代性的意象，无论认为是鲍曼所观察到的，还是他所希望，他用阐释策略所表达的后现代性是其后现代性理论的重要组成部分。他如是说：

---

① 齐格蒙特·鲍曼：《立法者与阐释者——论现代性、后现代性与知识分子》，洪涛译，上海人民出版社1999年版，第164—165页。
② 齐格蒙特·鲍曼：《立法者与阐释者——论现代性、后现代性与知识分子》，洪涛译，上海人民出版社1999年版，第166页。
③ 齐格蒙特·鲍曼：《立法者与阐释者——论现代性、后现代性与知识分子》，洪涛译，上海人民出版社1999年版，第190页。
④ 齐格蒙特·鲍曼：《立法者与阐释者——论现代性、后现代性与知识分子》，洪涛译，上海人民出版社1999年版，第191页。

阐释策略与所有的以一种原理形式出现的立法策略确有不同：它确实公开放弃了，或者说，把真理、判断或趣味的普遍性的假设扔在一边，原因是后者与正在进行的阐释工作并不相干；它拒绝在创造意义的各种共同体之间做区分；它承认这些共同体的自主权，后者是建立在共同体之上的意义的唯一的根基。[1]

对鲍曼来说，后现代性除了代表一种体验，它还代表一个成熟的社会系统，一个崭新的社会形态以及全新的生活策略。作为一个崭新的社会形态，鲍曼将其称为以"消费"为核心的消费者的社会。他认为，消费社会展示了新的历史时代的最重要的特征，这就是消费者的来临以及消费者的统治。鲍曼指出，消费者的行为和消费已经稳步进入到认知和道德生活的中心。个体首先和最主要的是作为消费者而不是生产者而存在，工作逐渐离开了它占据的中心地位，而被消费者自由所占据。在这种情况下，快乐的追求必然是通过服务和商品的消费，而非克制或延缓报偿。因此，在系统的再生产和整合过程中，提供复杂而微妙的诱因显得愈来愈重要。在一个消费社会中，合法化的武器已让位于两种互补的武器：诱惑与压制。其中诱惑是系统控制和社会整合最重要的工具，而压制则是对那些无法触及的区域的必要补充。在市场依赖性无法起支配作用，即由有缺陷的消费者（flawed consumer）组成的领域中，压制依然是使这个领域有序存在的重要工具。因此，"市场依赖性"（对于被诱惑者与消费者）和"规范调节"（对于非消费者或说新穷人）成为社会整合与再生产的手段。[2]

在从生产者社会向消费者社会转变的过程中，消费者实践着一种全新的生活策略。鲍曼以隐喻的方式将之称为漫步者（stroller）、流

---

[1] 齐格蒙特·鲍曼：《立法者与阐释者——论现代性、后现代性与知识分子》，洪涛译，上海人民出版社1999年版，第262—263页。

[2] Zygmunt Bauman, *Intimation of Postmodernity*, London: Routledge, 1992, pp. 49-51.

浪者（vagabond）、观光者（tourist）和比赛者（player）。鲍曼指出，现代性中以"满足的延迟"为目标的"朝圣者（pilgrim）"在后现代消费社会中无可挽回地丧失了它的核心地位，而漫步者、流浪者、观光者和比赛者这些新的生活策略——曾经使边缘的人在边缘的时间和地点采取的行为方式——如今成了大多数人在其生活的主要时间和生活世界的中心地带的行为方式。尽管鲍曼列举了四种生活方式，但他并没有将它们视作一个选择的问题。鲍曼指出，每种形式只不过表达了几乎无法整合为一个整体的事物的一部分。在后现代社会的"合唱"中，这四种形式都在歌唱——有时协调，尽管更多的时候是不协调。[①]

鲍曼指出，后现代生活策略的中心不是建立身份，而是逃避限制。人们都在追求"最大的影响和最迅速的废弃"。追求"最大的影响"是因为这个信息注意力饱和的世界最缺乏信息来源和"令人战栗的"消息；"最迅速的废弃"是因为注意力被充塞时，它必须被清空，为新爆发的信息腾出时间。这一切的全部结果是将时间分成片段，每一段都从其过去和将来中割断开来，每一段都是自我封闭和自给自足的，时间不再是河流，而是池塘。作为当前时候的一种集合或一种任意的结果，时间的流逝被平衡为一种连续的现在。这也就是后现代的"无深度"的和"平面化"的生活。

鲍曼以隐喻和象征的修辞手法对后现代消费社会以及人们的生活策略的描述，形象地再现了当代西方社会的现实，从而进一步证实了一个与古典现代社会完全不同的新的成熟的后现代社会已然确立。

[①] Zygmunt Bauman, *Life in Fragments: Essays in Postmodern Morality*, Cambridge: Polity Press, 1995, p. 91.

第二节　后现代的道德批判

鲍曼对伦理和道德问题的极大关注是他后现代理论的重要特征，这在众多的后现代理论家中是比较少见的，在他的后现代三部曲（《后现代性及其缺憾》《后现代伦理学》《生活在碎片中——论后现代道德》）的后两部中，伦理和道德问题都是主角，在其后的《个体化的社会》《寻找政治》等著作中，都探讨了道德问题，这可能与他在《现代性与大屠杀》中对大屠杀成因的道德缺失的分析有关，也可能受到德里达、福柯等人后期思想的影响。[①] 总而言之，伦理和道德问题是鲍曼社会理论的一个焦点问题，对这个问题的关注也使他的理论不像很多后现代理论那样激进，那样具有倾覆性，而是多了一些建设性，多了一些关怀，这也可能是他后来弃"后现代性"这一概念不用，而改用"流动的现代性"的一个原因吧。

一、现代：伦理时代——道德危机

鲍曼认为，伦理，即道德规范，是现代的产物。在前现代，对道德的引导和教化工作是由宗教来完成的，启蒙运动一开始，哲学家们就对宗教和天启进行了猛烈的攻击，取得了两项属于现代革命组成部分的成果："使建立在无视普遍人性（或者直接压迫人性）基础上的教会权威非法化；证明被现在负责提高和守护国家道德的开明的普遍代言人所造成的空虚状况的填充物之合法性"[②]，哲学家取代传教士成了道德的代言人，他们"在认为把约束全人类（所有身份、民族、种族的

[①] 这一点证据不太明显，但从他对列维纳斯"他者的责任"的探讨还是可以发现蛛丝马迹的。
[②] Zygmunt Bauman, *Postmodern Ethics*, Cambridge: Polity Press, 1993, p. 25.

人）的道德置于一个不可动摇的根基上的必要性和可能性上是观点一致的"①，他们也找到了这个根基——理性。理性责无旁贷地扮演起了宗教原来的角色——道德立法者。现代性的信仰首要就是理性，在理性的指导和规划下，一个美好的、有序的社会将实现。当然，在这样一个社会，我们每一个人应该是道德的（善良的），全社会应该遵循着同一个道德规范，"这种信念就是相信一种无矛盾、非先验的伦理法典的可能性"②，现代社会在这种信念的激励下，以立法的方式炮制出了普遍的、统一的伦理规则，所以现代是伦理的时代，伦理先于道德，而"道德是伦理的产物，伦理规范是生产方式，伦理哲学是工业技术，伦理说教是道德工业的实证主义；善是它计划获得的收益，罪恶是它生产中的废品或副产品"③。这样就由伦理规则全面接管了道德能力和道德冲动，道德名存实亡，而伦理规则的"立法权"是掌握在哲学家、伦理学家等少数人手中的，大多数人已经丧失了道德自主权，一个最主观的事物变成了客观的，他们要想是道德的，只要也唯有遵守伦理规范，这就是现代的道德危机。

现代社会是如何做到抑制人的道德冲动，而使统一的伦理法典行之有效的呢？它是依靠两种理性——程序理性和工具理性——产生的两种伦理——职业（工作）伦理和商业伦理——达到它的目的的。职业伦理的用武之地是现代组织，最有代表性的就是官僚体系和商业组织，鲍曼认为："现代组织是一种为使人的行为免受行为者个人的信仰和感情影响而设计的新发明。在此，纪律是唯一的责任，它排除了所有的其他责任，详细的说明一个人对其组织的职责的伦理准则取代了那些可用来处理成员的行为的道德问题，换句话说，现代组织是做

---

① Zygmunt Bauman, *Postmodern Ethics*, Cambridge: Polity Press, 1993, p. 25.
② Zygmunt Bauman, *Postmodern Ethics*, Cambridge: Polity Press, 1993, p. 9.
③ Zygmunt Bauman, *Life in Fragments: Essays in Postmodern Morality*, Cambridge: Polity Press, 1995, p. 34.

那些不受道德约束的事情的一种方式。"① 职业伦理的主要表现就是服从，做你的岗位设定的或上级命令你做的，你的道德感情必须锁在家中的抽屉里。鲍曼通过对米格拉姆实验②的分析指出，"残酷只是微弱地与执行者的个性相关，而实际上却非常紧密地与权威和下属的关系，与我们正常的、每天都碰到的权力与服从的结构相关"③。在实验中的权威和权力来自科学和实验员。这种职业伦理导致了两个相互关联的后果，一是责任的流动性，因为处于组织中的职业都是按规则或命令行事，随着劳动分工的越趋精细，任何一个后果的产生都涉及很多相互辅助的工作和工作人员，所以责任就失去了承担者。第二个后果鲍曼称之为不置可否的中立化（adiaphorization），就是组织中工作人员的工作是免于道德评价的，不存在好与坏的问题，而只是正确和错误执行了命令或纪律的问题。所以艾希曼的律师会辩护说他仅仅是执行了希特勒的命令。可以看出这两个后果是相互关联的，是一个问题的两面。这种职业伦理正是大屠杀得以可能的重要条件，正是当时德国组织严密的官僚体系导致了道德失范。这种官僚体系不仅导致了责任流动和道德中立化，而且因为它的分工和程序性，很多工作丧失了与残酷结果的直接联系，工作在办公室完成，而结果发生在遥远的奥斯维辛。这种"远处行为能力"大大减轻了道德震撼力，米格拉姆实验也证明了这点。并且，因为组织中的大多数行动者不是与人打交道，而只是与事物的某些方面、特征、统计所代表的特点打交道，所以行动所指向的对象的伦理主体地位经常被忽视，他们不被作为"人"来对

---

① Zygmunt Bauman, *Life in Fragments: Essays in Postmodern Morality*, Cambridge: Polity Press, 1995, p. 261.
② 在实验员的指导下，以科学的名义，以电击、鞭打等方法残害被实验对象。在电击这种远距离的情况下，当被告知电压不足以造成对象的永久性伤害时，随机找来的人都会拉下电闸；在近距离鞭打的情况下，出现一定的拒绝率；当实验人员故意对实验方式表示分歧出现争吵时，一般都会拒绝参与实验。
③ Zygmunt Bauman, *Modernity and the Holocaust*, Cambridge: Polity Press, 1989, pp. 153-154.

待；正是这些原因的交集导致了在大屠杀中伦理的失范。

工具理性的主要标准是效率，它正是商业所追求的，充分利用资源以达到最大产出就是商业原则，浪费资源、低效率都是罪过。家庭和商业的分离是商业得以发展的前提，因为商业逻辑是要对效益以外的其他一切事物忘却或漠视，特别是感情，而道德冲动是要坚决排除的重中之重，这就是商业伦理。它有一个很重要的价值——诚实，效率的诚实，因为效率的追求必须有一个诚实的环境。商业伦理的后果就是抛弃一切道德冲动。在大屠杀的例子中，为什么由刚开始的迁移发展到后来的"从身体上消灭"？因为这是最有效率的一种方式，最符合工具理性的算计。

鲍曼借用英国作家奥威尔（Orwell）的"一只永远践踏人类的脸的靴子"来形象化官僚机构对道德的损害，并类似地创造了"永远阻止人类的脸被人看到的眼罩"来比喻同样损害道德的商业，它们产生的后果就是"日程表上去掉了道德事务"，这样现代社会就有效地用伦理取代了道德，这也是现代性宏伟蓝图的必然结果。

二、后现代：伦理危机——道德机遇

鲍曼认为社会现实运动给出的答案是现代性不仅不是"未竟的事业"，而是彻底失败了，希特勒失败了，苏联失败了，对秩序的追求并没有带来更多的有序，混乱如影随形，不确定性、模糊性、不可决断性等现代性发誓要消灭的东西依然如故。作为现代事业重要组成部分的伦理工程也不例外地碰到了问题，许多思想家惊呼"后现代伦理危机"，鲍曼则指出这种伦理危机是"需求和供应的矛盾"[①]，而供不应求的商品就是伦理规范。为什么会出现伦理规范的供不应求呢？我们从

---

① Zygmunt Bauman, *Postmodern Ethics*, Cambridge: Polity Press, 1993, p. 17.

鲍曼的著作中可以找到他阐述的两个主要原因：一是就像现代性的内在矛盾性一样的伦理困境；二是社会生活的不断碎片化，责任的不断私人化。

即使有着完善的伦理规范，道德行为最后还得要由行为者的选择来完成，也只有行为者的选择才能完成。即使面对可怕的灾难性后果，行为者还是可以选择不服从，这种选择是完全自由的，也是极端私人的。事实上，此种选择自由也正是法律和伦理规范存在的前提，因为很多人选择恶而不是善。在理性为道德立法的初期，一个普遍的、统一的权威能够有效产生并得到服从。但是，就像理性在追求秩序时做出的划分一样，伦理规范不断地划分道德的和不道德的、善的和恶的，最后不是带来了更多的普遍性和统一性，而是带来了多样性和混乱。社会现实也在揭示："似乎有太多的令人感到安慰的规范：它们以不同的音调讲话，一种规范所称赞的正是另一种规范所谴责的。它们相互冲突和矛盾，每一种规范都主张另一种规范拒绝的东西为权威。"① 有人可能会说，这不仅不是供不应求，还是供过于求。但是从它无法提供一种统一的、能作为人们的道德选择的依靠的伦理规范这一现代要求来说，它也是供不应求的。这种情况带来的后果就是：伦理规范力量相互抵消，道德重新从伦理规范中解脱出来，道德再一次成为私人事物，道德选择的后果被要求由行为者来承担责任，责任不再是流动的，而是明确的。

鲍曼认为，与现代的生产者角色不同，后现代是一个消费社会，只有成为一名有能力的消费者才是合格公民。在后现代的消费生活中，游戏规则在游戏过程中不断变化，保持游戏的简短和谨防长远是一切理性行为的指导原则。在后现代，"不把自己的一生仅仅献给某一个使命。不发誓永远忠于任何人和事……不让过去的事给现在带来压

---

① Zygmunt Bauman, *Postmodern Ethics*, Cambridge: Polity Press, 1993, p. 20.

力，简言之，就是对现在掐头去尾，使它从历史中完全脱离开来。废除时间的其他一切形态，而只将它作为当前时刻的一种集合或一种任意的结果；使时间的流逝平衡得成为一种连续的现在"[1]，这样，生活就成了时间的碎片。鲍曼用朝圣者来比喻专注于身份建立的现代生活，而"后现代生活策略的中心不是建立身份，而是逃避限制"[2]，对于这种恐惧束缚和固定的后现代生活策略，鲍曼认为漫步者、流浪者、观光者和比赛者的联合是一个合适的比喻，这四种人并不是后现代发明的，他们只是从边缘走向了中心。漫步者是悠闲的人，在悠闲时光中漫步，把人生现实排列为没有过去和结果的事件，购物中心是漫步者的天堂；流浪者是现代秩序追求的敌人，花园中的杂草，他们没有目的地，没有预定的旅程，对他们流经地的定居者来说他们是陌生人，但现在的城市就是陌生人的集合，"世界正在按流浪者的标准将自己零售"；观光者的心声是"我需要更多的空间"，表达的是对家的束缚的不满；比赛者的忧虑是比赛总是从起点开始。这四种形象"都倾向于将人际关系变成破碎的（想想那些简化成一种简单职责和服务的'纯粹'关系）和不连续的；他们联合起来反对'拧成一股绳'和持续久远的影响"[3]。这种后现代生活的碎片化导致了伦理规范供不应求，使行为和伦理规范间出现了空隙。

鲍曼也为后现代伦理危机的出现而高兴，但不是"干什么都可以"的那种伦理虚无主义。他认为，正是伦理规范的供不应求，为道德提供了填补伦理空隙的机会，为道德从伦理规范的坚硬盔甲中解放出来、使道德重新个人化提供了契机。另外，具有偶然性、不确定性、模糊

---

[1] Zygmunt Bauman, *Life in Fragments: Essays in Postmodern Morality*, Cambridge: Polity Press, 1995, p. 89.

[2] Zygmunt Bauman, *Life in Fragments: Essays in Postmodern Morality*, Cambridge: Polity Press, 1995, p. 89.

[3] Zygmunt Bauman, *Life in Fragments:Essays in Postmodern Morality*, Cambridge: Polity Press, 1995, p. 100.

性等现代社会要根除的特征的后现代胜出，也直接动摇了伦理规范的普遍性、统一性神话。这种"后现代对世界的'返魅'也将道德从其现代流放中接纳回人类世界，重新恢复了它的权力和尊严，抹平了被诽谤的记忆和由于现代的不信任而留下的屈辱"①。

鲍曼也并不认为在后现代状况下道德就必然会复兴，事实上，道德也面临着很多危险。首先，在现代社会状况下威胁着道德的许多伦理规范还继续在起作用或是变相存在。随着科技的发展，远处作用能力进一步加强，对象的道德主体地位更会被漠视；随着市场和资本势力的扩张，商业伦理变得无孔不入；极权主义不再存在，但许多"分散的、小规模的然而却是多元的和普遍存在的压迫"被繁殖，"伟大的确定性已经被驱散——但是在被驱散的过程中，它分裂成为大量小的确定性，这些小的确定性反而更加野蛮地黏附于它们微小的组成部分上"。②其次，虽然伦理危机留出的空隙为道德的填补提供了契机，但在后现代状况下道德出现了一个重要的对手——美学。在后现代状况下的人"将他者首先视为一种美学的对象，而非道德评估的对象；视为一种体验，而非责任关系"③。鲍曼认为，社会空间由认知、美学和道德空间组成，由于它们有着各自不同的逻辑，它们是相互竞争的，认知空间和美学空间不可避免地分割道德空间，在后现代的消费主义社会中，这种情况显得更为严重，因为人们的理想就是成为一个满意的消费者，"社会存在于个体寻求和发现对个人需求满足的过程中。认知空间首先是一块牧场，美学空间则是一个游乐场。人们既不要求也不寻求道德空间"④。所以，对道德而言，后现代是危机和机遇并存的。

---

① Zygmunt Bauman, *Postmodern Ethics*, Cambridge: Polity Press, 1993, p. 33.
② Zygmunt Bauman, *Postmodern Ethics*, Cambridge: Polity Press, 1993, p. 239.
③ Zygmunt Bauman, *Life in Fragments:Essays in Postmodern Morality*, Cambridge: Polity Press, 1995, p. 100.
④ Zygmunt Bauman, *Postmodern Ethics*, Cambridge: Polity Press, 1993, p. 244.

三、对他者的责任 —— 道德复兴？

鲍曼认为大屠杀的一个重要理论启示就是必须寻求道德的前社会根源，他指出了三种这样的理论，一种是在处理"与他人相处"时不考虑道德问题，以手段—目的模式处理的理论；第二种是萨特式的"他人即是地狱"式的焦虑；第三种是列维纳斯式的"对他者的无条件责任"。"对列维纳斯来说，'与他人相处'这种人类存在最基本和不可撼动的特征首先意味着责任……我的责任是他人对我而言的一种，也是唯一的一种存在形式"①，这种责任是无条件的，是不受任何非道德因素影响的。在纳粹对犹太人的大屠杀的过程中，有些犹太委员会委员不愿为了自保而做纳粹的帮凶把其他犹太人送往奥斯维辛，选择了自杀乃至全家一起自杀。鲍曼认为这样的事实表明自保并不是必然凌驾于道德之上的，从伦理学的视角上，道德先于本体。同时，鲍曼认为认知意义上的社会化和美学意义上的社会性（sociality）都无助于道德自治的形成。鲍曼指出，就与道德自治有关的范围而言，社会化与社会性的结果是相同的：规则或群体的他治代替了道德自我的自治。真正的道德应该是道德自我的自治，而"为了他者"的道德正是这种自治的表现。

鲍曼区分了"与他者共在（being with）"和"为他者而存在（being for）"。鲍曼指出，"共在"是对称的，而"为他者而存在"很明显是不对称的。"为他者而存在"使参加者变得不平等，它通过将我的位置从对他者可能采用的所有立场的依赖性中解放出来而给予我的位置以特权。鲍曼认为，这种存在方式排除的不仅是特权，而且还有冷漠。我在为他者，而不管他者是否在为我。可以说，他为我是他的问题，他是否为我或者他怎样处理这个问题一点儿也不影响我为他。② 在此基础

---

① Zygmunt Bauman, *Modernity and the Holocaust*, Cambridge: Polity Press, 1989, p. 182.
② Zygmunt Bauman, *Postmodern Ethics*, Cambridge: Polity Press, 1993, p. 50.

上，鲍曼区分了"向……负责（responsibility to）"与"为……负责（responsibility for）"。鲍曼指出，负责任意味着不再将他者看成是一个种群或类属的样本，而是视为一个独一无二的个体，由此他也将自己提升到一个独一无二的位置。鲍曼指出，承担责任是善的必要但不充分的条件。在缺少确定性的帮助和权威的保证时，当在善恶之间绘制一条最终的、清楚且无争议的界限没有希望时，履行责任意味着在善与恶之间指引一条行进的线路。"向……负责"是对规则、规则的制定者和规则的守护者负责。"为……负责"是对他者的健康和尊严负责。负责任并不意味着遵守规则，它常常要求个人蔑视法规或以法规不允许的方式行事。[①] 在鲍曼那里，真正的道德应当采取"为……负责"的模式，因为道德的原初场景是"面对面（face to face）"的领域，在这里，把他者作为一个独特的面孔而与之相遇。鲍曼指出，不确定性是生活的一个永恒条件，它也是道德自我扎根和生长的土壤。道德生活是一种连续的不确定性生活，道德责任是无条件的并在原则上是无限的，道德也像未来一样，永远是未竣工的。因此，道德人对其道德表现有着永远难以抑制的不满意，他们总是苦恼地怀疑自己不够道德。

在此基础上，鲍曼提出了自己的伦理学主张：（1）人在道德上是善恶并存的，善恶面对面地存在于人的"最初场所"中心；（2）道德和道德现象在本质上都是非理性的，不适用理性算计；（3）道德具有无可救药的先验性，任何在社会中找到的根基都是错误的；（4）道德不能被普遍化，但他也反对道德相对主义，不能普遍化不等于相对主义，后现代伦理学并不主张道德相对主义；（5）道德责任是第一位的，它不是社会的产品而是社会的基础。[②]

[①] Zygmunt Bauman and Keith Tester, *Conversations with Zygmunt Bauman*, Cambridge: Polity Press, 2001, pp. 52-53.

[②] Zygmunt Bauman, *Postmodern Ethics*, Cambridge: Polity Press, 1993, pp. 10-14.

四、社会正义

列维纳斯构建的道德场景有点类似于罗尔斯的"原初状态",罗尔斯是用"无知之幕"把原初状态中的人罩起来,这些人对它们的自身状况一无所知,而列维纳斯干脆把它们消解了,我和他者都是没有社会地位、职位、财富、名誉等特征的人,列维纳斯把人还原成了赤裸裸的人性。但是列维纳斯得出的不是罗尔斯的社会正义问题,反倒是诺齐克式的无政府主义乌托邦——道德复兴的场景。鲍曼指出:虽然列维纳斯也认识到了他的"对他者的无条件责任"只适合于纯粹的道德场景,走出道德场景之外就必须求助于社会正义,但他没有对此做详细探讨;列维纳斯虽然希望国家机构的工作致力于促进正义的发扬,但他没有正视"它们的工作也许缺乏道德理想,甚或产生对道德价值有害的后果"[①]。针对这种缺陷,鲍曼提出的解决方案是"要求政治纲领——不管是政治家的政治纲领,还是更加难以捉摸和不能控制的集中或分散的政治纲领——成为道德责任的一种延伸和制度化"[②]。于是,鲍曼转而希望去寻求一种新的政治伦理,但因为知识分子阶层同样受到后现代个体化的影响,已经不再是一个有力的整体,这是一个事实,也并不是一件坏事(特别是摆脱意识形态的束缚),但知识分子阶层也肯定无法成为这样一种新的政治伦理的救世主,从《后现代伦理学》的导言可以看出,鲍曼对知识分子提出的期望是:继续批判地调查后现代道德问题,为道德的复兴做出努力。

对鲍曼而言,正义的产生需要宽容的民主政体,但民主和宽容仅仅是正义产生的必要条件,而非充分条件。就宽容本身而言,民主政

---

① Zygmunt Bauman, *The Individualized Society*, Cambridge: Polity Press, 2001, p. 183.

② Zygmunt Bauman, *Postmodern Ethics*, Cambridge: Polity Press, 1993, p. 246.

体并不会鼓励宽容转变成团结一致。宽容往往以承认他者的苦难和痛苦开始,而以减少和最终消灭它们为己任。既然宽容并不一定产生正义,那么正义产生的条件和机制究竟是什么呢?在此,鲍曼赞同弗瑞泽(Nancy Fraser)提出的"今天的正义既需要再分配也需要承认"的观点。① 鲍曼指出,承认的政治与分配的正义是不能分开的。没有分配的正义的承认是欺骗性的和不完整的,而没有对参与权利进行承认的分配的正义是没有机会在平等的地位上协商存在的模式的。承认的政治与分配的正义的分离,对于人道的与和平共存的前景是一个"双重的打击"。分配的正义是承认的战争的自然延续。鲍曼始终认为,对于承认的持续斗争的最终目标是共享的人性的提升,它可能只能采取能够实践他们自治权的自治的个体的形式,目的是提升和维持它们的共同财产——自治的社会。

但是,追求结构的社会化和追求反结构的社会性都有碍社会空间服从于道德管理:社会化因为解除了道德能力而使道德能力变得无效,而反结构的社会性则没收、征用和引导了过去常常鼓舞道德行为的感情。鲍曼指出,事实上,在系统的社会化或者好战的社会性过程或者整个持续期间形成的社会空间中,它们都没有为交互主体的同情留下空间。也就是说,社会化用不得要领的规则代替了道德,而社会性则用美学代替了道德。②

所以,鲍曼在努力寻求将"为了他者"的道德加以实现的途径时,对个体和社会都提出了各自的要求,从他在《寻找政治》中对卡斯特里亚迪斯政治思想的考察和引述可以看出,鲍曼期待一个个体自律和社会自律统一的社会出现,在这样一个社会,道德将复兴。一方面,无条件地承担起"为了他者"的责任是实现个体自治和社会团结的基石,也

---

① Zygmunt Bauman, *Community: Seeking Safety in an Insecure World*, Cambridge: Polity Press, 2001, p.77.

② Zygmunt Bauman, *Postmodern Ethics*, Cambridge: Polity Press, 1993, pp. 142-144.

是福利国家的基石。在今天，社会福利工作的未来和更一般的福利国家的未来，已经不再取决于对规则、分类和程序的改进、限制与进一步强调，也不取决于减少需求和问题的种类或降低它们的复杂程度，相反，它们的未来取决于道德标准和我们共处于其中的社会。另一方面，"为了他者"的道德只有通过政治手段才能得以实现。鲍曼指出，断言当代的道德问题将仅仅可能通过政治手段来解决已成为共识。

但社会自律和个体自律是相辅相成的，社会与个人层次的自我建构必须同步推进才可以一举提升。鲍曼指出，社会能够为自身的功业与缺憾承担起集体责任时，就是自主的为己（for-itself）。自主的结果就是觉醒到社会制度的必然相异性，以及可能有更完善的制度。因此，任何一项现存制度不论多么悠久或值得推崇，均不能自认为可以免于被审查、再检讨、批判以及改革翻新。自觉的为己就是觉醒到社会的历史性，尤其是维持与延续的生生不息的历史性。这意味着拆解掉封闭的神话，并且更坚决地拒绝自设藩篱。当前如此，将来亦然。无论是恪守着昔日所遗留的神圣且因此不能碰触的解决之道，还是依据一项完美无瑕的理想社会方案，一个真正自主的社会除了自身的计划外，并不能借助其他任何形式而存在。也就是说，承认自己的社会必须持续不断地进行自我检视、批判和改良，而不是将某种率先预定的形式作为唯一的目的和存在的理由。[①] 同样，自我建构的个人意味着认识到个人并非事先即具备某种妥当的认同感，而是通过个人自身的力量来建构和承担。换言之，个人并非事先保持一种认同感来面对无止境的考验与认同历程，相反，抛弃"始终如一，永矢恒定（always-already-the-same）"的预定认同感，代之以永无止息的确认历程意味着认识到自我欠缺完备且外在的预定基础，以及认识到自我具有一项完整且不可分割的责任在进行选择：让我自己来设想并承担责任。[②]

---

① Zygmunt Bauman, *Intimation of Postmodernity*, London: Routledge, 1992, p. 97.
② Zygmunt Bauman, *Intimation of Postmodernity*, London: Routledge, 1992, p. 160.

第三章　流动的现代性批判

鲍曼很明确地表示，在他用后现代性作为轴心概念来描述今天社会现实发生的变化时，他是极力与"后现代主义"这一概念区分开来和保持距离的。因为"后现代主义话语在回顾过去时，把这一刚刚逝去的阶段，看作一个已结束的事件，一场向着它自身的方向已不可能再有发展的运动，甚而或许把这段历史看作一种失常的状态，一段偏离目的的道路，一个现在应予纠正的错误"[1]。虽然后现代主义作为一种外在的观点为我们认识现代性提供了一种新的视角，但它推导出的逻辑结论——"现代性的终结"——是无法接受的。从前面的阐述可以看出，鲍曼的"后现代性"与这种"后现代主义"是极为不同的，后现代性既强调其与现代性的割裂，也不回避与其的连续性。但是，鲍曼发现，在许多场合，后现代性和后现代主义都被作为同义词使用，他区分后现代性和后现代主义的努力变得越来越困难，所以他考虑抛弃"后现代性"概念。另一个让他打算抛弃"后现代性"概念更为重要的原因是，无论如何，在我们使用"后现代性"这个单词时，总好像暗含了"现代性的终结，把现代性抛在了后面，到了现代性的彼岸"，但是，事实完全不是如此，我们像以往一样现代，持续地"现

---

[1] Zygmunt Bauman, *Legislators and Interpreters: On Modernity, Post-modernity and Intellectuals*, Cambridge: Polity Press, 1987, p. 117.

代化"我们手边的每一样东西。鉴于以上两个原因,鲍曼寻找用其他的概念来代替"后现代性"。他也曾考察过描述当代社会状况的其他概念,就吉登斯的"晚期现代性(late modernity)"而言,鲍曼说他无法理解为什么现在的现代性是"晚期的",我们怎样能证明或反驳它,他认为"晚期现代性"和"后现代性"概念一样暗含一个理念:除非认为一个过程已经完成,我们能够窥视它的全部,否则我们不能讲一个过程的"晚期"阶段。[1] 就乌尔里希·贝克(Ulrich Bech)、安东尼·吉登斯和斯科特·拉什(Scott Lash)等人使用的"反思的现代性(reflective modernity)"而言[这里鲍曼似乎错了,他们三个用的是 reflexive(自反性),而不是 reflective(反思)],鲍曼提出质疑:"现代性不从开始就是'反思'的吗?我们怎么知道它现在比孔德和马克思时代是更多反思的呢?我们在处理我们的生活事务是比我们的祖父所做的更有识见,还是仅仅是不同的识见呢?我们所有的知识是更大的力量——首先是更多的独立的承载者吗?"[2] 对于乌尔里希·贝克使用的"第二现代性(second modernity)"而言,鲍曼认为这个概念本身仅是个空盒子,它可以包含任何内容,没法与"第一现代性"区别开来;他认为法国人乔治·巴拉德尔(George Balandier)的概念"surmodernité"是较好的,可惜它的英文翻译却无法表达它的准确意思。[3] 最后,他找到了属于他自己的概念——流动的现代性,他说:"现在,我倾向于用'轻的',较准确地说'流动的',或'液化的'现代性来描述我们的社会状况——区别于旧日的'重的'、'硬的'或是'坚固的'现代性。"[4]

---

[1] Zygmunt Bauman and Keith Tester, *Conversations with Zygmunt Bauman*, Cambridge: Polity Press, 2001, p. 97.
[2] Peter Beilharz (ed.), *Zygmunt Bauman*, Volume I, London: Sage Publications Ltd., 2002, p. 32.
[3] Zygmunt Bauman and Keith Tester, *Conversations with Zygmunt Bauman*, Cambridge: Polity Press, 2001, p. 97.
[4] Peter Beilharz (ed.), *Zygmunt Bauman*, Volume I, London: Sage Publications Ltd., 2002, p. 32.

鲍曼使用"流动的（liquid）"一词描述当代的社会状况，有其多重含义，首先液体所具有的渗出、涌流等易变与快速移动特性直观形象地反映了当今的社会现实，当今社会的一大特征就是其不确定性；鲍曼认为"流动的"可以体现出现在与过去时空关系的重大转变，空间的特征是固定，而时间的特点是流动，对于当代西方的社会现实来说，空间已丧失了它的重大意义，相反，与时间维度相关的速度日益显示出了其优势地位。流动性构成了形成当今社会秩序的主要因素，快速移动的能力在社会的各个层面发挥作用，不仅将全球的居民区分为全球精英与地方大众，或者说全球性的富人和地方性的穷人，而且导致了全景权力关系模式的终结。鲍曼认为，正是这种时空关系的变化推动了现代性从沉重的、固态的现代性向轻快的、液态的现代性的转变，鲍曼将这一转变过程看作是一次比资本主义和现代性来临更为激进、更具深远影响的巨变。① 它同时导致了社会以下方面的重大变化。

首先，空间丧失了它存在的优势地位。鲍曼指出，在沉重的现代性中，空间具有非常重大的意义。"福特主义工厂"作为最理想的管理模式所追求的大型工厂建筑、重型机械和大规模的劳动力体现了早期现代性的沉重、庞大、静止、固态的特征。征服空间是它的最高目标。但随着软件资本主义（software capitalism）的到来和轻快的现代性的出现，这一切都发生了改变。空间不再对行动和行动的绩效产生约束，空间已没有多大意义，或者根本没有意义。在轻快的现代性中，谁运动和行动得更快，谁在运动和行动上更为接近瞬间，谁就可以统治别人。②

其次，资本与劳动力分离。在坚固的现代性时期最让人渴望与迫切追求的理性管理模式——"福特主义工厂"中，资本与劳动力

---

① Zygmunt Bauman, *Liquid Modernity*, Cambridge: Polity Press, 2000, p. 198.
② Zygmunt Bauman, *Liquid Modernity*, Cambridge: Polity Press, 2000, pp. 178-188.

紧密结合在一起，劳资双方互相依赖，至死相随；工人依赖于雇佣来维持生计，资本则依赖于雇佣工人不断增值，而工厂是他们共同的家园。因此在坚固的现代性中，购买劳动力者和出卖劳动力者各自的命运紧密地不可分割地长期交织。鲍曼将坚固的现代性称为伟大的协定（great engagement）的时代。但在流动的现代性中，资本为了流动的自由，无情地抛弃了它昔日的热恋情人，因为它发现，现在自由流动能使它更快地增值。鲍曼认为，资本的自由流动与昔日的"在外地主"相似，但昔日的在外地主还要受到地方政府的限制，因为他的土地始终是无法移动的；而如今流动的资本的独立性尽管不是完全的、绝对的，但大多数情况下资本完全能够威胁地域性的机构屈从于它的要求。"为自由贸易创造更好的条件"意味着让政治游戏去适应自由贸易的规则，即使用所有由征服支配和管理的权力来撤销对它的管制。因此，地方政府想尽一切办法使资本相信它们有完全移动的自由，即通过低税率和灵活多变的劳动力市场来吸引资本的到来，但是这里存在的一个悖论是，一旦资本失去了地方政府对它的限制，它就会依其自身的利益不负责任的自由移动，而不考虑给无法自由移动的地方民众带来的伤害。鲍曼称这一时代为伟大的分离（great disengagement）的时代、解除管制（deregulation）的时代。①

再次，权力与政治分离。资本和劳动力的分离所带来的直接后果，是以资本形式呈现的权力从政治活动中解放出来，真正的权力现在是超越地域的全球性权力，它居无定所，而政治还和过去一样局限在民族国家的框架中，仍然像以前那样附着在原地。由于权力具有全球性和超地域性，而政治依然是地域性和局部性的，因此权力和政治分离开来。这种权力与政治的分离，标志着全景权力关系模式的终结，预示着权力关系双方相互抗争时代的结束。鲍曼指出，在全景式权力模

---

① Zygmunt Bauman, *Liquid Modernity*, Cambridge: Polity Press, 2000, pp. 130-167.

式中，权力双方不可分离，而且权力结构的再生要求持续的在场和对抗；但在全球化的世界中，权力结构的特征是其顶层能够快速运动，而且有迅雷不及掩耳之势，其底层自身不能运动，也不能阻碍这些运动，更不用说阻止；拥有权力者可以拒绝任何地域的限制，拒绝承担建立秩序、维持秩序所必然带来的不堪重负的结果，拒绝承担它们必须承担的责任。鲍曼指出，正是那些拥有资本自由流动的"全球人"在统治着这个世界。这种统治不是沉重现代性时期对领土的侵夺，而是通过全球化市场进行利益的侵夺。①

鲍曼认为这种由时空关系转变肇始的变化，展示了由古典现代性向流动的现代性的转型，它体现在社会的各个方面，鲍曼在其最近出版的著作中，对流动的现代性的特征进行了广泛探讨，涉及政治、社会、文化、生活等各个层面，虽然看似极其零散，但我们还是可以发现三个重要主题：消费社会、全球化、个体化。在本章的下面部分，将以这三个主题为线索，介绍和分析鲍曼的"流动的现代性"。

第一节 消费社会

鲍曼认为在他发现的这种适合当代社会的理论模式——流动的现代性中，消费主义是一个中心范畴。② 他认为消费不仅仅是一个满足物质欲望，或填饱你的胃的事情，它起着形塑当代社会的功能：在生活世界的层面，它是构建身份、构建自我和构建与他者的关系的工具；在社会的层面，它是维持制度、群体、结构和此类事物的持续存在的纽带；在系统的层面，它是确保所有生活和社会状况的再生产的

---

① Zygmunt Bauman, *Liquid Modernity*, Cambridge: Polity Press, 2000, p. 50.
② Peter Beilharz (ed.), *Zygmunt Bauman*, Volume Ⅰ, London: Sage Publications Ltd., 2002, p. 141.

途径。①鲍曼认为就消费者社会作为表达当代社会的一个不同的理论工具而言，它本身像其他的理论工具一样既不是道德的也不是非道德的。

一、消费者社会与生产者社会

鲍曼认为在当今社会最普通、最强烈、最吸引人的经历，即最有可能为世界图像的形成提供原材料的经历，是消费者的经历：一种把生活视为一系列的消费者选择的经历。所以他认为我们现在的社会是一个消费者社会。②在他那里，消费者社会是和生产者社会相对而言的，他把这之前的社会称为生产者社会。但是消费是维持人的生存的必要环节，所以无论在人类社会的任何时候，消费都是存在的。那么为何只有现在的社会才称为消费者社会，而以前的社会却不能称为消费者社会呢？消费者社会的消费与其他社会的消费又有什么不同呢？我们所有人或多或少地知道是一个"消费者"意味着什么，一个消费者是从事消费的人，消费意味着利用事物：吃、穿、玩和用其他方式满足一个人的需要和欲望；因为在我们的社会许多情况下是钱在"调节"欲望和满足，所以，是一个消费者也意味着购买消费品使之变成专有财产，未经允许严禁他人使用。就这些消费方式而言，从有人类历史以来，即使存在变化，也不是本质性的，它远远不足以成为划分社会类型的标准。根据鲍曼的观点，之所以把现在的社会称为消费者社会，而把稍早之前的社会称为生产者社会，主要是根据它的成员主要扮演的角色和社会塑造它的成员的方式。在现代社会的早期，社会成员主要扮演生产者的角色，社会评价它的成员的标准主要是生产能力和意愿。而当今社会（不管称之为晚期现代、第二现代还是后现代），社会

---

① Peter Beilharz (ed.), *Zygmunt Bauman*, Volume Ⅰ, London: Sage Publications Ltd., 2002, p. 142.
② Zygmunt Bauman, *Work, Consumerism and the New Poor*, Buckingham: Open University Press, 1998, p. 23.

成员首要扮演的角色是消费者，社会评价它的成员的标准主要是消费的能力和意愿。①

消费者社会和生产者社会的不同不是激进地抛弃一个角色并用另一个角色取而代之，任何社会都不可能只存在一个角色而没有另一个角色，不同主要在于重点的转变，这个转变是如此之深刻以至于影响了文化、个人生活等社会各个方面，让人感受到一个不同的社会。从生产者社会过渡到消费者社会牵涉许多深远的变化，其中具有决定意义的是人们被培养和训练去迎合社会身份要求的模式，即男人和女人被"整合"进社会秩序的模式。生产者社会的全景监狱体制已逐渐不适用了。大规模产业雇佣的衰退、职业军队取代兵役制（universal military duty），大部分民众已不受全景模式的直接影响；技术的进步使生产力的提高能在雇员减少的情况下发生，"瘦身（downsizing）"是现代化的新原则。②

所有的人都是并且总是消费者，在任何社会的任何时候人们关注消费都是再正常不过的，所以仅调查消费逻辑（logic of consumption）对于理解今天的消费者现象是很不够的，甚至是误导的。鲍曼认为，总的说来，消费行为都是个体的，但是，我们研究消费者社会却有必要聚焦于一真正的新颖之处，它首先是社会的，其次才是精神的或行为的特征：个体消费是在消费者社会的背景下发生的。一个"消费者社会"不仅是一个消费者组成的总和的社会，它是一个总体（totality），像迪尔凯姆所说的"大于部分的总和"；它是这样一个社会，判断和评价它的成员主要依据与消费相关的能力和行为。"消费者社会"不仅是说它的成员花费更多的时间和精力去追求由消费满足的

---

① Zygmunt Bauman, *Work, Consumerism and the New Poor*, Buckingham: Open University Press, 1998, p. 24.

② Zygmunt Bauman, *Work, Consumerism and the New Poor*, Buckingham: Open University Press, 1998, p. 24.

快乐，更重要的是社会各个阶层的观念以及它们所引发和形塑的行为都以认知和评价的"消费主义者综合征（consumerist syndrome）"为指导。"生活政治"——用字母"P"来表示政治和人与人之间关系的性质，正趋向于沿着暗含在"消费主义者综合征"中的消费目标和意义被重塑。①

鲍曼认为这个综合征远多于由"有趣（having fun）"和"快乐（good time）"带来的高兴的感觉。它是一个真正的综合征：是一批杂色的、相互关联的态度和策略、认知特性、价值判断和预判、明显的和暗含的世界观假设、幸福以及追求它们的方式的不同观点、价值偏向和（用舒茨的术语）"主题相关（topical relevancies）"。

使消费主义者综合征不同于它的生产主义者综合征前任的重大背离看起来是"把系着于持久（duration）和瞬间（transience）的价值反过来了"。②生产主义社会把许多不同的动力、直觉和倾向组装在一起形成一个连贯的生活规划，而消费主义者综合征否认延搁的优先，否决延搁满足的要求和可行性，而这是生产主义者综合征统治的生产者社会的主要特征。

二、消费者社会中消费的特征

从鲍曼对消费者社会的分析中，可以概括出他重点强调的当今社会消费的两大特征，这两大特征对形塑社会、文化、政治和个体的思想和行动至关重要，也是消费主义成为流动的现代性的中心范畴的表现。这两大特征包括：

一是消费的现时性、瞬间性和新颖性。鲍曼认为消费者社会是一个

---

① Zygmunt Bauman, *Liquid Life*, Polity Press, 2005, p. 83.
② Zygmunt Bauman, *Liquid Life*, Polity Press, 2005, p. 84.

信用卡的社会，而不是存折的社会；它是一个"现在"社会，一个需要社会（wanting society），而不是一个等待社会（waiting society）。①

在以前的社会，消费的目的是满足需要和欲望，但是鲍曼认为，在当今社会，需要和满足的关系已经反转，满足的许诺和希望先于需要并总是大于现存的需要，许诺比需要更有吸引力。新的和未预料的感觉的激动是消费者游戏的名义（name）。消费者社会建基于对人的欲望满足的许诺，这是过去的社会不能做到或没有梦想做到的，只要欲望没有被满足，甚或只要怀疑欲望没有被真正或完全满足，满足的许诺就有诱惑力。所以消费者社会设法使不满足永恒化，达到此一目的的方法之一就是当某一消费品被宣传为应为每一消费者普遍拥有之后马上诋毁和贬低其价值；另一更为有效的方法是掩盖这一显著现象：满足每一需要/欲望/需求的方式仅会产生更多的需要/欲望/需求。作为一个需要开始的东西以一个义务或瘾癖（addiction）结束。②在商店（仅在商店）寻求问题的解决办法及从痛苦和焦虑中解脱出来不仅被培养成习惯而且被鼓励这么做。

寻求满足将继续。如果新的许诺出现，旧的许诺将失效，那些满足的希望也是令人沮丧的。在公众信仰和消费者生活现实之间延伸的虚伪王国是消费者社会正常运转的基本条件（conditio sine qua non）。每一单个许诺必定是欺骗性的，至少是夸张的，如果对许诺满足的寻求还在继续的话。没有欲望的重复挫折，消费者需求会很快干枯，消费者目标经济将断流。许诺总数的超越使每一许诺被超越所导致的挫折感中性化，这种寻求最终实现的信心使挫折体验不至于积累。

但是，消费总是一个过程，总需要花费一定的时间，这一事实成了消费者社会的祸根，是消费品商家的主要担心。最理想的是，消费

---

① Zygmunt Bauman, *Work, Consumerism and the New Poor*, Buckingham: Open University Press, 1998, p. 30.

② Zygmunt Bauman, *Liquid Life*, Polity Press, 2005, p. 81.

者的满足在双重意义上都应该是瞬间的：消费品应该马上带来满足，没有延迟，不需技巧学习和很长的基础工作；同时，消费过程完成后，满足也应立刻结束。这可归纳为消费者不能长久集中他们的注意力或欲望焦点在任何事物上。也就是说，没什么应被一个消费者坚定地拥抱，没什么能要求永远的承诺，没有需要应该被看作完全满足的，没有欲望被认为是最终的，任何忠诚和承诺都应该附上限制性条款："直到进一步通知（until further notice）"①。

另外，欲望衰退和无法恢复的预期，或这个世界没什么值得欲望的预期，必定是消费者的最大恐惧；同时，把目标设定得低点以确保能得到满足目标的货物，相信客观情况限制了"真正的"或"现实的"欲望——这些听起来是消费者社会、消费者产业和消费者市场的丧钟。欲望的不满足（non-satisfaction）和相信每一满足行为都产生更多的欲望，才是消费者目标经济（consumer-targeted economy）的飞轮（fly-wheel）。② 为了提高消费者的消费能力，绝不能让他们休息，要让他们永远保持激情，时刻处于不满足状态。当然，消费者市场要成功引诱它的顾客，还需要它的顾客做好了准备和愿意被引诱。在一个正常运转的消费者社会，消费者积极寻求被引诱，他们的生活就是注意力从一个诱惑转向另一个，从吞下一个诱饵到另一个诱饵。这样做是一个羽翼丰满的、成熟的消费者的义务。市场应该激励他们，因为毕竟消费者才是最终的选择者、批判者和裁判者，他们可以拒绝无限选择中的任何一个——除了选择的选择。

所以鲍曼认为，消费，不断变化和丰富的消费，必须显现为消费者享受的权利，而不是苦难的义务。消费者必须被美学兴趣而不是伦理规范引导，是美学而不是伦理整合了这个社会。伦理把超验价值作

---

① Zygmunt Bauman, *Work, Consumerism and the New Poor*, Buckingham: Open University Press, 1998, p. 25.

② Zygmunt Bauman, *Liquid Life*, Polity Press, 2005, p. 81.

为义务，而美学建基于世俗体验。义务的履行有它涉时很长的（time-extensive）、内在的逻辑，所以是它给时间以结构，给时间以方向，制造逐渐积累和延误的感觉；而寻求体验，没有延缓的理由，因为延误仅有的后果就是"机会的浪费"。体验的机会不需做准备，做准备也没用，因为它突然出现，若没有立即抓住则马上逝去。抓住体验机会是一个全天候（in full flight）的事情，没有特定的时候特别适合于做这个，一个时候不同于其他时候，但每一个时候都是同样好的。

二是消费者社会消费的浪费特征。在价值序列中，消费主义者综合征贬低持久和提升瞬间，它把新奇（novelty）的价值置于持续（lastingness）之上，它大大缩短的不仅有需要与满足之间的，而且有需要与它的死亡之间的时间间隔，它也缩小了财产的有用与无用、可欲与排斥之间的差别（gap）。在人的欲求对象中，它已经用挪用（appropriation）及其快速废弃取代了占有及其所带来的快乐。在人们关注的东西中，消费主义者综合征预防事物（有生命的或无生命的）的长期存在而产生烦恼，用快速持有取代长期依附，"消费主义者综合征"就是关于快速、过剩和浪费的。①

羽翼丰满的消费者不在乎浪费东西，他们平静地接受事物短暂的生命和注定的死亡，有时还带着些许虚伪的享受。消费主义者艺术最有能力和最快速的行家知道怎样以抛弃过期产品为荣。要掌握消费主义者艺术，就应该知道一个对象的价值平等地存在于它的优点和缺陷，正是缺陷唤起了新的许诺、新的冒险、新的感觉和新的快乐。在一个消费者社会，完美可能仅代表着大量欲求对象的堆积，任何对完美的追求现在很少号召质的提高，更多地是追求量的增加。

今天，消费品发誓不会成为侵入者和麻烦，它们使我们相信它们欠我们一切而我们不欠它们任何东西。它们许诺为我们立即的使用做

---

① Zygmunt Bauman, *Liquid Life*, Polity Press, 2005, p. 81.

好了准备，它们毫不延迟地满足我们，它们真心接受它们不可避免的失效，当它过时了，它们毫无怨言地离开。

"消费对象"的一个重要特征是它的出生证明的附录——"最后目的地：废物箱"。废弃是所有消费者行为的最终产品。在今天的消费者社会，对事物秩序的看法与过去生产者社会是完全相反的。过去，从原材料适当加工来的有用部分意味着坚固和持久，生产废渣注定会被立即处置。而现在，轮到有用的部分是短命的、暂时的了，它们要为下一代有用产品腾出地盘，仅有废弃趋向于是坚固的和持久的，"坚固（solidity）"现在是"废弃（waste）"的同义词。消费对象的效应生命是有限的，一旦这个期限被超越，它们将不再适合消费，因为"有利于消费"是确定它们的功能的唯一特征。一旦不适于消费，它们就应该被从消费场所中移走（被降解、被交给废物处置公司）以为其他还没有被使用的消费对象腾出空间。

所以，越来越多的消费者在潜在消费品上脚踏两只船以确保避免"不可预测的后果"。[①]消费者的生活是一个无限的试错的过程，是一种持续实验的生活，而不是引导他们走向一个可靠规划的确定性领域。脚踏两只船是消费者理性的黄金规则，在这些生活等式中有太多的可变性和太少的连续性（如果有的话），可变性频繁而快速地改变他们的价值以与他们的变化同步，而不是去猜测他们的将来。

因此，鲍曼认为消费主义是欺骗、过剩和浪费的经济。欺骗、过剩和浪费不是消费者社会失灵的标志，而是它生存和健康的保证。成堆的相互冲突的（dashed）期望是与成山的废物相偕出现的，这些废物曾被期望能满足消费者的欲望。期望的死亡率是很高的，因为在一个正常运转的消费者社会，它必须被持续稳定地产生。

[①] Zygmunt Bauman, *Liquid Life*, Polity Press, 2005, p. 85.

三、消费主义的影响和后果

消费主义的直接和首要的后果就是形塑了社会机制和秩序。消费者模式扩展得如此之广以致涉及生活的各个方面，它无意中产生了一个未曾预料到的副作用，即生活过程被明显地普遍"市场化"，市场深入了以前位于货币交换以外的领域，当市场化进入这些新领域时，它就排斥其他"与商品市场相异的"动机和选择标准。

现在市场在维系和撕裂人际关系，在团结和分化人民、连接和拆散他们，以及在把他们写上地址簿或从地址簿上删除等烦人行为中起调节作用。市场在办公室和家里，在公众和私人领域为人际关系着色。市场改变了生活追求的目标和路线以至于没有人能避开商业中心。商场把生活描述为一连串"可解决的"问题，但这些问题的解决办法仅能在商场的货柜上找到。市场为以前主要通过个人技术、朋友合作或友好协商获得的事物提供了商店供应捷径。市场把消费主义的阴影投射在整个生活世界（Lebenswelt）。它无情地强调这个信息：每一件事情是或可能是商品，即使它还没有变成商品，也应该像一个商品一样对待。市场意味着事情"像商品"是比较好的。如果它们拒绝适用消费者目标模式，遭遇的将是怀疑的目光。

消费者社会的"上层"与"下层"的划分范畴是消费者"流动程度"，即选择何处去的自由度。[1]选择的自由决定了一个消费者社会的层次和它的成员（消费者）的努力方向，一个人有越多的自由，在社会等级中就处于越高的层次，就更有自尊和获得更多的尊重，也就距离"好的生活"理想更近。财富和收入确实起着重要作用，如果没有它们，选择可能被限制乃至否定，但是作为资本的财富和收入下降到

---

[1] Zygmunt Bauman, *Liquid Life*, Polity Press, 2005, p. 83.

了第二位或次要地位，如果还没有从视野中消失的话。财富和收入的首要标志是消费者选择范围的延伸。

全景体制的方法不适合消费者的训练，这种体制善于把人们训练得循规蹈矩，从而达到限制或完全杜绝选择的效果。但一个消费者的优点就是没有常规和持续不断地选择，事实上，这也是"角色前提（role prerequisites）"。而全景方式培养出来的人的气质和生活态度与消费者社会不协调，不利于理想的消费者的产生。所以全景体制必然衰退，而新的统治模式也必将出现和崛起，这种新的统治模式的独特之处在于：它以诱惑取代镇压，以公共关系取代警察，以广告取代权威性，以创造出来的需求取代了强制性规范。① 这就是消费塑造的统治模式，也是当今社会的主要运行模式。但是，因为这种模式只适用于胜任的消费者，对于有缺陷的（flawed）消费者而言，这种模式是无法适用的，对于这些人而言，适用的仍然是全景模式，所以鲍曼认为："我们的社会再一次由两个国家构成。……被诱惑者的国家和被压抑者的国家，前者随心所欲，后者被迫遵守规范。"②

消费导致的第二个重要后果是进一步促进了个体化，使我们的社会成为个体化的社会，且个体化和消费主义是相互促进的。

在现代性的工业阶段，一个无可争议的事实是：每一个人在成为其他什么之前首先必须是一个生产者。而在"现代性的第二个阶段"，即消费者的现代性，同样无可争议的事实是，一个人在考虑成为其他什么之前，首先必须是一个消费者。生产者和消费者存在着一个巨大的差别。生产者可能只有集体努力才能完成他们的工作：生产是一项集体努力，它以分工、合作和协调为前提，每个人工作的成果来自于

---

① Zygmunt Bauman, *Legislators and Interpreters: On Modernity, Post-modernity and Intellectuals*, Cambridge: Polity Press, 1987, p. 168.

② Zygmunt Bauman, *Legislators and Interpreters: On Modernity, Post-modernity and Intellectuals*, Cambridge: Polity Press, 1987, p. 169.

个体间的沟通、协调和合作。而消费者却正好相反，消费是一个完全个体的、单独的活动；活动中产生和满足的欲望是一种私人的、不容易沟通的感觉，没有"集体消费"这样的事物，消费者即使在一起消费，但事实上消费仍然是一个完全孤独的、个体化的生活体验。跟其他选择者一起选择更具有满足感，所以越拥挤的饭店、商场越能吸引人，但是，在所有的情况中最值得庆祝的还是选择和消费的个体性，每一个选择的个体性被选择者群体的模仿所确认和重述，乃至强化。消费行为是所有协调与合作的天敌，消费者注定是孤独的。所以鲍曼认为，因为消费主义，个体化成了人类的命运。

第二节　全球化

鲍曼之所以要考察全球化，一个重要原因应该是全球化中的"流动性"特质，资本的流动、人员的流动、权力的转移，以及这一切带来的巨大的不确定性；当然，全球化作为当代一个重要的经济、政治、社会和文化现象，也必然会引起鲍曼的关注。鲍曼认为"全球化"是世界不可逃脱的命运，是无法逆转的一个过程，我们所有的人都在被全球化。[①]但鲍曼是严格区分"全球化（globalization）"与"世界化（universalization）"，鲍曼指出，"世界化"这一概念传达了建立秩序的意图和决心（即它是面向全球的倡议和行动），它追求一种普遍的秩序，即世界性的真正全球规模上的秩序建构。鲍曼认为"世界化"这一概念是现代强权和现代知识的表现，整个概念家族不约而同地齐声宣示了改造世界和改善世界，以及把这一改造和改善推向全物种的坚强意志。同样，它宣示了使每个人、每个地方的生活条件和每个人的

---

① Zygmunt Bauman, *Globalization: The Human Consequence*, Cambridge: Polity Press, 1998, p. 1.

人生机遇趋同的愿望,甚至使他们相互平等。① 但恰恰相反,鲍曼认为"这个新术语指的主要是完全非蓄意和非预期的全球效应,而不是全球性倡议和行动"②。也就是说,我们的行动可能经常具有全球性的后果,但我们不具有也不可能获得全球性的规划和实施行动的方法。因此,全球化并不是关于我们所有的人或至少我们之中最富有才干、最有作为的人所希望从事的东西,而是发生在我们大家身上的东西,它超越了任何人的计划和行动能力之所及。更为重要的是,全球化不仅没有带来一种普遍的秩序,而且"全球化概念所传达的最深刻的意义就在于世界事务的不确定性、难驾驭和自力推进性;……全球化其实是乔伊特的'新的世界无序'的别称"③。对鲍曼来说,全球化所传达的最深刻的意义是:世界事务的不确定、难驾驭和自力推进性,中心的"缺失"、控制台的缺失、董事会的缺失和管理机关的缺失。这些特征不仅暗示了一个新的、全球失序的出现,而且暗示了在所有的生活领域中,那些本质的怀疑的回归。也就是说,全球化的概念有别于古典现代性关于社会变迁的单一线性概念,它不仅对古典现代性的基础进行了本质的挑战,暗中破坏了现代性确立的自信,而且它表明了一个新世界的出现。在这个世界中,对进步的信念被对未来的恐惧所代替。之所以会出现这种"新的世界无序",是与鲍曼对全球化的另一个独特解读密切相关的:他认为只存在经济全球化,文化、政治等在当今社会不但没有全球化,反而地方化,且经济的全球化和政治的地方化还是同一进程,没有政治的地方化,经济的全球化很难实现;经济的全球化与政治的地方化导致了政治和权力的分离,这样就导致了新的世界无序。经济的全球化导致了贫富差距的进一步扩大,制造了流动的现代性下的"新穷人",鲍曼认为全球化所产生的问题,又只有在全球层面

---

① Zygmunt Bauman, *Globalization: The Human Consequence*, Cambridge: Polity Press, 1998, p. 63.
② Zygmunt Bauman, *Globalization: The Human Consequence*, Cambridge: Polity Press, 1998, p. 60.
③ Zygmunt Bauman, *Globalization: The Human Consequence*, Cambridge: Polity Press, 1998, p. 59.

上才能解决，所以，他又呼唤全球政治的出现；但是，他似乎也并没找到解决之道，可能正如他自己所说，他主要是提出问题，而不是解决问题。下面我将就这些问题做详细分析。

一、经济全球化

鲍曼首先将全球化作为一个经济现象，从真正全球意义上来说，鲍曼的全球化只有经济全球化，但是这个经济全球化却产生了很多非全球性的后果，而这些后果才是鲍曼关注的重点。经济全球化的首要表现是金融或资本的全球化，它的首要特征就是金融的流动性、资本的自由流动。在当今世界经济体系中，特别是在布雷顿森林体系下的国家中，大多实施自由的金融政策和与美元挂钩的浮动汇率，资本可以自由地迅速进入或离开一个国家，在通信技术的支持下，空间对资本已经形同虚设，鲍曼认为："现在，我们正在经历'第二次巨变'的进程。资本正设法从民族—国家实施的越来越具有约束力、越来越烦人、越来越突出的法律／伦理监督的框架那里，潜入一个新的'无人地带'，在这里，几乎没有规则限制、约束或妨碍主动做生意的自由。"[①]至于资本为什么要如此快速地流动，这是由资本的逐利和扩张本性决定的。资本的全球流动也使得跨国贸易、投资、劳动力跨国流动大大增加，经济的各个方面都显现出全球化趋势。

鲍曼说，资本的自由流动使人想起昔日的"在外地主"，这些不知在哪里的人因为拥有土地而剥削农民的劳动成果。但是，相对于"在外地主"而言，今天的资本更可怕。因为"在外地主"虽然也有很多自由，但他受到一个最大的限制——他搬不走土地。但金融资本却没有这个包袱，根据当今很多国家的法律，外国资本几乎可以自由进出，

[①] Zygmunt Bauman, *Society under Siege*, Cambridge: Polity Press, 2002, p. 77.

这也是1997年东南亚金融危机发生的一个重要原因。资本比"在外地主"更少受到地方的限制。

二、政治地方化

鲍曼认为："当代世界的一个突出特点，就是在这两个密切关联而又明显矛盾的趋势之间存在着张力：一是全球化趋势，一是地方化趋势，罗兰·罗伯逊的'全球—地方化（glocalization）'一词恰如其分地把握了两者之间的密切联系，这两种趋势同出一源，且唯有放在一起才可以被设想与理解。"① 他这里指的就是经济的全球化和政治的地方化并行这一特有现象。

鲍曼指出，资本的全球化使民族国家面临着前所未有的困境。这一困境实际上反映了无边界的市场与有边界的民族国家的矛盾，或者说不受领土束缚的行动者与受领土束缚的行动者之间的矛盾。具体地说，民族国家及其政府失去了以往的行动力量和塑造力量。民族国家作为压倒一切的、主导性的组织单位的重要性，已经被全球化这个概念掩盖掉了。这意味着国家政治的自由已经被武装的有可怕的法外治权、流动速度和躲避逃跑能力的新的全球力量——跨国公司和全球流动资本——无情地削弱和损害了。② 而且，对于拒绝加入"全球金融市场"和"全球自由贸易"地区的惩罚是迅速和冷酷无情的。因此，民族国家丧失了其原有的对经济、政治、军事所拥有的统治权，而沦为充当全球资本的地方警察的角色。

首先鲍曼指出，在全球化的时代，民族国家的主权面临着严峻的挑战，与资本的全球化相依附的是在全球范围内，更为弱小、资源较

---

① Zygmunt Bauman, *In Search of Politics*, Cambridge: Polity Press, 1999, p. 120.
② Zygmunt Bauman, *Society under Siege*, Cambridge: Polity Press, 2002, p. 289.

不丰富、"政治上独立"的新领土实体纷纷创建。鲍曼指出，正是国家主权的消亡，而不是它的胜利，才使立国这一观念如此深入人心。对鲍曼来说，政治崩溃和经济全球化绝对不是相互抵牾、你争我夺，而恰恰是亲密的盟友和同谋。或者说，全球金融、贸易和信息产业恰恰是依赖于世界图景的政治崩溃——分成碎片——来谋取活动的自由和不受束缚地自在地追求目标。无论是故意的还是潜意识的，在全球资本认可下的超地方机构对所有成员国和独立国家一次次施加压力，促使它们摧毁可能阻碍或延缓资本自由流通和限制市场自由的一切东西。结果是，弱国成为新的世界秩序——看上去常常难以置信地犹如新的世界秩序——需要支持和自我复制的东西，因为弱小的国家很容易被降级为地方警察分管区的有用角色。① 不仅如此，鲍曼指出，国家主权的终结并不意味着暴力的减少或消失，相反，它仅仅意味着暴力的转移。正如鲍曼所言，如果对国家主权发动的打击是致命性和毁灭性的，如果国家失去了它对强制的垄断性，并不必定会产生这样的结果：所有的暴力，包括可能产生种族灭绝结果的暴力在内，都会消失；暴力可能只是"被解除了控制"，从国家的层次降低到了"共同体"（新的种族）的层次。②

其次，鲍曼指出，与经济全球化相伴随的是民族情绪正在全世界引发暴乱，反对既存的国家结构。鲍曼指出，国家为了实现福利和民主的目标，必须向跨国康采恩、资本、知识精英、全球的信息和文化潮流敞开大门，但敞开的结果是出现了一种"差异的普遍性"的认同形式和生活方式。这种认同形式和生活方式虽然不再成为民族国家的动员力量，但它却成为种族与民族的动员力量，即尽管由民族国家决定的世界政策的前提——国家主权、关于社会形态的意识形态竞争、

---

① Zygmunt Bauman, *Society under Siege*, Cambridge: Polity Press, 2002, p. 66.
② Zygmunt Bauman, *Liquid Modernity*, Cambridge: Polity Press, 2000, p. 193.

民族国家的集体主体和认同感——失去了可信性,但悖谬的是,它又导致了意识形态的重新民族国家化。这表现为当今世界不同文化类型、种族、民族间的孤立与隔绝,甚至是更为严重的冲突。

面对民族国家的困境,鲍曼显示了一种矛盾的心态。一方面,他认为,民族国家主权的削弱是经济全球化的必然结果,或者说,全球金融、贸易和信息产业是依赖世界图景的政治崩溃来谋取活动的自由和不受束缚地追求其目标的。另一方面,他认为,没有什么能取代民族国家在经济、政治和文化上的重要作用,当前各种民族主义的空前活跃及其在全世界引发的暴乱正是民族国家丧失权力导致的。在鲍曼那里,民族国家的出路依然是未知的,不仅如此,鲍曼对各种国际机构和各种非政府间组织所发挥的作用不抱信心,对哈贝马斯提出的建立世界国家的构想也不感兴趣。

三、全球化的后果

鲍曼指出,资本的全球化所带来的直接后果是,在世界范围内产生了更为严重的两极分化现象。鲍曼反复引用的数据是:358个全球首富的总财富相当于23亿最贫困人口(占世界人口的45%)的总收入。这种社会的极化现象不仅体现在发达国家与发展中国家之间,而且体现在发达国家内部。鲍曼指出,即便是在美国,依然有16.5%的人生活在贫困状态中,1/5的成年人处于文盲状态,13%的人寿命不足60岁。① 这说明全球化是恶化了而不是消除了物质差异,它在使一部分人更为地方化的同时,也给少数的精英提供了无限的机会。

鲍曼指出,在当今经济全球化的社会中,由于"参考群体"的崩溃和相对剥夺观念的个体化,穷人与富人,更穷的人与更富的人之间

---

① Zygmunt Bauman, *Globalization: The Human Consequence*, Cambridge: Polity Press, 1998, p. 70.

的差距，无论是在社会阶层之内，还是在社会阶层之间，都在全球范围内，在每一个国家范围内扩大了。[1] 与其他一切社会一样，消费社会是一个阶层化的社会，"上层"与"下层"根据消费者的"流动程度"，即选择去往何处的自由度来进行划分。"上层"与"下层"之间有一条无形的界限，边界两边根本没有交流。鲍曼指出，在后现代这个阶层化的社会中，第一次没有给穷人分配角色。鲍曼将后现代消费社会的穷人称为"新穷人"。鲍曼指出，"新穷人"是资本从劳动中解脱出来的一个成果。当资本从劳动中解放出来之后，穷人只有被真正认为是"消费的储备大军"时，他们才能扮演一个类似于"系统内部"的角色。但"新穷人"不是消费社会中的一员，他们被排斥在"消费大餐"之外，因此，新穷人也就永久地被排斥在社会结构之外。

鲍曼认为，全球化的社会就这样被分化为"被诱惑者"与"被压迫者"、"全球性的精英"与"地区性穷人"这种截然对立的两极。鲍曼指出，沉积在流动性这一新兴等级体系顶部和底部这两极上的两个世界有着天壤之别，而且他们会变得越来越无法相互接触。对"全球流动人"的世界而言，空间已经丧失了其束缚性，而对被束缚于一地、禁止迁移的"地区性穷人"的世界而言，真实空间正在快速封闭之中。前一世界的人生活在时间中，空间对他们并不重要；后一世界的人生活在空间中，空间钳制了时间，居住者无法控制时间。前一世界的居民和后一世界的居民所遭受的境遇截然不同。这两个世界中的人有着不同的生存体验，体现了两种不同的生存状况。与此同时，这两极之间的中产阶级并不是在逐渐扩大，而是中产阶级日益无产阶级化，这也使得中产阶级将他们的困境归罪于新穷人。

可是比"新穷人"的贫穷更令人忧虑的是，穷人将他们的不幸看作

---

[1] Zygmunt Bauman, *Community: Seeking Safety in an Insecure World*, Cambridge: Polity Press, 2001, p. 87.

应该独自承受和解决的问题，由此他们没有形成一个寻求通过集体力量来解决个人不幸的利益共同体。这就是全球化造成的另一个重要后果，就是它进一步加剧了个体化，因为经济力量和政治机构之间持续（拉大）的差距，政治的力量持续弱化，越来越多的责任落到了个体的肩上，这就是鲍曼所说的，"新的全球自由移动最重大的后果之一是，把社会问题重新锻造成有效的集体行动已变得愈加困难，也许是根本不可能的"[①]。结果是，个人在"系统化矛盾"的面前找不到有效的解决办法。鲍曼认为，对于系统化矛盾的后果，个人只能试图缓和它们对个体幸福的影响，而不能弱化它们对生活状况的控制，更不要说解决这些矛盾。同时，由于政治力量的弱化，很多权力转移到了全球流动的经济力量手中，这样使秩序的建立和维持变得困难，所以鲍曼赞同全球化是"新的世界无序"的说法，并进一步指出：冠名"全球化"的"新的世界混乱"具有一种真正的变革性影响——秩序本身的贬值。在正处于全球化的世界中，秩序处于无权状态和从属状态。这种"新的世界无序"孕育着当前无所不在的"不确定性"，在今天，不仅资本、贸易和信息全球化，而且武器、暴力、犯罪和恐怖主义也全球化，鲍曼引用"否定的全球化（negative globalization）"来形容全球化带来的这种负面影响。鲍曼认为全球化把社会和人们置于"命运"摆弄之下，他们会被许多无法预见、不可控制、无法预防的力量所征服，人们丧失了安全感，普遍处于焦虑和不安中，这给人们的生活带来极大的恐惧，更为严重的是，在当今这种流动的社会中，这种状况无法得到改善。

四、反全球化？

经济全球化被许多人称赞、拥护和积极推动的同时，它在理论

---

① Zygmunt Bauman, *Globalization: The Human Consequence*, Cambridge: Polity Press, 1998, p. 69.

和实践中也遭遇了巨大且越来越大的反对声音。世贸组织的会议开到哪里都有人抗议（西雅图、坎昆），甚至有农民自杀抗议（韩国），9·11事件以及其他恐怖活动也被看成全球化带来的后果，很多学者也纷纷质疑全球化。[①]这些理论家们也充分意识到了全球化带来的灾难，他们有的认为如果全球化算上环保、社会、文化等成本，是得不偿失的，有的认为全球化只是布雷顿森林体系的产物，不是经济发展的必然趋势，也不是不可逆转的；他们普遍认为全球化进一步加剧了世界范围内的非正义，所以他们反对全球化。鲍曼关于全球化的理论有其独特之处，他回避了价值的评判和意识形态的指涉，鲍曼从未直接地表示其赞成或反对全球化的立场，他将其关注的重点集中在人类的生存状况以及所面临的各种问题上。

　　鲍曼指出，经济全球化是一种现实，它既非不可避免，也非历史发展的必然趋势，这些都不是他考虑的，他思考的是正在全球化的经济造成的社会影响。与其说鲍曼关注经济全球化，不如说鲍曼关注经济的全球化效应，况且鲍曼认为谈论全球社会或全球文化是非常草率的，更不用说全球政治与全球法律。鲍曼指出，就像不断的现代化不是一个通向现代性的过程，而是现代性的本质特征一样，不断的、永远未完成的全球化是人类状况新的全球性特质。对鲍曼而言，全球性并不意味着政治和文化的全球性，全球型构（global figuration）的不完整性、单一维度性，以及缺乏重叠、补充、整合政治经济网络的特性是最显著的，也许是最重要的"全球性"特征。不均衡或协调的匮乏是全球性潜在的永恒特性。因此，鲍曼的全球化不是全球主义。对鲍曼而言，根本不存在全球性的全球化，只有地域性的、改变着地方的

　　[①] 参见约翰·卡瓦纳、杰瑞·曼德尔编：《经济全球化的替代方案》，童小溪等译，中央编译出版社2007年版；保罗·赫斯特、格雷厄姆·汤普森：《质疑全球化》，张文成、许宝友、贺和风译，社会科学文献出版社2002年版；格拉德·博伊斯贝格、哈拉德·克里门塔：《全球化的十大谎言》，胡善君、许建东译，新华出版社2000年版；等等。

全球化,"'全球秩序'的图景归根到底是若干地区性秩序的总和"①。

当然,鲍曼并未局限于对这种现实状况的描述性分析上,他始终保持了对这种现实的批判性质疑,并试图探讨应对全球化后果的策略和规范性立场。因此,对鲍曼来说,经济的全球化既不是不可避免的和不可逆转的,也不是人们可以通过选择认同和社群运动轻易加以反对的,也许更为可行的是,找到可以进一步对经济实行有控制的开放和对认同加以尊重的方法。

鲍曼认为给所谓的"反全球主义者(anti-globalist)"的历史意义做最后的评判太早了,但是他认为这个术语是误导,就像一个人不可能反日食一样,一个人不可能"反全球化(against globalization)"。问题,这个运动的真正问题,不是怎样"拆散(undo)"全球的联合,而且是怎样驯服和控制这个野性(wild)的全球化过程——怎样把它由人类的威胁转变为人类的机会。但有一个事情看起来很清楚,即"全球性思考,地方性行动(think globally, act locally)"是一个错误的,乃至有害的口号,全球性问题只能通过全球性行动才能解决。未驯服的、破坏性的全球力量在政治舞台的碎片中蓬勃发展,在这个舞台上,各地方势力为能多分到一点全球掠夺者丰盛的餐桌上掉下来的碎屑而无休止地争吵。任何提倡以"地方身份(local identity)"作为全球化者(globalizer)罪行的解毒剂的人正入彀中。②

鲍曼认为,全球化导致的社会后果确实是值得担忧的,但也未尝不是一种机会、一个契机。全球化现在已经没有了回旋的余地,我们所有人相互依赖,我们唯一的选择只能在彼此伤害和共同安全之间做出,也就是说要么一起游泳,要么一起沉没。他认为:"在人类历史上,每个人的自我利益和相互尊重和关照的伦理原则第一次指向了

---

① Zygmunt Bauman, *Globalization: The Human Consequence*, Cambridge: Polity Press, 1998, p. 63.
② Zygmunt Bauman, *Identity: Conversations with Benedetto Vecchi*, Cambridge: Polity Press, 2004, p. 88.

共同方向和要求相同的策略。"① 全球化可能从诅咒变为福祉:"人性(humanity)"从来没有如此好的机会! 这个机会能否被把握还是完全未知的,答案在于我们自己。

我们不是生活在历史终结时期,我们正在另一次巨大转变的门槛上,全球力量释放,他们盲目和有害的影响应该置于公众民主的控制之下,必须尊重和遵守人类共同栖居和社会正义的伦理原则。揣测这个转变将产生什么样的体制还为时尚早:历史无法预知。但我们能合理推测的是,这个体制必须能满足我们的全球层面(人类层面)的角色要求。我们迟早会得出我们是不可逃避的相互依赖的结论的,也非得如此(相互依赖),否则在全球无序的状况下,利益获得将继续以生活质量和大多数人的尊严为代价,将进一步加深已令人恐怖的不安全和我们共同栖居的世界的脆弱性。② 所以,如果我们能视全球化带来的问题为机会,探索解决问题的机制,可能会为人类社会创造出一番新局面。

鲍曼的全球化理论遭受的最主要的批评是,鲍曼局限于探讨经济的全球化,而忽视了政治、文化及意识形态的全球化。贝斯特曾经指出,鲍曼只关注经济的全球化而忽视了文化的全球化和政治的全球化。贝斯特认为,鲍曼的全球化理论存在着过于强调经济因素起决定作用的倾向。鲍曼不仅将流动性作为社会阶层分化的标准,而且他将发生在全球的地区冲突归结于跨国公司和全球流动资本这一具有法外治权的新的全球力量的干预。这在某种程度上过于抬高了资本的流动性所具有的至高无上的权力和全球金融市场所具有的自力推进性,似乎没有任何其他力量可以对它构成钳制。应该说流动性是鲍曼分析全球化问题的核心概念,鲍曼关注的是由流动性导致的整个全球化世界和各

---

① Zygmunt Bauman, *Identity: Conversations with Benedetto Vecchi*, Cambridge: Polity Press, 2004, p. 88.

② Zygmunt Bauman, *Identity: Conversations with Benedetto Vecchi*, Cambridge: Polity Press, 2004, p. 89.

个国家内部的阶层分化,但问题是,这种阶层分化是相对笼统的,鲍曼不仅没有提供将全球性富人和地方性穷人区分开来的有效标尺,而且是否存在具有某种统治力量的全球性富人阶层也是值得探讨的。

第三节 个体化

鲍曼认为,当今社会,至少在发达国家,因为已经发生或正在发生下面五个意义深远而又相互紧密联系的背离,从而创造了一个史无前例的个人生活追求场景,产生了一系列前所未有的挑战。

第一,现代性从"固态"阶段过渡到"液态"阶段,也就是说,进入了这样一个状况:社会形式(social forms)不再能长久保持它们的形状(shape),因为解构和融化比铸造还快。不管是现存的还是预示的形式,都不会有充足的时间固化,不能作为人类行为和长期生活策略的标准,因为生活期望(life expectation)是如此之短,以至于还没有形成一个连贯一致的策略、还来不及完成一个个人"生活计划(life project)"研究就结束了。

第二,权力和政治的分离。自从现代民族国家出现以来直至最近,权力和政治都被认为是"至死不分开"的。但是,现在,许多权力的有效行为都从国家移向了政治不可控制的全球空间,政治因为它的地方性而不再能有效运作。政治控制的缺乏成了不确定性的一个重要源泉,而缺少权力使现存的政治体制、它们的行为和职责越来越与民族国家公民的生活问题不相干,因此也越发引不起他们的注意力。国家放弃的那些功能成为反复无常、不可预测的市场力量的竞技场,或被留给了私人行动和关注。

第三,公共的、国家扶持的、对个人失败和悲惨命运的保障逐渐而持续地削减剥夺了集体活动的吸引力,削弱了社会团结的基础,"共同体"作为一种指涉栖居于一国领土内民众群体的方式,听起来越来越假。人际纽带,过去曾值得投入大量的时间和精力、值得牺牲个人利益来构建和维护的,现在变得越来越脆弱和短暂。"社会"逐渐被认为是一个"网络"而不是一个"结构"(更不用说是一个"整体"),它被认为是随即联结和断裂、本质上无限可能的发源地。

第四,长远计划和行动的崩溃,产生长远计划和行动的社会机制的消失和削弱,导致了政治历史和个人生活成为一系列的短期计划和片断,他们本质上是无限的,不能连接成有序序列。如此碎片化的生活是"横向"而不是"纵向"相关的,任何下一步都是对不同场景的回应,所以需要不同的技巧和不同的安排。过去的成功不必然增加将来胜利的可能性,更不用说保证。快速地"忘记"过去的信息和摆脱习惯比记住过去、把策略建基于以前"知识"的基础上对下一步成功更为重要。

第五,解决不断波动和持续变化的环境带来的困境的责任转移到了个体的肩上——他们被认为是"自由选择者"和应完全承担他们的选择带来的后果。但是,每一次选择卷入的风险都可能由超越了个人的理解和能力的环境所制造,但结果必须由个体承担。对个体利益最有利的不是"遵守"规则,而是"灵活性":准备随时改变策略和模式,毫无遗憾地放弃承诺和忠诚——根据现实可能性而不是自己的喜好寻找机会。[1]

从前两节对消费生活和全球化的分析中我们知道,消费生活大大地促进了个体化,因为消费只能是个体的,消费者注定是孤独的,而全球化大大削弱了政治的力量,使很多集体行为难以组织,很多公共空间丧失,这一切导致了我们的社会注定是一个个体化的社会,个体化也就是上述五个变化的集中体现。

---

[1] Zygmunt Bauman, *Liquid Times*, Cambridge: Polity Press, 2007, pp. 1-3.

鲍曼认为，不确定性和无序给世界带来了巨大的恐惧感，且这种恐惧感防不胜防，它似乎有自我发展的动能和机制，无需我们做什么就能够很快地成长和不停地传播，即使我们采取措施，也不一定行之有效，还可能适得其反。譬如，尽管阿姆斯菲尔德和布什都宣称"当美国人民感到安全时伊战就会结束"，但伊拉克战争的结果却使美国和世界其他地方的不安全感上升到了一个新的高度。

鲍曼认为，今天的个体独自的生活可能是快乐的也可能是忙碌的——但肯定是充满危险和恐惧的。[①] 鲍曼认为新的个体主义与"否定的全球化"是一个硬币的两面。正因为全球化，使社会至少不再置于民族国家的完全保护下，也就无法为个人安全负责。今天许多基本问题都成了全球性的，它们不可能在地方的层面上得到解决，民主和自由不再在某一国家或某群国家中是安全的，民主和自由只可能在全球规模上是安全的——否则就是不安全的。鲍曼认为，恐惧是我们时代最大的邪恶，但它是由不安全感和不确定性造就的，不安全感和不确定性产生于一种无能的感觉，因为我们看起来已经失控了，我们缺少工具使政治提升到权力的层面上来（权力已经成为全球的，而政治还是地方的），从而使我们失去了对设定我们的可能性范围和限制我们的选择自由的力量的控制。鲍曼认为，除非我们找到（准确地说是建构）了这样一种工具，否则恐惧无法驱除。[②]

一、身份

鲍曼认为，简括地说，"个体化"指的是，人们的身份从"承受者"到"责任者"的转型，使行动者承担完成任务的责任，并对他们

---

① Zygmunt Bauman, *Liquid Times*, Cambridge: Polity Press, 2007, p. 24.

② Zygmunt Bauman, *Liquid Times*, Cambridge: Polity Press, 2007, p. 26.

行为的后果（也就是说副作用）负责。①

人在社会中总是以一定的身份存在，通常我们会把身份看作一个事实而不去深究，但鲍曼认为"身份"，特别是"国民身份（national identity）"，不是在人类经验中"自然"酝酿的，不是作为一个自证的"生活事实"出现的，它是被强加于现代男人和女人的生活（Lebenswelt）的——作为一个想象物（fiction），然后才凝结为一个"事实"、一个"给定物（given）"的。② "身份"的思想产生于归属危机以及希望架通"应然（ought）"与"实然（is）"、使现实符合某种设定标准的努力。身份仅作为一个任务（一个尚未完成的任务）、一个响亮的号召、一个责任、一个鞭策而进入生活的。所以，身份不仅体现了人的生活经历、生活理想，而且昭示着人的生存状况。

鲍曼认为，"固定的现代性"时期的"身份问题"是如何建造一种身份并且保持它的坚固和稳定，像朝圣者一样生活，是对专注于身份建立这项令人气馁的任务的现代生活策略最恰当的比喻，因为像朝圣者一样地生活，是把人们身边的世界视同荒漠，毫无特色，而把生活变成通往意义所在地的朝圣征途。而"流动的现代性"时期的"身份问题"首先就是如何避免固定并且保持选择的开放性。漫步者、流浪者、游客和比赛者联合起来为后现代生活策略——因为对被束缚和固定的恐惧而流动——提供了一个隐喻。消费者追求的是新欲望产生和满足，全球化提出的要求是增加流动性，所以在流动的世界，让自己固定于一个单一的身份是一件危险的事情。因为这样可能意味着你有被消费者社会边缘化的危险，甚至成为有缺陷的消费者，或者你的"流动自由"受到了限制；所以，在流动的现代社会，身份是拿来更换和表现（wearing and

---

① Zygmunt Bauman, *Identity: Conversations with Benedetto Vecchi*, Cambridge: Polity Press, 2004, p. 48.

② Zygmunt Bauman, *Identity: Conversations with Benedetto Vecchi*, Cambridge: Polity Press, 2004, p. 20.

show），而不是为储存和保管，生活策略的中心不再是建立身份，而是逃避限制。并且，当前的社会也创造了不断变换身份的条件，在全球化状况下，任何身份的等级秩序，特别是坚固持久的等级秩序，都不再被寻求，也不容易被建构。身份获得了自由，个人可以使用他们的才智和能力去建构。在流动的现代社会，身份可能并不总是令人愉快的，因为飘浮的个人才是公众英雄，"被固定"越来越不令人喜欢。但是，由于流动的现代社会带来的巨大的不确定性，以及由此带来的焦虑和恐慌，"身份"又成了从这种不确定性中找到逃避的代名词。所以，现在"身份"成了一把双刃剑，"身份"同时既解决问题又带来问题。还有一个更为严重的问题，那就是身份的生产机制"私有化"，这里"私有化"既指获得某种身份的公共途径减少，这一责任几乎完全落到了个体的肩上，同时也指身份的承受完全个体化。所以鲍曼认为："在我们这个不可遏制的个体化的世界中，身份与祈祷同在，它们在梦想与噩梦之间摇摆不定，没有告诉什么时候变成另外一个（身份），在流动的现代生活状况中，身份可能是矛盾性的最敏锐的、最普遍的体现，被坚定地置于现代个体注意力的中心和他们生活日程的顶部。"[1]

二、公共空间的丧失

鲍曼赞同托克维尔提出的"个体是公民最坏的敌人"的观点。鲍曼指出，个体化所带来的后果是当代个体趋向于从集体的协定中退却，从社会和政治的责任中退却。查尔斯·泰勒也认为这是现代性的一个隐忧，他指出，一旦个体的参与行为衰减了，一旦曾作为媒介的横向联合团体萎缩了，个体公民就会独自面对巨大的官僚国家。他们就会

---

[1] Zygmunt Bauman, *Identity: Conversations with Benedetto Vecchi*, Cambridge: Polity Press, 2004, p. 32.

感到无能为力。这使得公民变得更加消极，并形成了"温和的专制主义"的恶性循环。① 这也正如鲍曼所言，现在的公民将他们的政治权利拱手相让，退回到他们的私人家庭生活中来，但他们忘记了家庭生活与公共生活、私人与公共之间有着复杂而密切的关系。这样就形成了一种恶性循环，随着消费主义和全球化促使的个体化的不断加剧，个体也越来越少地去思考公共问题，从而导致"公共空间"，或说真正的公共话题变少，这种公共空间的萎缩会让个体化带来更多的焦虑和不安，这种焦虑和不安也更让人感到无助和恐惧。

鲍曼指出，在今天，公共空间已经成为一个公开承认个人秘密和个人隐私的地方。公共空间日益缺乏的是公共问题，它无法扮演过去那种作为私人问题和公共问题聚会与对话地点的角色。今天，不是个人隐私被侵犯，而是"公共空间"被"私人"占领了，"公共关注"被贬低为对公众人物的私生活的好奇心，公共生活的艺术也被局限于私人事物以及对私人感情承认的公开展示。② 翻开今天的报纸或是浏览其他媒体就知道，娱乐和花边新闻占据了越来越多的版面，真正的政治和公共问题越来越少，因为大众对这些越来越不关心，而媒体自然要迎合大众的口味；另外一个证据就是全球范围的政治冷漠，选举的投票率越来越低。鲍曼认为，以"脱口秀"为典型的电视节目有助于把社会产生的矛盾和风险视为个体问题，视为以个体的形式出现的、因而个体必须面对和解决的问题，所以现在许多人下班回家后的第一件事就是打开电视机。③

这种公共空间的丧失也是我们当今流动的现代社会的一个重要特征，事实上，它与个体化可以说是一对孪生子，是一个硬币的两面，同时它们又有相互促进的趋势。

---

① 查尔斯·泰勒：《现代性之隐忧》，程炼译，北京：中央编译出版社2001年版，第12页。
② Zygmunt Bauman, *Liquid Modernity*, Cambridge: Polity Press, 2000, p. 40.
③ Zygmunt Bauman, *Society under Siege*, Cambridge: Polity Press, 2002, p. 289.

三、伙伴与共同体

越来越多的观察家合理地期待朋友和友谊在我们这个彻底个体化的社会能扮演一个重要角色。随着社会凝聚力的传统支持结构的瓦解，用友谊编织的关系可能变成我们的救生衣或救生艇。在这个"晚期现代"或流动的现代生活中，关系是一个矛盾事物，并且趋向于一个程度更甚的、令人心烦的矛盾的核心，这个矛盾就是：我们极度渴望的陪伴的代价是，至少部分是，独立性的屈服，虽然人们希望在不付出此等代价的情况下获得陪伴。

长期的矛盾导致认知的不和谐：一种堕落的、无能的、害怕困难的思维状态，它总是用一些阴谋诡计在这两个不可调和的价值中抬高一个、打击另一个。正因为这种矛盾的压力，许多关系将断裂（snap），"直到进一步的通知"。断裂是能合理预期的，应预先考虑和准备面对的事情。

当维系关系中的极大的浪费可能性被计算时，精打细算和审慎提醒要预先关注废物处理的能力。除非能获得一个拆除许可证，否则一个审慎的城市房地产商是不会冒险开始建房子的；除非撤退计划被拟定，否则将军是不情愿把士兵送上战场的；雇主们认为是将赋予雇员们的权利和对解雇他们的限制导致了雇佣的不可能。

伙伴关系（partnership）快速形成，按要求很快消耗和处置有令人不快的副作用，垃圾堆的幽灵从不曾远去。毕竟，快速和废物处理对两边都是有效的，你可以瞬间结束，你也可能永远害怕被爱人和朋友抛弃。

不管我们是否因"依赖忧愁（dependent depression）"感到痛苦，不管我们是否完全清醒还是被夜间的幻觉骚扰，看来我们所有人恐惧的是被抛弃、被排斥、被拒斥、被剥夺我们所是的，不允许成为我们希望所是的。我们害怕被单独留下，处于无助的状态，我们害怕没有同伴、没有爱人、没有帮手。我们最怀念的是普遍性。

消费者市场渴望能帮人们走出困境，但是也办不到，因为无论商人们怎么努力，他们许诺满足的消费也不会减少。人可能成为可消费的，但消费品不能变成人，不可能成为激励我们绝望地寻找根、亲情、友情和爱——能使一个人确定身份——的人。

在当今流动的现代社会，不仅友谊无法成为个体化产生的焦虑和恐惧的救命稻草，共同体在应对这种情况时也同样无能为力，因为今天的共同体已经不是传统意义上的共同体，而是"衣帽间式的共同体（cloakroom community）"或"表演会式的共同体（carnival community）"。

共同体通常给人以美好的感觉，认为它是一个温馨的地方，一个温暖而又舒适的场所。它就像一个家，在它下面可以遮风避雨，在共同体中，我们相互都是很了解的，在大多数时间里我们是安全的，对对方而言，我们相互之间从来都不是陌生人，我们相互之间即使有争吵，也是友善的，我们都不希望对方遭遇厄运，我们会相互祝福，我们相互依靠，相互帮助，相互信任。鲍曼认为，这样美好的共同体"不是我们可以获得和享受的，而是一种我们将热切希望栖息、希望重新拥有的世界"，而现在我们"生活在残酷无情的时代里，而这是一个竞争的、胜人一筹（one-upmanship）的时代"。[①]

按照斐迪南·滕尼斯（Ferdinand Tönnies）的观点，共同体之所以不同于现代社会，就是因为它是在"共同理解"的基础上建立起来的，这种"共同理解"是"自然而然的"、"不言而喻"的，这种理解是共同体成员内在于本体而存在的，是不需要去追求，更不用说建立和争取的，那个理解"就在那里"，它是现成的、可以随时使用的，它

[①] Zygmunt Bauman, *Community: Seeking Safety in an Insecure World*, Cambridge: Polity Press, 2001, pp. 2-3.

先于所有的一致和分歧。这种"共同理解"是很少碰到反思和批判的，即使发生变化也是一个漫长的和难以察觉的过程。这种理解是共同体保持团结的根本原因。但是现在，这种"共同理解"形成和维持的机制都不再存在，随着交通和信息技术的发展，"'距离'这个曾经是共同体防御能力中最为可怕最难以克服的东西，现在也就失去了它的大多数意义"①。在当前的社会，这样的"共同理解"很难形成，即使产生，也是很脆弱的，很容易变化和解体。鲍曼认为，今天"身份认同"取代了"共同理解"，但正如前文所言，身份在当今社会是不断变换的，鲍曼把基于这种身份认同形成的共同体称为"钉子共同体（peg communities）"，有时也称之为"衣帽间式的共同体"或"表演会式共同体"。鲍曼认为，这种共同体类似于康德的美学共同体，"身份认同看起来与美共享着共同体的存在的地位：像美一样，除了广泛的协定和一致（明确的或默示的，通过判断的共识性的同意，或通过一致的行动表达出来的）以外，没有其他基础可以依据"，"它的'客观性'完全是用易碎的主观判断的细线编织起来的"。②这种共同体的最大特征就是产生偶然、进出自由、解体正常。一个人完全可以显示自己的某种身份，而成为某个共同体的一员，这种共同体无需成员的忠诚，你随时有退出的权利和自由，由于环境的变化或热情的减退，共同体在某一天突然解体也是正常的，因为在进入前就认同了退出的自由，所以这种退出或解体也不会带来恐慌。

相对于传统的共同体，当代的共同体是一种"想象的共同体（imagined community）"，即人们为了寻求安全的庇护而构想的一种存在。在对共同体寻求的过程中，由于阶层及可利用的资源的差异，共

---

① Zygmunt Bauman, *Community: Seeking Safety in an Insecure World*, Cambridge: Polity Press, 2001, p. 13.

② Zygmunt Bauman, *Community: Seeking Safety in an Insecure World*, Cambridge: Polity Press, 2001, p. 65.

同体的模式也不同。全球性的富人通过建立"飞地",即通过安全警卫保护住所来确保自己的安全,而穷人或社会底层的人则被限制在有形的区域或无形的区域(文化的隔离)中。但是,鲍曼对当今社会的"共同体"持否定态度,认为它无法解决在当前"新的世界无序"状况下个体的焦虑和恐惧,认为当今的共同体无法给世界带来确定性。他说:"共同体,绝不是痛苦和不幸……的疗救办法,它们反而是流动现代性条件下社会失序的征兆,甚至有时是这种社会失序的原因。"① 因为当今社会的共同体只会使人与人之间丧失真正的沟通与交流,也就无法把个人焦虑和不安凝聚为公共问题。

四、"流动的生活"的乌托邦

流动的现代性状况下的人们过的是一种"流动的生活(liquid life)",流动的生活"是一种生活在流动的现代社会的生活",它的特征是由流动的现代性决定的。我们对流动的现代性状况进行了较为详细的分析,知道流动的现代社会是一个消费者社会、一个全球化的社会、一个个体化的社会,总而言之流动的现代"是这样一个社会,在这种社会状况下,成员们的行动在没有机会凝固成习惯前就改变了",它的这种流动性给人们的生活打下了重重烙印:"流动的生活,就像流动的现代社会,没法保持它的形态。"②

首先,流动的生活是一种快速变化的生活。在一个流动的现代社会,个人的成就不能被固化成持续占有,因为不久财产就变成了负担,能力反成了无能的表现。行为状况和回应它们的策略在行为者有机会去适当学习它们时就过时了。为此,从经验中学习已经无效了,因为

---

① Zygmunt Bauman, *Liquid Modernity*, Cambridge: Polity Press, 2000, p. 201.
② Zygmunt Bauman, *Liquid Life*, Polity Press, 2005, p. 1.

过去的实验不能说明环境快速而不可预期的变化。从过去的事件中推论和预测将来的趋势已经变得危险了，还经常会误导。准确的预测是不可想象的，太多的可能性结果还不被知道，可信的计算越发难以做出，没有任何对未来趋势的估计是完全的和真正可靠的。

其次，流动的生活是一种不确定的生活，生活在持续的不确定状况下，萦绕着这种生活的最大的恐惧是打盹，与快速移动的事件同步失败，落后或被认为是过时的，占有不再被渴望的东西，或错过了变化的时候。流动的生活是一连串新的开始——因此，迅速而没有痛苦的结束是它最大的挑战和最令人头痛的，因为不这样的话，新的开始是不可想象的。在流动的现代生活艺术与实践技艺中，放弃比获得更重要。

可能把流动的现代生活描述为一系列新开端是一个阴谋无意的帮凶，因为它通过复制一个共同的幻象，有助于隐藏一个保守严密的秘密。描述那种生活的一个可能更合适的方式是讲一连串结束（endings）的故事。成功的过一种流动的生活的荣誉可能最好通过不显眼的坟墓而不是靠卖弄墓碑来表现。

最后，流动的生活是一种"废弃物处理"的生活。在一个流动的现代社会，废物处理产业处于流动的生活经济（liquid life's economy）的支配地位。这个社会的生存和它的成员的福利（well-being）命系于产品变成废物的速度以及废物处置的速度和效率。在那个社会，没有什么能主张是可处置性这一普遍规律的例外，没有什么被允许长久存在。

生活在流动的现代社会不能原地踏步，它必须不断现代化，否则就有危险。被中止的恐惧从后推动，在流动的现代社会，生活不再需要由对现代化遥远结果的好奇推动前行，这儿需要的是全力从现在所在的垃圾箱跑开。

所以，鲍曼认为"创造性毁坏"是流动的生活的模式，其实这也是一种没有模式的模式，因为创造无时无刻不在进行之中，而旧的模式也无时无刻不在毁坏之中。当竞争全球化时，这种"创造性毁坏"

也在全球范围内展开。

鲍曼认为,过着这种流动的生活,即使最幸福的人也不能免除麻烦(trouble-free),很少有人能宣称他一切如意。打击的突然性、无规则性、不可预测和无法预防,这一切的不确定性带来恐惧。所以,我们梦想一个有规则的、可信赖的、安全的世界也就不足为奇了,鲍曼认为,这就是不确定性时代的乌托邦。

鲍曼认为,乌托邦是与现代性一起诞生的,并且只有在现代性氛围下才能存在。因为,乌托邦是一个与我们知道的世界不同的另外一个世界的形象,它期望一个完全由人类的才智和努力创造的世界。这种用一个自己创造的世界取代已经存在的世界的思想完全是现代的产物。前现代的生活形式是单调的再生产,很少有意愿和勇气去思索不同的生活形式。鲍曼认为,一个乌托邦梦想的产生需要两个条件:一是强烈感到这个世界已无法正常运转,且若没有彻底检修不可能恢复正常;二是对人类能力的自信,认为我们能完成这个任务,理性的我们能侦测出哪里出了问题,并找到取代它们之物,且我们有能力构建出把这些设计引进人类现实所需的工具和武器。

鲍曼认为,如果可以用"猎禽看守人(gamekeeper)"来形容对待世界的前现代态度,那么,园丁(gardener)则是现代世界观和实践的最佳隐喻。园丁是乌托邦制造专家,"花园应该怎样才会和谐"首先来自于园丁的和谐理念和蓝图。但是,今天,像"乌托邦的死亡""乌托邦的终结""乌托邦想象的衰退"的短语频频见诸当代的论争中,似乎已经是共识和不证自明的了,这是因为在今天,园丁的姿态已让位于"猎人(hunter)"的姿态。①

猎人不会考虑"事物的平衡",他们唯一的任务就是另外一种"屠杀(kill)"(相对于园丁而言),直到装满他们的猎物袋。更为确定的

---

① Zygmunt Bauman, *Liquid Times*, Cambridge: Polity Press, 2007, p. 100.

是，他们不会认为保持在他们狩猎后森林中还有足够多的猎物是他们的责任，如果一处森林没有了猎物，他们会转移到另一处森林同样肆无忌惮地掠夺。也许，在不确定的将来，这个地球不再有猎物，但这不是他们现在需要担心的——不是"他们"需要担心的。这种未来状况不会威胁到当前的狩猎，也不会给他们带来义务去思索什么，更不用说做点什么了。

今天我们所有人都是猎人或被迫像猎人一样行动，如果不想被降为猎物的话。当我们举目四顾的时候，我们看到的要么是像我们一样孤独的猎人，要么是像我们一样正在狩猎的猎人，我们需要费很大的力气才能发现一个企图给他的私家花园带来某种和谐的园丁（园丁的相对稀少和猎人的丰富被社会科学家在"个体化"的名义下讨论）。我们无法发现许多猎禽看守人，甚至是怀有猎禽看守人世界观的猎人，这是引起怀有"生态良知（ecological conscience）"的人的惊觉和他们企图改变其他人的原因。

鲍曼认为，在一个充斥着猎人的世界不会给乌托邦思想留下多少空间（如果有的话）。没多少人会严肃地看待乌托邦蓝图，如果恰好有人提供一个给他考虑的话。更甚的是，即使某人知道怎样使世界变得更好，并且他也愿意全心全意去努力，但真正成问题的是：谁会有充足的资源和足够强大的意愿去做需要他做的呢？过去民族国家扮演着这一角色，但现在全球化已经剥夺了民族国家的许多权力，以前支持"猎禽看守人"和"园丁"的民族国家现在转而支持猎人。

但是这些是不是就能证明乌托邦的终结呢？鲍曼并不认为如此，他认为说乌托邦已死有夸张之嫌，他分析了互联网对乌托邦的关注，以之说明乌托邦并未淡出人民的话语之外。不过，当前的乌托邦有了一些新的特征：为从个体的不舒适中寻求个体满足或个体逃避提供个别服务。[①]

---

① Zygmunt Bauman, *Liquid Times*, Cambridge: Polity Press, 2007, p.107.

"乌托邦"过去意味着一个梦想的未来目标,朝着这种目标的进步能带来一个更能满足人们需要的世界。但是,鲍曼认为,在当代的梦想中"进步"的意象已从"共同进步(shared improvement)"移向了"个体生存(individual survival)"。进步不再是被鞭策着跑在前面,而是努力待在比赛中。进步的意识让每一个人保持警惕:听到"时代在前进"时,我们会担心落在后面,不能跟上不断加速的时代步伐。这样,与消费者取向的经济相适应,处置、抛弃旧的东西,用新的取代旧的也就是这种进步观的表现了。

鲍曼认为,逃避——作为乌托邦的对立物,在当前状况下,却成了它唯一有效的替代物。你不会严肃地希望你生活的世界会变得更好,你甚至不能真正地确信你能找到一个更好的地方。无论发生什么,不安全始终存在,"好运"意味着"霉运"的在场,留给你关注和努力的,也是要花费你的绝大部分注意力和力量(power)的是预防失败(losing),尽量保持在猎人的行列,否则你只能成为猎物;预防失败需要你全神贯注,每时每刻保持警惕,并能尽可能快速移动。

通过改变衣着来改变自我,通过改变自我来让不确定性少一点、让幸福停留的时间长一点的梦想是猎人的"乌托邦"——是旧式美好社会的"私人化"和"个体化"的版本。鲍曼认为,狩猎消耗了人们几乎所有的注意力和精力,没有为其他事情留下多少时间,而且狩猎是容易上瘾的,期望下一次狩猎更有吸引力可能是狩猎最令人兴奋的事。但是,因为狩猎行为的无休止性,又让人厌烦,有人企图转移注意力,不去想这个令人不高兴的状况,这种注意力的转移对狩猎来说不是一个好兆头。这里有点两难。

对于乌托邦是不是终结了这个问题,鲍曼认为,一方面可以认为是如此,就现代早期设想一个历史的终点而言,乌托邦是终结了,因为当代猎人的生活没有这样一个点,没有什么时候能说工作已经完成、使命已经达到。另外,在一个猎人的社会,期待狩猎的终结不仅没有吸引力而且还是令人恐惧的——因为这种结束产生的唯一结果只能是个人的失败和退出。

所以鲍曼认为，持续狩猎就是当代的乌托邦——与过去的乌托邦相反——是一个没有终点的乌托邦。这是一个奇异的乌托邦，就传统标准而言，乌托邦的吸引力来自于终止辛苦劳作的许诺，而猎人的乌托邦是从来不将停止劳作作为梦想。但是，即使它再奇异，它也是为人类的问题提供一个激进的和最终的解决办法，对人类状况的悲伤和痛苦做彻底的治愈，且这种许诺都是同样不可实现的。这种乌托邦与传统乌托邦的最大差异是，它把解决和治愈之地从"远处"移到了"这里和现在"，乌托邦不在未来，猎人就生活在乌托邦中。对园丁而言，乌托邦是路的终结；对猎人而言，乌托邦是路本身。园丁们设想路的终结是乌托邦胜利的证明，而对猎人而言，路的终结仅意味着乌托邦的末日，是可耻的失败，是在伤口上撒盐。一个把模糊的"远处"带到确切的"这里和现在"的乌托邦，一个生活在其中的乌托邦，是不需要试验的，就所有的实践意图和目的而言，它是不朽的，但它的不朽是以参与者的脆弱为代价的。

不像过去的乌托邦，猎人的乌托邦不提供生活的意义，不管是真的还是假的。它仅帮助把生活的意义这样的问题赶出对生活的思考（the minds of living）。它把生活过程重塑为无止境的自我追求（self-focused pursuits）的系列，每一片断都是下一片断的序曲，没有机会反思整体的方向和意义。只有当跌出了猎人的行列时，才有了反思的机会，但这时已经太迟了。鲍曼认为，现在总结这场尚在进行中的游戏是困难的，确切地说是不可能的，我们每一个人在其中同时扮演着同谋、支持者和行动者的角色。鲍曼认为，对于是否生活在一个猎人的社会就像生活在地狱一样这个问题是有争议的，许多社会都在争先恐后地加入。

第四节　寻找政治：现代还是后现代？

从鲍曼对流动的现代社会的描述和批判可以看出鲍曼对我们当前社会的认定及其忧虑。因为我们的社会被流动性主宰，而两极分化似乎是流动性的天性，能流动的速度越来越快，不能流动的越发固定，所以富人越来越富有，穷人越来越贫困；且流动性有自我加速、自我推进的功能，因为如果你不加快速度，你就可能落伍、跟不上别人的步伐，你就可能沦落为"被固定"的，所以在流动的现代社会，中间阶层越来越少，中产阶级越来越难以生存。而消费主义和全球化导致的不断加剧的个体化，带来的是不确定性、不安全性和不可靠性，鲍曼用一个德语单词 Unsichheit 来概括此种感觉，并认为正是这种感觉使人们处于普遍的焦虑和恐惧中，他认为这是当代社会最大的问题。鲍曼虽然一直声称他主要是想提出问题，而不是解决问题，但他还是探讨了这种问题的解决之道，他认为这个问题的关键之处是"公共空间"的丧失，也就是说政治权力的丧失，政治无法与经济的发展协调，所以他发出了"寻找政治（In Search of Politics）"的呼吁，他的这一态度在其思想中是显得比较重要的，这到底是一种后现代的策略还是一种现代关怀呢？我将结合前几章的论述，试探讨鲍曼的"流动的现代性"，以及他的整个社会理论的定性问题。

一、寻找政治

鲍曼是从分析古希腊的 agora 开始他对公共空间的探讨的。在古希腊，城邦（polis）由三个领域组成，即 oikos（家庭）、ecclesia（政治场所）和 agora（鲍曼借用卡斯特里亚迪斯的观点将之称为"私人／公共"领域），agora 是联系 oikos 和 ecclesia 的桥梁，"这一领域的主要作用不是将私人与公共相区分,不是严守各自领域的完整性,而是确保在这两者之间畅通与频繁的交往"①。这一领域是一个中介领域,没有这一领域,无论城邦还是其成员,都不能获得决定公共之善的意义以及如何获得它的自由,"私人/公共"领域既是一个充满紧张、激烈的竞争的场所,又是一个对话、合作和妥协的场所。鲍曼认为,"私人/公共"领域在现代轮番受到来自两方面的攻击,在固定的现代性阶段,它受到的是来自极权主义的攻击,这一场所几乎完全被政治力量取代;而在流动的现代性阶段,因为政治力量的大大削弱,却把这一领域完全交给了私人,由个人选择取代了相互竞争和妥协,这样的结果是不仅 agora 荡然无存,连 ecclesia 也溃不成军,而这种转变并没有给个体带来更大的自由,个体并没有更多的发言权,并没有取得更多的筹码,"它只不过将个体从政治公民变成了个体消费者"②,造成的问题就是 Unsichheit。所以,鲍曼认为解决问题的途径就是通过重建 agora 来夺回 ecclesia,考虑到现存的诸多困难,鲍曼也指出这是一个极其艰巨的任务。

首先,让个体再次成为公民。鲍曼赞同托克维尔提出的"个体是公民最坏的敌人"的观点。正如鲍曼所言,现在的公民将他们的政治权利拱手相让,退回到他们的私人家庭生活中来,但他们忘记了家庭生活与公共生活、私人与公共之间有着复杂而密切的关系。因此,要使人们分担责任,必须帮助公民恢复他们失去的或不再努力使别人听到的声音。声音与退出的区别是参加与缺席、责任与冷淡、政治作为与漠不关心之间的区别。由于过于关注自身利益,现今社会的个体丧失了其公民身份,而公民身份的丧失又进一步使得个体对"公共事业""普遍的善""公正的社会"倾向于冷漠、怀疑或警惕。正是个体间的冷漠、怀疑和对公共事务、共同利益的漠视妨碍了个体自由的实

---

① Zygmunt Bauman, *In Search of Politics*, Cambridge: Polity Press, 1999, p. 86.
② Zygmunt Bauman, *In Search of Politics*, Cambridge: Polity Press, 1999, p. 78.

现。这集中体现在法律意义上取得自由在实际行使过程中的无能。鲍曼指出，权力应该属于成熟公民深思熟虑的事务，公民一旦丧失发言权，就不能将任何选择加之于他们身上。① 因此，公民权的恢复是使法律意义上的个体成为实际意义上的个体的方法、途径和标志，是个体进入 agora 的前提，也是 agora 得以重建的前提，因为 agora 是公民参与的场所。

那么，个体的公民权如何才能恢复？鲍曼提出，在当今这种充满焦虑和恐惧的时代，公民权得以恢复并展现生机的一个先决条件是使人们免于生存处境的恐惧，获得安定和自信心。鲍曼借鉴和进一步论证了"基本收入"的解决模式。"基本收入"是托马斯·潘恩（Thomas Paine）的概念，即指独立于工作成就与出售劳动力之外的所得。在托马斯·潘恩之后，"基本收入"的理论得到了众多理论家的探讨，从历史正义、社会公正、人权和社会福利等方面进行了论证。鲍曼认为，这些对"基本收入"的论证都是有一定道理的，"但是，支持对基本生计无条件进行社会保证的决定性论证，并不是来自于对残疾与贫困的道德责任（不管如何来补偿社会的伦理健康，这一责任无疑是要履行的），也不是来自于公平和正义的哲学体现，也不是来自于有益于共同生活的品质的东西，而是在于它的政治意义或对整体之重要性：它的至关重要的作用表现在对失去的'私人/公共'空间的复兴，表现在填补目前'私人/公共'空间的真空"②。也就是说，它是公民权复兴的必要条件，公民权只有在免于生存之恐惧、无忧无虑的人民之中方能被想象。鲍曼认为，"基本收入"理论和制度确实具有许多理论家所论证的价值和意义，"或许并不能成功地根除所有的生存性不可靠性（当然也不会立竿见影，也不会一揽子解决），但是，这看起来确实是清

---

① Zygmunt Bauman, *In Search of Politics*, Cambridge: Polity Press, 1999, p. 169.
② Zygmunt Bauman, *In Search of Politics*, Cambridge: Polity Press, 1999, p. 182.

除当前这些主要根源的最彻底的方法"①。鲍曼承认,诚如一些理论所指出的,基本收入仍然无法触及消费社会的一些重要问题,如地球资源的匮乏和根本上有限这样的问题,但鲍曼认为,即便如此,基本收入还是提高了解决这些问题的概率,因为唯有卸下"活着,还是不活?"这个问题的重负,消费者的竞赛,其价值与愿望这样的问题才能被公众所思考和出现在实践中。同理,基本收入无意于反对自由选择,因为基本收入的目的是使公民能自由讨论他们所喜欢的生活模式并实践这种模式,所以,它不仅不会减少个体自由,而且还会增加个体自由,更多的和真正的自由,因为基本收入"从自由的甜蜜糕饼中驱散了不可靠性这一令人讨厌的苍蝇"②。基本收入确保了每个个体能真正地进入"良善社会"的讨论和实践,使每一个小人物都能真正地在 agora 中发挥作用,为重建 ecclesia——也为他们自己的利益——做出贡献。

二、新共和主义:全球政治与多元文化社会

鲍曼认为,现代社会已不同于以前的社会的一个重要特征是,前现代社会只存在一个总体性——部落;而现代社会却是两个总体性的结合体:"共和国"与"民族"结合在一起。共和和民族是一种彼此依赖,又相互矛盾的关系,他们彼此需要但又发现彼此之间难以和平共处,糟糕的是彼此之间的分歧还难以协商与和解,这是因为民族与共和在以下两方面的尖锐对立造成的。首先,民族是通过回忆过去而"创造",没有过去、没有回忆,也就没有民族;但是恰恰相反,共和否定过去的德行、权威和必要性,就好像过去本身毫无价值一样。"纯粹形式之共和主义观念(在法国大革命的最激进时期可以发现其最生

---

① Zygmunt Bauman, *In Search of Politics*, Cambridge: Polity Press, 1999, p. 186.
② Zygmunt Bauman, *In Search of Politics*, Cambridge: Polity Press, 1999, p. 188.

动的表述），恰恰要废除过往的历史，恰恰要有一个'新的开端'"①，鲍曼引用奥娜·莫佐夫的话说，至少在大革命时期，那些共和主义者自认为能够经过深思熟虑重建社会与政治之秩序之总体，同时他们认为，凡过去之物均无益于这一重建工作。民族主义者声称，民族本身作为漫长而曲折的历史的活生生的遗产，就其本身而言已经是一种善，而且是一种至善；而大革命时期的共和主义者断定，共和是唯一生产公共之善的工厂，这种善的社会存在于未来。其次，民族把忠诚作为建构的唯一工具，鲍曼认为，民族与部落不同之处在于，部落是一种现实，而民族是一种价值，它需要成员无条件地效忠，这种忠诚应该是毫无条件的，是优先于其他忠诚的，是一种"不管对错，都要追随我的祖国"的方式。而共和则是把判断力、理性和批判看作生产公共之善可资利用的资源，它以自由之三和弦（言论自由、表达自由和结社自由）为共和主义生活方式的先决条件，对它而言，"这是我的祖国，我确信它渴望正确，避免错误"，严格来说就是"就其正确而言，它是我的祖国，若它拒绝改正自己所犯下的错误，它便不是我的祖国"。所以当代的共和主义国家必须处理好它与民族主义的关系。

但是，共和自身也存在着一对不可调和的关系，那就是自由与公共之善的关系，虽然共和以自由为先决条件，但是公共之善却是自由主义的最高价值，普遍幸福是共和所追求的最高目标。人们有追求幸福之自由，也有讨论使幸福普遍化的方式的自由，但是在某一点上，普遍幸福的力量注定要与个体自由的力量发生冲突，一方将不得不让步。这两种原则既期望合作，又具有强烈的对抗倾向，必须有一种好的制度，不仅能够保证公民的自由，而且还要使这种自由成为追求公共之善的力量，在"个体的免于干预的自由与公民的干预权利之间获

---

① Zygmunt Bauman, *In Search of Politics*, Cambridge: Polity Press, 1999, p. 164.

得一种平衡"①。鲍曼将这种制度下的社会称为"共和的共同体",是卡斯特里亚迪斯意义上的"自律社会",在这种社会中"我们就是制定我们自己的法律的人,我们是一个由自律个体组成的自律集体",也就是说,要形成"自律的社会","自律个体"和"自律集体"缺一不可。

始终坚持在自由与对公共之善的追求之间协调,也是共和主义区别于自由主义的关键,"自由主义在共和主义列车行进到名为 laissez faire(自由放任)的站点时'分道扬镳'了,共和主义列车继续前进,将个体自由锻造为一个自我监控的共同体,从而将个体自由置于对公共之善的共同寻求之中"②。而自由主义走上了另一条路,它带来了极大的自由,但同时也带来了孤独,这些个体有行动的自由,但对他们自由行动的目的却从不思考,更为重要的是,他们对他人的自由毫无兴趣,对如何运用所有人的自由亦无兴趣。这样,在自由主义社会,有的只是一群充分自由,但软弱无力、彻底冷漠和孤独的个体。这就是当今社会的写照。在前面已经阐述了当今社会的主要塑造力量:经济全球化和政治地方化以及消费主义,鲍曼将之称为"不确定之政治经济",因为不确定性就是它们造成的后果。鲍曼认为,不确定之政治经济,"从本质上可以被简单地归结为,禁止通过政治来建立并保障规则与管理,消除阻碍资本和金融成为真正 sans frontières 的保护性制度与联合"③。由于不确定之政治经济与共和思想的目标和后果尖锐对立,所以,在通往不确定之政治经济规则的道路上,共和主义成了首要的牺牲品而被抛弃。鲍曼认为,与当年马克·布洛赫主张共和主义的首要敌人是极权主义——"权力形式不能也不应未经个体之选择就强加于个体"——不同,今天共和主义"首要的敌人是源于生存的不确定性而弥漫于四周的恐惧,这种恐惧浓缩为对行动的恐惧,随后便是新型

---

① Zygmunt Bauman, *In Search of Politics*, Cambridge: Polity Press, 1999, p. 166.
② Zygmunt Bauman, *In Search of Politics*, Cambridge: Polity Press, 1999, pp. 166-167.
③ Zygmunt Bauman, *In Search of Politics*, Cambridge: Polity Press, 1999, pp. 173-174.

政治之不透明以及世界的难以测度，神秘所笼罩之处正是打击的发源地，且积聚而使反抗命运之信心完全丧失，不再相信会有任何其他的生活选择"①。

但是，在这种不确定性政治经济下的自由主义式民主，把对公共之善的追求的任务也转嫁给了公民投票，但国家无论如何忠实地遵循民主之程序，它所实践的民主在保卫和调整对其公民生活至关重要之条件方面愈来愈无效和无能，而且自由主义社会下公民对共同之善的奉献精神和行动能力都大大削弱，这样民族国家也就丧失了共和的规定性和促进福利的大部分潜能，于是自由主义社会的个体也就只能生活在极大的、不可消减的恐惧中。不仅如此，自由主义还带来了一个极度危险的副产品，那就是民族主义的爆发，民族主义应自由主义之失败而生了。近来世界范围内的民族主义带来的灾难大家有目共睹，不仅难以抑制，且有愈演愈烈之势，民族似乎不再能够得到可靠的安置，其未来亦不能得到保障，不能得到安全之保护，共和之失败宣告了一个富有活力、狂暴和不受约束的民族主义时代的再次降临。鲍曼认为："自由主义社会要想抑制民族主义，就不得不采纳作为一项公共之善而非私人事务的伦理与正义之原则，换言之，它不得不将自身提升至共和之水准。"② 鲍曼引用雅克·阿塔利对"泰坦尼克号"的解释来说明当前这种共和丧失的危险性：船长傲慢和过度自负，船员顺从，冰山无法引起足够的重视，现在社会的冰山又是如此之多，有核武器的冰山，有生态的冰山等等，而更为危险的是，船长（政治家）可能已经不再是这艘全速航行的船只的指挥了，即使他们还想指挥，可能也无能为力了，船已经失控。

从鲍曼的阐述中可以看出，他认为解决当前危机的有效方式就是

---

① Zygmunt Bauman, *In Search of Politics*, Cambridge: Polity Press, 1999, p. 175.
② Zygmunt Bauman, *In Search of Politics*, Cambridge: Polity Press, 1999, p. 167.

重建共和，当然鲍曼这里的共和肯定不再是大革命时期的共和，鲍曼肯定不会再去认为要建立一种全新的秩序，这是他所极力批判的，这也是共和主义遭受了极权主义破坏的重要原因，即大屠杀的原因。不过，当前共和主义遭遇的是自由主义的破坏。鲍曼反复强调"当代绝大多数人生活世界特有的不稳定性，是当今共和危机之终极根源"，而"私人／公共"空间的丧失则是导致政治权力虚弱、"善之社会"之追求目标和行动能力凋零的直接原因；所以，要重建共和，就要先重建"私人／公共"空间。鲍曼虽然详细阐述了重建"私人／公共"空间的必要条件，即"基本收入"策略，但是，具体怎样创建"私人／公共"空间，然后又怎样能够重建共和，他都没有详细阐述，这可能既超出了他的能力范围，也是因为在根本上不存在一些统一的策略和措施；但有一点是肯定的，它需要极大的政治魄力和行动能力，"需要有如亚历山大大帝一般的勇气与想象力"。

鲍曼多次指出全球化造成的问题只有在全球的层面才能解决，因为当今真正有效的权力在本质上都是治外法权，而政治行动的场所仍然是地方性，地方性的政治是无法解决全球性的问题的。鲍曼在讨论基本收入时就举美国的例子阐述了这个问题，如果不是所有的州同时确保基本收入，那么只会造成消极竞争，因为这时会形成"基本收入磁场"，所有的人都往这个州流动，这只会带来失败。所以鲍曼认为，"旨在缓和这种不可靠性与不确定性的有效行动的前提条件，就是将政治提升到一个真正的国际层面"，从而使政治重新控制权力，"至少需要一个国际性的共和制度，其范围与超国家之权力运作空间相当"①。鲍曼认为当今世界事实上还不存在真正的全球政治力量，还没有政治力量能对抗全球资本，且没有这种力量出现的迹象，因为，"就其本性而言，无论部落还是民族（事实上，包括现有的一切共同体模式）都不

---

① Zygmunt Bauman, *In Search of Politics*, Cambridge: Polity Press, 1999, pp. 191-192.

适宜扩展到全球性维度"，要通过加固民族、强化共同体之堡垒的方式来建立一种全球范围的团结，从而对全球性的不确定性之根源进行政治控制，是南辕北辙的。共同体主义不仅不能解决问题，而且可能是解决问题的阻碍，与共同体主义相关的"认同问题"完全是一种误诊，它错误地把论题当作了解决办法，没有真正地找到不可靠性的根源。鲍曼引用阿兰·图雷纳的观点指出，现今颇为流行的"多元共同体主义"先验地排除了明智的、互惠的跨文化沟通和交往的可能性，它视"文化纯粹性"为至高价值，要求文化均自我闭合于各共同体的防线内，而视文化吸纳为污染；图雷纳认为，与"多元共同体主义"相反，文化多元主义既不认为原封不动保持文化的差异，阻碍共同体之间在文化上的自由交流是值得在政治上予以保护的价值，也不认为跨文化交流是有害的，文化多元主义是以自由为最高价值的，包括进入某种文化和脱离某种文化的自由。即便如此，鲍曼还是认为，文化多元主义也存在一些不足，因为，虽然文化多元主义不阻碍跨文化交流，但它隐含了一个前提，那就是每一种文化多多少少是完整的、自我支撑的、在某种程度上是自足的、"自成一体"的，而另一个更为糟糕的暗示是，在一种文化中封闭存在是正常的、是常态，而文化冲突、跨文化交流等则是变态，是不正常的，鲍曼认为这是"系统性思考"的遗毒，他主张用多元文化社会（polycultural society）取代文化多元主义。鲍曼并没有解释这个术语，但是从他对文化多元主义的批判可以看出，他是用"社会"来强调一种整体性，不同文化之间的区别是在整体中的区别，这样，它们之间的相互交叉、相互渗透就是正常的了。当然，鲍曼绝不可能主张建立一种"同质的"全球文化，大屠杀的惨剧还记忆犹新，所以可以认为，在鲍曼那里，不同文化之间的交流是必要的，但更多是自然的，不能把一种文化凌驾于另一种文化之上。

三、知识分子的作用

知识分子是鲍曼社会理论的一个恒常关注,不管是在对坚固的现代性的批判还是在对大屠杀的阐述中,都能看到知识分子的身影。早在鲍曼对后现代社会学和后现代性社会学的区别进行阐述时,就有一重要观点,那就是知识分子不应该满足于做一个阐述者,当时他给知识分子提出的任务是应该去创建一种后现代性社会学。那么,在寻求政治,通过重建 agora 以夺回 ecclesia 的行动中,他又认为知识分子应该扮演什么角色呢?

关于当前知识分子的历史使命,在知识界广为流传的,也是主导性的观点是:当前所发生的一切,我们是无法抵抗的,即便知识分子出于对人们生活所信赖的价值的责任感而进行的探索从一开始并非是一个严重错误和伟大幻想,现在也无疑到了它的结束之时。因为现在这些任务都交给了"市场上看不见的手"和"民主的看不见的手"。所以,知识分子已经放弃了职业以外的责任,放弃了"超越其道德义务之召唤"的要求,而这种职业以外的责任,这种"超越其道德义务之召唤"的要求,曾经是现代知识分子的标签。但是鲍曼认为,持此种观点的人忽略了一个事实,那就是知识与 ecclesia 的联姻不是凭空捏造的,而是一个历史事件,即使现在两者已经分离,但知识分子的使命还是可能依然存在的。

鲍曼指出,正是当前"市场看不见的手"和"民主看不见的手"产生了问题,而解决这一问题的唯一方式就是通过 agora 夺回 ecclesia,鲍曼引用卡斯特里亚迪斯的观点指出在这一过程中 paideia(古希腊语,指对孩子的养育教养)的重要性,"唯有在以及通过一种民主化的 paideia,才能塑造出这样的个体,其成长并非像一株植物那样自生自灭，而是社会政治关注的主要对象"①。事实上，这种社会政治关注的主要对象就是 agora 中的公民，所以说，知识分子重新肩负起 paideia 的责任，是使个体成为公民，从而积极参与到 agora 中去的重要条件和推动力，因为，即使一个人保证了基本收入，不需为生存而恐惧和焦虑，他也不一定会参与到 agora 中去，而知识分子有利于唤醒他们和培养他们的意识，这就是鲍曼为当今的知识分子规定的任务，所以他说"这项任务（通过 agora 夺回 ecclesia）为知识阶层开启了一个巨大的行动领域"②。

四、现代，抑或后现代？

正如乌尔里希·贝克、安东尼·吉登斯和斯科特·拉什在《自反性现代化》的前言里所说的："对我们所有人来说，关于现代性和后现代性的争论久拖不决，已使我们厌倦，而且类似争论到头来毫无结果。"③但即使如此，我们这里还得说说这个问题，因为鲍曼通常被认为是当代重要的论述现代性和后现代性的著作家，他的观点经常被认为是后现代的，至少是理性的后现代的，他的著作也在许多论述后现代的文本中被引用。但是我们这里并不是要给鲍曼的理论做个论断：到底是后现代的还是现代的？做这样的论断可能是很难的，也是持续存疑，并且这样一个论断的做出可能不仅不会有利于对鲍曼社会理论的理解，反而会一叶障目，失去鲍曼理论的精华。我们这里讨论这个问题的目的，是想借助这一对不大精确的概念，进一步加深对鲍曼理论的理解。

---

① Zygmunt Bauman, *In Search of Politics*, Cambridge: Polity Press, 1999, p. 107.
② Zygmunt Bauman, *In Search of Politics*, Cambridge: Polity Press, 1999, p. 107.
③ 乌尔里希·贝克、安东尼·吉登斯、斯科特·拉什：《自反性现代化》，赵文书译，商务印书馆 2001 年版，第 1 页。

这里我们要从鲍曼对乌尔里希·贝克、安东尼·吉登斯和斯科特·拉什的一个错误理解说起。我们在前面曾说到鲍曼对他们三位所使用的"自反性现代性（reflective modernity）"的驳斥，但是他们三位的"自反性"用的是"reflexivity"，而不是"reflection"，它对应的形容词是"reflexive"而不是"reflective"，这种区别正是他们在《自反性现代化》一书中强调的："自反性现代化"的概念可以与一种根本性的误解区分开来。这个概念（如其形容词"reflexive"所暗示的那样）并不是指反思（reflection），而是（首先）指自我对抗（self-confrontation）。[①] 鲍曼在他的后期著作中，几乎不再使用"后现代性"或"后现代社会"这样的概念，而是使用的"流动的现代性"和"流动的现代社会"这两个概念，而且他在使用"流动的现代社会"时还经常用括号或"或"与"晚期现代社会""后工业社会"等概念同用，不少人认为鲍曼用"流动的现代性"取代"后现代性"只是一个概念的问题，以消除"后现代性"与"后现代主义"造成的混淆，"流动的现代性"在实质上与"后现代性"没有区别（如郑莉）。有些学者已经意识到了鲍曼从"后现代性"到"流动的现代性"的转向（如托尼·布莱克肖），但也缺乏进一步的分析，并且可能是因为鲍曼在"流动的现代性"下的议题过于宽泛，迄今为止还没有对之进行深入分析的论著。从鲍曼对"流动的现代性"下的议题分析来看，他主要讨论的是一种社会形态和生活策略，而甚少讨论理论的思维状态。而他所揭示的这种社会状态，与乌尔里希·贝克在"自反性现代化"的名义下所揭示的"风险社会"是基本一致的。乌尔里希·贝克是借用邦斯的这段话来描述风险社会的：这些使人着恼的事的核心可以被描述为"不确定性回归到社会中"。在此，"不确定回归到社会中"首先意味着

[①] 乌尔里希·贝克、安东尼·吉登斯、斯科特·拉什：《自反性现代化》，赵文书译，商务印书馆2001年版，第9页。

越来越多的社会冲突已不再被当作秩序问题而是被当作风险问题。这些风险问题的特征是没有确定的解决办法；更确切地说，它们的特点是一种根本性的矛盾，这种矛盾可以通过可能性计算加以领会，但却不能通过这种方法消除。风险问题的根本性矛盾使其有别于从定义上倾向于明确性和可决定性的秩序问题。[1]事实上，鲍曼揭示的流动的现代社会的主要特征也就是"不确定性"，但是鲍曼几乎没有阐述由"坚固的现代社会"到"流动的现代社会"这一变化过程，而这其实正好是乌尔里希·贝克等人所做的工作，也就是他们所命名的"自反性现代化"，正是这一"自反性现代化"导致了由"坚固的现代性"到"流动的现代性"的转变。乌尔里希·贝克认为："自反性现代化"指创造性地（自我）毁灭整整一个时代——工业社会时代——的可能性，这种创造性毁灭的"对象"不是西方现代化的革命，也不是西方现代化的危机，而是西方现代化的胜利成果。如果说简单（或正统）现代化归根到底意味着由工业社会时代对传统社会形态首先进行抽离，接着进行重新嵌合，那么自反性现代化意味着由另一种现代性对工业社会形态首先进行抽离，接着进行重新嵌合。……那么，自反性现代化应该指这样的情形：工业社会变化悄无声息地在未经计划的情况下紧随着正常的、自主的现代化过程而来，社会秩序和经济秩序完好无损，这种社会变化意味着现代性的激进化，这种激进化打破了工业社会的前提并开辟了通向另一种现代性的道路。[2]那么自反性现代化为什么会发生呢？乌尔里希·贝克认为："现代性从工业时期到风险时期的过渡是不受欢迎的、看不见的、强制性的、它紧紧跟随在现代化的自主性

---

[1] 转引自乌尔里希·贝克、安东尼·吉登斯、斯科特·拉什：《自反性现代化》，赵文书译，商务印书馆2001年版，第13页。

[2] 乌尔里希·贝克、安东尼·吉登斯、斯科特·拉什：《自反性现代化》，赵文书译，商务印书馆2001年版，第6页。

动力之后，采用的是潜在副作用的模式。"①其实，这里肯定是鲍曼绝对同意的，鲍曼在批判坚固性的现代性时，指出这种现代性的最大特征就是"矛盾性"，而正是这种矛盾性使现代性由工业社会时期走向了风险社会时期。乌尔里希·贝克进一步指出："风险社会的概念指现代性的一个阶段；在这个阶段，工业化社会道路上所产生的威胁开始占主导地位。……在风险社会的自我概念中，社会具有（狭义上的）自反性，也就是说，社会成为其自身的一个主题和问题。……它是后传统的，在某种意义上也是后理性的，至少是不再具有工具理性。然而，风险恰恰是从工具理性秩序的胜利中产生的。"②在鲍曼那里，正是工具理性导致了固定的现代性的"矛盾性"，而又正是这种矛盾性导致了后工具理性，所以说，流动的现代社会，或者说风险社会是不受欢迎的，是一种副作用的模式。鲍曼也曾借用过风险社会的概念，但是，正如乌尔里希·贝克所认为的，虽然他和鲍曼都认为不仅要意识到不确定性，而且还要"承认"不确定性，同时乌尔里希·贝克也指出了他与鲍曼的一个重要区别，那就是鲍曼是悲观的。

在第一章中分析过波德莱尔的现代性概念，指出在波德莱尔那里，现代性本质上就是"过渡、短暂、偶然"与"永恒和不变"的矛盾体，《一切坚固的东西都烟消云散了》的作者马歇尔·伯曼在分析了波德莱尔的现代性理论后说，"最后，关键是要指出，波德莱尔使用了流动状态（'漂泊的存在'）和气体状态（'像空气一样包围浸润着我们'）来象征现代生活的独特性质"③。而"流动的"却成了鲍曼描述当今社会的主要特征，流动状态所具有的"易变性""不确定性"是流动的现代

---

① 乌尔里希·贝克、安东尼·吉登斯、斯科特·拉什：《自反性现代化》，赵文书译，商务印书馆2001年版，第9页。
② 乌尔里希·贝克、安东尼·吉登斯、斯科特·拉什：《自反性现代化》，赵文书译，商务印书馆2001年版，第13页。
③ 马歇尔·伯曼：《一切坚固的东西都烟消云散了——现代性体验》，徐大建、张辑译，商务印书馆2004年版，第185页。

社会的主要特征。《现代性的五个悖论》的作者法国学者安托瓦纳·贡巴尼翁在详细地分析了现代性和后现代性、现代主义和后现代主义后指出,"后现代主义并不反对波德莱尔的现代性,因为后者始终被先锋主义所背叛,它要反对的,是历史先锋派最典型的对进步与超越的偶像化崇拜"[①]。并且分析了"现代"概念的一个重要不同,他说哈贝马斯和法国后现代主义之间的论争表明了对"现代"概念的意义存在着分歧。"在法国,现代是在以波德莱尔和尼采为发端的现代性的意义上来理解的,当然也包括虚无主义,从一开始,它与现代化,尤其是与历史的关系以及对进步的怀疑都是双重的,在本质上,它是美学的……现代性对法国人而言……包括后现代性;而在德国,与之相反,现代是以启蒙运动为发端的,而如今放弃了启蒙,就是放弃了启蒙的理想。……与之相反,批判性的后现代重新发现了真正的现代性。"[②]在这种意义上,鲍曼对"流动的现代性"的阐述,与其把它看作是后现代的,不如把它看作是激进的现代的,因为他的流动的现代性充分展示了现代性偶然的、易变的一面,进一步揭露了本质的无序与对秩序的追求的矛盾,这也可以说是鲍曼区别于一些后现代主义者的重要方面。鲍曼虽然"承认"和敢于面对不确定性,但他却深深忧虑着Unsichheit带来的危机,并感到极度的无奈,这也正是乌尔里希·贝克说他悲观的方面。不仅如此,鲍曼还试图去寻求解决办法,他企图用一种新共和主义来协调个体自由和公共之善。可以说,在哈贝马斯的意义上,鲍曼的理论主要是后现代的,而在尼采和法国人的意义上,鲍曼的理论只能是现代的,且是更现代的,或者说鲍曼的理论经过了这样一种转变也未尝不可。

鲍曼理论的这种特色,还与他的另一个理论渊源关系重大,那就

---

① 安托瓦纳·贡巴尼翁:《现代性的五个悖论》,许钧译,商务印书馆2005年版,第141页。
② 安托瓦纳·贡巴尼翁:《现代性的五个悖论》,许钧译,商务印书馆2005年版,第149页。

是鲍曼所受到的马克思主义和社会主义的教育。在一次与 Keith Tester 的对话中，鲍曼承认他一直是一个社会主义者，且是一个忠实的社会主义者，他认为我们的世界比任何时候都需要社会主义者。当然这个也是跟他对社会主义的定义相关的，社会主义不是一种可用来取代当今运作体系的社会模式，而是一把反对社会不公正的尖刀，是良知的声音，是质询现状的持续挑战和自我纠正的方式，社会主义不会反对任何的社会形式，只要这个社会能纠正不正义和弥补它所带来的苦难，但是事实上不正义在任何社会都是存在的，所以鲍曼说，只要梦想和希望还在燃烧，只要人们的生活还缺乏应有的尊严和高贵（nobility），社会主义就持续存在。鲍曼说，在这种意义上的社会主义，他愿至死是一个社会主义者。同时，他也承认他在是一个社会主义者的同时，还是一个自由主义者，他认为这两者不是敌对的，而是互补的。[1]

如果说鲍曼的理论确实带有某些后现代特征，譬如，他怀疑宏大叙事，他的理论确实缺乏系统性，只是当今社会的碎片，虽然看起来不大成功，但他企图拒绝现代性的概念，或是对他们进行重新解释；但他对人类的关怀，他对他作为一个知识分子的责任，却绝不是后现代的，虽然他拒绝了启蒙的进步幻想，但是一个正义的、自由的社会始终在召唤着他，正如他所认为的社会主义一样，对社会持续的批判和反思，是他作为一个知识分子的良知和责任，至死方休。这才是鲍曼社会理论的特点和价值所在。

---

[1] Zygmunt Bauman and Keith Tester, *Conversations with Zygmunt Bauman*, Cambridge: Polity Press, 2001, pp. 153-156.

第二篇

卡尔·马克思的现代性批判

引 言

说卡尔·马克思的理论是批判理论，我想不会有人反对，从马克思的著作就可以看出这个明显的特征，马克思的许多著作，就是直接冠以"批判"为题的。如除博士论文外，马克思撰写的第一部著作是《黑格尔法哲学批判》，其他直接冠以"批判"的还有《〈黑格尔法哲学批判〉导言》《政治经济学批判》《哥达纲领批判》等，《德意志意识形态》的全称是《德意志意识形态。对费尔巴哈、布·鲍威尔和施蒂纳所代表的现代德国哲学以及各式各样先知所代表的德国社会主义的批判》。其他一些著作虽然没有直接以"批判"为题，但论题本身即显示出其辩论性质，如《论犹太人问题》就是针对布鲁诺·鲍威尔关于犹太人的观点而展开的批判，《神圣家族》是以批判青年黑格尔主义者为切入点的，《哲学的贫困》以蒲鲁东的《贫困的哲学》为靶子。马克思理论——不管是按恩格斯划分的哲学、政治经济学和科学社会主义三大块，还是实践唯物主义或更为细分的理论，如马克思宗教观、国家学说等等——几乎都是在批判的基础上形成的，马克思的批判史也就是马克思学说形成的历史，是马克思一步步清算错误理论而发展出自己的理论的过程。

《莱茵报》时期是马克思走向社会的第一步，但是就从这里开始，马克思咄咄逼人的辩论性格开始展露出来，他的几篇比较著名的文章和社论都充满了辩论和批判的特征。《评普鲁士最近的书报检查令》把矛头直指普鲁士的书报检查制度，尖锐揭露和批判普鲁士书报检查制度的反动性，揭示普鲁士书报检查令的实质是要确立"凡是政府的命令都是真理"①，所以在马克思看来，"整治书报检查制度的真正而根本的办法，就是废除书报检查制度，因为这种制度本身是恶劣的，可是这种制度却比人更有力量"②，何其尖锐！他在《关于新闻出版自由和公布省等级会议辩论情况的辩论》等一些论文和社论中进一步批判了普鲁士政府扼杀新闻自由的行为。在《〈科隆日报〉179号的社论》中，马克思批判了那种哲学与现实脱节的现象，指出："哲学家并不像蘑菇那样是从地里冒出来的，他们是自己的时代、自己的人民的产物，人民的最美好、最珍贵、最隐蔽精髓都汇集在哲学思想里。"③ 在《关于林木盗窃法的辩论》中，马克思批判了那种认为把偷拿枯树或者捡枯枝也应归入盗窃的范围而加以惩罚的观点，指出这样的话林木获得了胜利但人却成了牺牲品，揭露这样的法律代表的是私人利益或部分利益，指出省议会"根据自己的任务，维护了一定的特殊利益并把它作为最终目标"④，这可能是马克思最早遭遇物质利益的阶级性。后来马克思多次谈到，《莱茵报》时期同官方和其他报刊的论战推动了他转向政治经济学研究，也推动了他研究法国社会主义。在马克思所遭遇的现实的影响下，以及受到费尔巴哈的影响，他对黑格尔的批判，特别是对黑格尔法哲学的批判就显得出现得那么自然。在《黑格尔法哲学批判》中，马克思主要批判了黑格尔在市民社会和国家关系上的唯心主义观点，指出不是国家决定市民社会，而是市民社会决定国家，还批判了黑格尔关于政治国家决定私有财产的观点，以及黑格尔的辩证法，从这些批判中我们可以发现历史唯物主义的朦胧身影。通常把《论犹太

---

① 《马克思恩格斯全集》第1卷，人民出版社1995年版，第113页。
② 《马克思恩格斯全集》第1卷，人民出版社1995年版，第134页。
③ 《马克思恩格斯全集》第1卷，人民出版社1995年版，第219—220页。
④ 《马克思恩格斯全集》第1卷，人民出版社1995年版，第288页。

人问题》和《〈黑格尔法哲学批判〉导言》看作是马克思向唯物主义和共产主义转变的重要著作，《论犹太人问题》通过批判布鲁诺·鲍威尔的观点指出犹太人的问题根本上不是宗教问题而是现实问题，不单单是政治解放和宗教解放的问题，而根本上是人的解放的问题，这显然是马克思接受了费尔巴哈的人本主义的唯物主义；在《〈黑格尔法哲学批判〉导言》中无产阶级的历史使命和"武器的批判"进入了马克思的理论视野。在《1844年经济学哲学手稿》中提出的著名的"异化劳动"理论也是在进一步批判黑格尔的基础上诞生的，正是在此种批判和建构中，以"生产劳动"为基础的唯物史观雏形初现，马克思从异化劳动出发揭示了资本主义制度的历史性，论证了共产主义的必然性。同样是在这里，马克思开始把黑格尔的"主观辩证法"做客观改造。当然，此时马克思还深受费尔巴哈的影响。《神圣家族》标志着马克思与青年黑格尔主义者的彻底决裂，马克思在这里彻底清算了青年黑格尔主义者的"自我意识"哲学，批判了他们的唯心主义历史观，进一步论证了唯物史观以及无产阶级的历史使命。同样，《神圣家族》也标志着马克思与自己在博士论文中的观点相去已远。《关于费尔巴哈的提纲》和《德意志意识形态》通常认为标志着马克思实践唯物主义和唯物史观的形成，但这两篇著作亦是以批判为核心，只是把批判的对象更多地转向了费尔巴哈，批判了费尔巴哈"半吊子的唯物主义"。因为这两篇著作当时都未发表，标志着新世界观问世的重大任务就落在了《哲学的贫困》和《共产党宣言》身上。而这里这种新的世界观同样是通过批判蒲鲁东主义，批判包括封建的社会主义、小资产阶级的社会主义、德国的或"真正"的社会主义在内的反动的社会主义、保守的或资产阶级的社会主义和批判的空想的社会主义和共产主义而降生的。即使在后期对工人运动进行指导时，马克思也批判了不少非共产主义或假共产主义思想，如巴枯宁的无政府主义、拉萨尔主义以及哥达纲领，科学社会主义逐步成熟起来了。马克思本身不是学政治经济学的，是一步步遭遇到的现实，还有恩格斯的影响，特别是同样发表在《德法年鉴》上的《国民经济学批判大纲》，才让马克思发现研究政治经济学的必要，才给马克思打开了一扇恢宏的大门。但即使如此，马克思的政治经济学绝不是闭门造车在图书馆里搞出来的，而是在批判继承英国古典政治经济学的基础上发展出来的，马克思批判了他们的劳动价值论，创造出了剩余价值这把解开资本主义大锁的钥匙。所以，批判是马克思理论的品格，是马克思理论的代名词。

马克思的理论是一种批判理论，那马克思的理论又在何种意义上是现代性批判理论呢？他的现代性批判具体内容又是什么呢？不少国内学者认为马克思没有使用过"现代性"这一概念，如余艳指出"尽管马克思并未在自己的著作中直接使用'现代性'这个词"[①]，武振华、季正矩认为"马克思本人在其著作中也没有使用过'现代性'概念"[②]，刘雄伟也认为"尽管马克思没有明确使用过'现代性'的概念"[③]。但事实上，马克思在《论犹太人问题》中使用过"现代性"一词，他在阐述人权的现实性时说："基督教的幻象、幻梦和基本要求，即人的主权——不过人是作为一种不同于现实人的、异己的存在物——在民主制中，却是感性的现实性、现代性、世俗准则。"[④] 可见，马克思不是没有使用过"现代性"这个概念，而是使用过，只是马克思并没有对"现代性"这个概念做抽象的逻辑分析，马克思不会这样做，因为这种做法正是他大力批判的。马克思现代性批判的靶心是具体的现代社会，即资本主义社会。

应当认为，"现代""现代性"这样的概念一旦成为理论特别是哲

[①] 余艳：《关于马克思现代性批判思想的解读》，《理论学刊》2014 年第 8 期。
[②] 武振华、季正矩：《马克思现代性批判思想及其当代价值》，《理论学刊》2015 年第 7 期。
[③] 刘雄伟：《从启蒙现代性到资本现代性——马克思现代性批判之实质要义》，《东南学术》2017 年第 1 期。
[④] 《马克思恩格斯全集》第 3 卷，人民出版社 2002 年版，第 179 页。

学的词汇,就代表了人类对"现代"的一种思索和追问,哈贝马斯认为"黑格尔是使现代脱离外在于它的历史的规范影响这个过程并升格为哲学问题的第一人"①,在《法哲学原理》第 124 节的附释中,黑格尔指出:"主体的特殊性求获自我满足的这种法,或者这样说也一样,主观自由的法,是划分古代和近代的转折点和中心点。"②哈贝马斯发现,黑格尔把主体性当作现代的原则,但是根据这个原则,黑格尔同时发现了现代世界的优越性和危机并存,是一个进步和异化精神共存的社会,"因此,有关现代的最初探讨,即已包含着对现代的批判"③。马克思作为黑格尔的批判继承者,"现代"问题同样进入了他的理论视野并成为一个核心问题。我们逆向思考也可以得出,现代问题不可能不是历史唯物主义的重要问题,历史唯物主义不讨论现代问题,要么是不可能的,要么就是假的历史唯物主义,或者是一种抽象的、披着唯物主义外衣的唯心史观。那么,马克思又是怎么界定现代社会的呢?马克思认为:"'现代社会'就是存在于一切文明国度中的资本主义社会,它们或多或少地摆脱了中世纪的杂质,或多或少地由于每个国度的特殊的历史发展而改变了形态,或多或少地有了发展。"④这是马克思为数不多的明确界定:现代社会就是资本主义社会。法国存在主义的马克思主义哲学家列斐伏尔曾明确指出:"马克思经常用'现代'一词来表示资产阶级的兴起、经济的成长、资本主义的确立、它们政治上的表达以及后来——但不是最终——对作为一个整体的这些历史事实的批判。"⑤我国台湾学者黄瑞祺也认为马克思"从'资本'的观点来理解及批判'现代社会',对他而言现代社会就是资本主义社会。……

---

① 于尔根·哈贝马斯:《现代性的哲学话语》,曹卫东等译,译林出版社 2004 年版,第 19 页。
② 黑格尔:《法哲学原理》,范扬、张企泰译,商务印书馆 1961 年版,第 126—127 页。
③ 于尔根·哈贝马斯:《现代性的哲学话语》,曹卫东等译,译林出版社 2004 年版,第 20 页。
④ 《马克思恩格斯选集》第 3 卷,人民出版社 1995 年版,第 313 页。
⑤ Henri Lefebvre, *Introduction to modernity*, translated by John Moore, verso, 1995, p. 169.

又由于资产阶级乃资本主义的主角，故现代社会他也称为'资产阶级社会'或'布尔乔亚社会'"①。可见，在马克思那里，现代社会就是资本主义社会，就是资产阶级社会，资本主义社会和资产阶级社会虽然是同一社会，但两个称呼的侧重点还是有所区别的。那马克思是怎样对待资本主义社会的呢？伊格尔顿的一个评价是："马克思主义在赞美现代的巨大成就方面超过了未来主义，同时以它对这一时代的无情谴责超过了反资本主义的浪漫派。"②马克思确实在《共产党宣言》中高度称赞了资本主义生产方式创造的史无前例的财富，但是在马克思那里，资本主义社会显然已经度过了发展的黄金时期，资产阶级在反对封建主义中表现出来的东西已经陈腐了，资产阶级对工人阶级的剥削带来的社会问题已经超过了他们为社会做出的贡献。所以资本主义社会已经腐朽，开始下行，被历史的潮流淹没。所以，马克思确实盛赞了资本主义社会，但是资本主义的这种辉煌属于过去，马克思对资本主义社会主要是批判。同样作为时代精神精华的马克思理论，就是反映了资本主义没落的一面，而反映的方式就是批判。所以大卫·莱昂直接认为马克思就是把现代性当作资本主义来批判的。当发现了马克思的现代性批判就是资本主义批判时，也就能明白马克思现代性批判的主要理论依据：历史唯物主义。马克思认为："生产关系总和起来构成所谓社会关系，构成所谓社会，并且构成一个处于一定发展阶段上的社会，具有独特的特征的社会。古典古代社会、封建社会和资产阶级社会都是这一生产关系的总和，而且其中每一个生产关系的总和同时又标志着人类发展中的一个特殊阶段。"③资本主义社会就是被马克思作为人类历史上的一个阶段来看待的，它有它的历史功绩，有历史

---

① 黄瑞祺：《马学与现代性》，台湾允晨文化实业股份有限公司2001年版，第107页。
② 特里·伊格尔顿：《历史中的政治、哲学、爱欲》，马海良译，中国社会科学出版社1999年版，第108页。
③ 《马克思恩格斯选集》第1卷，人民出版社1995年版，第345页。

存在的合理性，但是也不可避免地会消亡，这就是历史辩证法，是马克思批判资本主义的理论依据。在梳理马克思思想发展的基础上，我们把马克思的现代性批判概括为两个方面：观念的方面和现实的方面。观念的批判更多的发生在马克思理论生涯的前期，主要表现为意识形态批判，以哲学和资产阶级意识形态批判为主线，正是在这种批判的基础上马克思创立了自己的哲学——实践的、历史的、辩证的唯物主义——和无产阶级的意识形态；对现实的批判主要是对资本主义生产关系的批判，核心是资本批判，诞生了以剩余价值学说为核心的政治经济学理论体系。

第四章 现代性的意识形态批判

虽然马克思在中学作文中就写道:"那些主要不是干预生活本身,而是从事抽象真理的研究的职业,对于还没有确立坚定的原则和牢固的、不可动摇的信念的青年是最危险的"[①],但是马克思自己却从事了最危险的职业,马克思和很多知识分子一样,首先就是通过观念来理解世界的,所以在《莱茵报》时期马克思的文章中能发现明显的黑格尔哲学的色彩;同样,马克思的现代性批判也是从观念的批判开始的。

第一节 意识形态之"贬义"

"意识形态"一词,法文为 idéologie,德文为 Ideologie,英文为 ideology。从词源上看,它来自希腊文 ιδεα 和 λόγοs 两个词,前者意为观念或思想,后者意为学说,合起来就是"观念学"的意思。冯契主编的《哲学大辞典》、冯契和徐孝通主编的《外国哲学大辞典》以及尼古拉斯·布宁和余纪元主编的《西方哲学英汉对照词典》在解释"意识形态"这一词条时,都认为它最先由法国人特斯杜·德·托拉西创造,即"意识形态"这一概念的法语词"idéologie"。但黑格尔在《哲

---

① 《马克思恩格斯全集》第1卷,人民出版社1995年版,第458—459页。

学史讲演录》中认为，法语词 idéologie 与洛克哲学、苏格兰哲学存在密切联系，以特拉西为首的法国启蒙学者是苏格兰哲学的追随者。但是，鉴于洛克哲学的经验主义传统，特别是洛克的"四种错误尺度"理论与弗朗西斯·培根的"四假象说"的相似之处，现在很多学者把"意识形态"这一概念的起源归结于培根的"四假象说"，如曼海姆就明确指出："培根的'偶像'理论在一定程度上可被看作现代意识形态概念的先驱。那些'偶像'是'幻想'或'假设'。正如我们所知，存在着部落偶像、洞穴偶像、市场偶像以及戏剧偶像。所有这些都是谬误之源……无论如何，它们都是通往真知的道路上的障碍。在现代术语'意识形态'与培根表示谬误之源时所使用的术语之间，肯定存在着某种联系。"① 大卫·麦克里兰也提到，"最初讨论意识形态的直接先驱是如弗朗西斯·培根和托马斯·霍布斯这样的思想家"②。

培根认为人类追求知识的目标是探求自然奥秘，但探求自然奥秘面临一些障碍，这些障碍影响人类正确认识自然，"现在劫持人类理解并在其中扎下深根的假象和错误的概念，不仅围困着人们的心灵以致真理不得其门而入，而且即在得到门径以后，它们也还要在科学刚刚更新之际聚拢一起来搅扰我们，除非人们预先得到危险警告而尽力增强自己以防御它们的猛攻"③。培根归纳了四类假象：种族假象、洞穴假象、市场假象和剧场假象。种族假象是人类理解力存在的一些缺陷："人类理解力依其本性容易倾向于把世界中的秩序性和规则性设想得比所见到的多一些。虽然自然中许多事物是单独而不配对的，人的理解力却总爱给它们想出一些实际并不存在的平行物、连属物和相关

---

① 卡尔·曼海姆：《意识形态与乌托邦》，黎鸣、李书崇译，商务印书馆2007年版，第62—63页。
② 大卫·麦克里兰：《意识形态》，孙兆政、蒋龙翔译，吉林人民出版社2005年版，第5页。
③ 弗朗西斯·培根：《新工具》，许宝骙译，商务印书馆2008年版，第18—19页。

物。……人类理解力已经采取了一种意见之后（不论是作为已经公认的意见而加以采取或作为合于己意的意见而加以采取），便会牵引一切其他事物来支持、来强合于那个意见。"① 人类总是企图以某种理论化、系统化的图景来理解自然，此种企图根深蒂固。洞穴假象主要指个体特征对理解产生的影响，"洞穴假象起于各个人的心的或身的独特组织；也起于教育、习惯和偶然的事情"②。每个人独特的性格、家庭出身、受教育程度、生活习惯等都会影响其对事物的理解，用今天诠释学的话语，即每个人都有不同的"前理解"。培根认为此种个体性会影响对事物的理性认识。所谓市场假象"是关乎语言虐制人心、心意难摆除话语影响的幻象"③。培根认为"文字所加于理解力的假象有两种。有些是实际并不存在的事物的名称（正如由于观察不足就把一些事物置而不名一样，由于荒诞的假想也会产生一些'有其名而无其实'的名称出来）；有些虽是存在着的事物的名称，但却是含义混乱，定义不当，又是急率而不合规则地从实在方面抽得"④。而第四种剧场假象"不是固有的，也不是隐秘地渗入理解力之中，而是由各种哲学体系的'剧本'和走入岔道的论证规律所公然印入人心而为人心接受进入的"⑤。培根发现了三种类型的剧场假象：诡辩的、经验的和迷信的。在培根看来，上述四种因素阻碍了人们对自然界的正确认识。所以，这四种因素在培根那里具有否定的意义，这应该是"意识形态"这一概念最初具有否定意义的来源。而洛克直接归纳出产生偏见的"四种错误尺度"："所谓错误的尺度，有四种。（一）我们所认为原则的各种命题，本身如果不确定，不显然，只是可疑的，虚妄的，则我们的尺

---

① 弗朗西斯·培根：《新工具》，许宝骙译，商务印书馆2008年版，第22—23页。
② 弗朗西斯·培根：《新工具》，许宝骙译，商务印书馆2008年版，第29页。
③ 罗素：《西方哲学史》（下卷），马元德译，商务印书馆2007年版，第64页。
④ 弗朗西斯·培根：《新工具》，许宝骙译，商务印书馆2008年版，第33页。
⑤ 弗朗西斯·培根：《新工具》，许宝骙译，商务印书馆2008年版，第34页。

度是错误的。(二)第二种错误的尺度,就是传统的假设。(三)第三种错误的尺度,就是强烈的情欲或心向。(四)第四种错误的尺度就是权威。"① 培根的"四假象说"和洛克的"四种错误尺度"所揭示的均为错误理解产生的原因,虽然今天诠释学认为"偏见"才是"正见","前理解"是理解的基础和出发点,没有"前理解"的理解是不存在的,但是就关乎普遍的事物而言,寻求一种普遍的理解是可能的,而且是现实的,否则观念或理论将完全丧失立场,无所谓对错,这是不可想象的灾难。

　　法国的启蒙思想家们继承了英国经验主义的认识论,托拉西是在研究了孔狄亚克和洛克的哲学思想后,创建自己的意识形态理论的,但托拉西所创造的"idéologie"却是它词源上的意义,而没有发现其"假"或"错误"的特征,所以俞吾金教授认为"托拉西之所以提出意识形态的学说,目的是建设一门基础性的哲学理论,即'观念学',并通过'从观念还原到感觉'的方法,摒弃宗教、形而上学及其他各种传统的、权威性的偏见,从而在可靠的感觉经验的基础之上,重新阐发政治、伦理、法律、经济、语言、教育等各门科学的基本观念"②。无疑,作为"观念学"的"意识形态"是在中性的立场上使用这个概念的。但是当拿破仑指责"意识形态家""不仅是错误地认识社会和政治现实的空想家,也是秩序、宗教和国家的破坏者"③ 时却又赋予了"意识形态"以贬义,"意识形态"成了不切实际的空想,脱离实际的空谈。"意识形态"的德语词 Ideologie 为马克思所创,意味着在马克思之前没有德国人使用这个词,但并不表明没有表示相同或相似意义的其他概念,贺麟先生在《精神现象学》的"译者导言"中指出:"德文'Ideologie'一字一般译作'意识形态',也常有译作'思想体系'或

---

① 洛克:《人类理解论》下册,关文运译,商务印书馆1997年版,第712页。
② 俞吾金:《意识形态论》,人民出版社2009年版,第30页。
③ 参见俞吾金:《意识形态论》,人民出版社2009年版,第26页。

'观念体系'的。这个字不见于黑格尔的著作中。但精神现象学中所最常见的一个术语，就是'意识形态'（Die Gestalten des Bewusstseins，形态二字常以复数出现，直译应作'意识诸形态'）这一名词。每一个精神的现象就是一个意识形态，因此'意识形态'可说是'精神现象'的同义语。"① 等同于"精神现象"的"意识形态"是"意识"的"形态"，确然是一个中性的概念，但是当"精神现象"与"异化""教化"联系起来时，它又具有了某种虚假性。在黑格尔那里，精神的发展可划分为六个阶段：意识、自我意识、理性、精神、宗教和绝对知识，在精神阶段，黑格尔认为自我意识只有通过教化才能实现自身，但教化具有虚假性，"对其自己的概念有所意识了的精神，就是现实和思想两者的绝对而又普遍的颠倒和异化；它就是纯粹的教化。人们在这种纯粹教化世界里体验到的是，无论权力和财富的现实本质，或者它们的规定概念善与恶，或者，善的意识和恶的意识、高贵意识与卑贱意识，统统没有真理性；毋宁是，所有这些环节都相互颠倒，每一环节都有它自己的对方"② 。马克思在贬义的意义下使用"意识形态"这个概念的直接证据来源于恩格斯致弗·梅林的信："意识形态是由所谓的思想家有意识地、但是以虚假的意识完成的过程。推动他行动的真正动力始终是他所不知道的，否则这就不是意识形态的过程了。因此，他想象出虚假的或表面的动力。因为这是思维的过程，所以它的内容和形式都是他从纯粹的思维中——不是从他自己的思维中，就是从他的先辈的思维中得出。"③ 恩格斯在这里除了明确了意识形态的虚假性，还揭示了其虚假性产生的一个途径——"从纯粹的思维"中产生，脱离实际。但意识形态的虚假性肯定还存在其他形式，如"资产者的假仁假义的虚伪的意识形态用歪曲的形式把自己的特殊利益冒充为普遍的

---

① 黑格尔：《精神现象学》上卷，贺麟、王玖兴译，商务印书馆1997年版，第20—21页。
② 黑格尔：《精神现象学》下卷，贺麟、王玖兴译，商务印书馆1997年版，第65页。
③ 《马克思恩格斯全集》第39卷，人民出版社1974年版，第94—95页。

利益"①，这句话中意识形态的虚假性是一种利益的虚假性；"德意志意识形态的理论原来是用以迁就现存世界的"②，体现的又是另外一种虚假性。这样的例子在《德意志意识形态》中有很多，在此不一一列举。

我们在此探讨马克思"意识形态"概念的贬义或虚假含义，并追溯其理论渊源，不是就历史而历史，也没有再一次证明马克思的"意识形态"概念具有贬义性质的企图，当然，也不打算对反对者做出回应，我们这里的目的是对马克思的意识形态概念，特别是其贬义的虚假含义提出我们自己的理解。

首先，从培根的"四假象说"到洛克的"四种错误尺度"，再到马克思的"虚假的"意识形态，其意思或内涵并不是同一的。培根的"四假象说"主要针对的是自然科学，所以他的四种假象的归纳亦基于有碍于得出一个正确的认识，他是没有立场或立场是中立的，他基于一个经验主义的视角，认为这些有碍于正确认识的假象是可以克服的。但马克思的理论基本不涉及自然科学，而是社会历史理论，关乎的是国家、法律、人、社会和历史等社会历史现象。自施莱尔马赫以来，对自然科学和社会科学的方法论区别也越来越多地被接受，不是说社会科学不存在真理，或说社会理论不是科学，但无可置疑的是，社会科学与自然科学是不一样的，社会科学的真理与自然科学的真理是不一样的。对社会历史现象的理解，从来就不是没有立场的，没有立场的社会科学可能是成问题的，马克思理论本身就以其鲜明的立场而著称。即使到今天，马克思所批判的唯心主义或资产阶级的意识形态，并没有消亡或成为过街老鼠，而是以不同的或发展了的形态仍旧存在，并得到不少人的拥护。所以，马克思所批判的意识形态的虚假性既有来自真理性的要求，特别是哲学批判，也有来自于立场的反映，如对

---

① 《马克思恩格斯全集》第3卷，人民出版社1960年版，第195页。
② 《马克思恩格斯全集》第3卷，人民出版社1960年版，第610页。

资产阶级意识形态的批判就是出自无产阶级的立场，虽然这种立场依据于具有普遍性的历史唯物主义。所以曼海姆认为某种思想在批判另一种思想是意识形态时，实际上他本身就已经是一种意识形态了。从这个意义上看，列宁所给予的"意识形态"的肯定意义并不是一个转折，而只是揭示了马克思意识形态理论中一个应有的、只是被遮蔽了的含义。更明确地说就是，马克思理论本身也是一种意识形态，当然马克思理论不只是一种意识形态。

其次，马克思对意识形态虚假性的批判，旨在揭示"在《德意志意识形态》中，意识形态的概念始终具有一种否定的含义，更重要的是，一种揭露的含义"[①]。在同一篇文章中马尔库什所认为的马克思意识形态概念所具有的三种含义——"论战—揭露的、解释—功能性的和批判—哲学的"——中论战—揭露的与批判—哲学的可能显示为同一过程。在《德意志历史形态》中意识形态这一概念的否定性之所以表现得特别明显，原因就是马克思在这里要做的工作主要就是批判那些观念，揭示这些理论的错误之处。马克思意识形态概念所内含的虚假性最重要的意义应该在这里，即揭示所批判的理论的错误之处。

最后，马克思的批判不是后现代的批判，不是为批判而批判，它在揭示了一些理论的错误后，提供了一种供替代的理论，即另一种别样的意识形态。从马克思理论的发展过程来看，虽然一开始马克思并没有说过要创立马克思主义学说，但创建成了批判和揭示的自然归宿。无可否认，马克思主义今天成了一种意识形态，一种共产主义的意识形态，它可能被一些人所批判，被揭示认为某些方面是虚假的。这种情况应当被理解为"意识形态"这一概念所内含之虚假性的相对性，而不仅指马克思的意识形态概念。

[①] 乔治·马尔库什：《马克思的意识形态概念》，孙剑茵译，《马克思主义与现实》2012年第1期。

第二节 哲学批判

爱伦·奥克莱（Allen Oakley）认为"马克思的意识形态批判就是从批判哲学尤其是黑格尔哲学开始的"①。选择哲学特别是黑格尔哲学是一个自然的过程，马克思在柏林大学学习期间就经历了一个从法学到哲学学习的过程，还是青年黑格尔学派的重要成员，他深受德国古典哲学特别是黑格尔哲学的影响，马克思在写给父亲的一封信中说他在一次生病期间"从头到尾读了黑格尔的著作，也读了他大部分弟子的著作"②。但是马克思是从黑格尔主义者走向黑格尔的批判者的，在《莱茵报》时期，马克思还只能被认为是一个黑格尔主义者，虽然他拥有的观念受到了现实的强烈冲击，但他解读世界，批判普鲁士政治、法律的依据还是来自黑格尔的哲学理念，特别是作为现代性基本原则的"理性"原则。马克思认为"不应该根据宗教，而应该根据自有理性来构想国家。只有最愚蠢无知的人才会硬说，这种把国家概念独立化的理论，不过是现代哲学家们心血来潮的想法罢了"③。理性不仅是国家的准则，还应该成为每一个人的准则，"实际上，国家的真正的'公共教育'就在于国家的合乎理性的公共的存在。国家本身教育自己成员的办法是：使他们成为国家的成员，把个人的目的变成普遍的目的，把粗野的本能变成合乎道德的意向，把天然的独立性变成精神的自由；使个人以整体的生活为乐事，整体则以个人的信念为乐事。"④即，理性的国家教育出理性的个人。在马克思所处的现代世界，理性

---

① Allen Oakley, *The Making of Marx's Critical Theory: A Bibliographical Analysis*, Routledge Kegan Paul, 1983, p. 2.
② 转引自戴维·麦克莱伦：《马克思传》，王珍译，中国人民大学出版社2010年版，第33页。
③ 《马克思恩格斯全集》第1卷，人民出版社1995年版，第226页。
④ 《马克思恩格斯全集》第1卷，人民出版社1995年版，第217页。

已经成为准则,"先是马基雅弗利、康帕内拉,后是霍布斯、斯宾诺莎、许霍·格劳秀斯,直至卢梭、费希特、黑格尔则已经开始用人的眼光来观察国家了,他们从理性和经验出发,而不是从神学出发来阐明国家的自然规律"①。于是,国家和法就既来自于理性同时又要接受理性的检验,"立法者应该把自己看作一个自然科学家。他不是在创造法律,不是在发明法律,而仅仅是在表述法律,他用有意识的实在法把精神关系的内在规律表现出来。如果一个立法者用自己的臆想来代替事情的本质,那么人们就应该责备他极端任性。同样,当私人想违反事物的本质恣意妄为时,立法者也有权利把这种情况看作是极端任性"②。如果国家和法是符合理性的,那么私人利益就是与理性相悖的,"私人利益的空虚的灵魂从来没有被国家观念所照亮和熏染,它的这种非分要求对于国家来说是一个严重而切实的考验。如果国家哪怕在一个方面降低到这种水平,即按私有财产的方式而不是按自己本身的方式来行动,那么由此直接可以得出结论说,国家应该适应私有财产的狭隘范围来选择自己的手段"③。从私人利益的角度制定的法律,必然损害国家,普鲁士新修订的《林木盗窃法》的必然结果就是"盗窃林木者偷了林木所有者的林木,而林木所有者却利用盗窃林木者来盗窃国家本身"④。马克思批判《林木盗窃法》的根据就是它用私人利益取代了普遍理性。同样,"新闻出版是个人表达其精神存在的最普遍的方式。它不知道尊重个人,只知道尊重理性"⑤。但是在《莱茵报》时期,马克思遭遇了现实与理性的矛盾,而物质利益强迫性地进入了马克思的视野,马克思感受到了思想的冲击。所以,当他离开《莱茵报》后,

---

① 《马克思恩格斯全集》第1卷,人民出版社1995年版,第227页。
② 《马克思恩格斯全集》第1卷,人民出版社1995年版,第347页。
③ 《马克思恩格斯全集》第1卷,人民出版社1995年版,第261页。
④ 《马克思恩格斯全集》第1卷,人民出版社1995年版,第277页。
⑤ 《马克思恩格斯全集》第1卷,人民出版社1995年版,第196页。

选择了读书，马克思在小城克罗茨纳赫阅读了大量历史学、国家和法方面的著作，总共写下了 5 本笔记，统称《克罗茨纳赫笔记》；这一时期马克思开始接触费尔巴哈的著作。《克罗茨纳赫笔记》是马克思诸多批判理论最初的发源地，譬如开始出现对黑格尔的批判，认为黑格尔"在任何地方都把观念当作主体，而把本来意义上的现实的主体，例如，'政治信念'变成谓语"①。直接脱胎于《克罗茨纳赫笔记》的《黑格尔法哲学批判》拉开了马克思意识形态批判的序幕。马克思的意识形态批判总体而言，可以区分出两条相互交织的脉络，即哲学批判和资产阶级意识形态批判，以黑格尔客观唯心主义代表的哲学与资产阶级意识是密切相关的，前者是后者的理论基础，后者是前者的时代的、现实的体现。

马克思的哲学批判，从对象来看，先后经历了对黑格尔哲学、青年黑格尔派（特别是鲍威尔兄弟）、费尔巴哈哲学的批判；就主题而言，主要包括对形而上学、唯心主义、黑格尔辩证法、机械唯物主义和唯心主义历史观的批判，批判主题分散在不同的时期和对不同的对象的批判中。我们在简述其黑格尔哲学批判的经历后，再根据批判主题做出概括。

真正拉开马克思批判大幕的就是《黑格尔法哲学批判》，在这里马克思从分析批判黑格尔的国家观念，特别是黑格尔关于国家和市民社会的关系入手，批判了黑格尔的唯心主义。在黑格尔的《法哲学原理》中，国家是一个自在自为的、现实的概念，国家在其概念运动中"把自身分为自己概念的两个理想性的领域：家庭和市民社会，即分为自己的有限性，〈因此，国家划分为家庭和市民社会，这是理想的，就是说，是必然的划分，是国家的本质所在。〉家庭和市民社会是国家的现

---

① 《马克思恩格斯全集》第 3 卷，人民出版社 2002 年版，第 14 页。

实的构成部分，是意志的现实的精神存在，它们是国家的存在方式"①。亦即是说，在本质上家庭和市民社会都从属于国家，相对于国家而言，家庭和市民社会只是现象和经验，是国家理念未完全展开的状态。马克思分析认为，在黑格尔这里"观念变成了主体，而家庭和市民社会对国家的现实的关系被理解为观念的内在想象活动"，马克思反对黑格尔的此种观点，认为"家庭和市民社会都是国家的前提，它们才是真正的活动着的；而思辨的思维中这一切却是颠倒的"。② 马克思分析认为，黑格尔观点的实质是唯心主义："哲学的因素不是事物本身的逻辑，而是逻辑本身的事物。不是用逻辑来论证国家，而是用国家来论证逻辑。"③ 正是唯心主义，使逻辑学成了黑格尔理论的起点和脉络，"理念"是现实的源泉和归宿，社会和历史的发展是"理念"展开的过程。马克思认为市民社会和国家的关系，不是如黑格尔所说的国家决定市民社会和家庭，恰好是反过来，家庭和市民社会才是国家的基础和必要条件。同样，马克思批判了黑格尔关于政治国家决定私有财产的观点，认为黑格尔犯了同样的错误，即倒因为果、倒果为因。马克思认为不是政治国家支配私有财产，而是私有财产支配政治国家。马克思在重点批判黑格尔国家观的同时，还开始涉及对黑格尔辩证法的批判，发现黑格尔辩证法的最大问题是任意调和矛盾，取消对立面的斗争。对于社会的发展，基于黑格尔"理念"的展开规则，国家制度是通过"逐渐推移"来改变的，马克思批判指出逐渐推移这种范畴从历史上看来是不真实的，要建立新的国家制度，总要经过真正的革命。《黑格尔法哲学批判》中马克思的思想显示出了《莱茵报》时期其所遭遇的现实问题，市民社会决定国家理论的提出，推开了历史唯物主义的大门，露出了一个广阔的空间。

---

① 《马克思恩格斯全集》第 3 卷，人民出版社 2002 年版，第 11 页。
② 《马克思恩格斯全集》第 3 卷，人民出版社 2002 年版，第 10 页。
③ 《马克思恩格斯全集》第 3 卷，人民出版社 2002 年版，第 22 页。

柯尔施把马克思的思想发展总结为："首先,他通过哲学批判了宗教;然后,他通过了政治批判了宗教和哲学;最后,他通过经济学批判了宗教、哲学、政治和所有其他意识形态。"[①] 可见,在马克思思想的发展过程中,对宗教的批判有重要地位和作用,马克思对宗教的批判主要是从《论犹太人问题》开始的,《论犹太人问题》是马克思发表在《德法年鉴》上的两篇文章之一,另外一篇是《〈黑格尔法哲学批判〉导言》。

　　《论犹太人问题》是从批判鲍威尔的如下观点引出的:犹太人要获得解放,首先必须从犹太教中解放出来。马克思首先分析了犹太人问题的实质和类型:"在德国,不存在政治国家,不存在作为国家的国家,犹太人问题就是纯粹的神学问题……在法国这个立宪国家,犹太问题是立宪制的问题,是政治解放不彻底的问题……只有在北美的各自由州——至少在其中一部分——犹太人问题才失去其神学的意义而成为真正世俗的问题。只有在政治国家十分发达的地方,犹太教徒和一般宗教信徒对政治国家的关系,就是说,宗教对国家的关系,才具备其本来的、纯粹的形式。"[②] 政治国家或者说"真正的国家"才是现代国家的正当形式,"政治彻底解放"是国家发展的方向,那么包括犹太人问题在内的一切宗教问题的发展,或者说真正的问题所在是"宗教和国家的关系"。然后,马克思进一步指出宗教解放不能取代政治解放,犹太人从犹太教中解放出来并不能解决犹太人的问题,因为即使是在政治已经彻底解放的国家,宗教不仅存在,而且生命力强大,这就意味着,宗教的存在和真正的国家并不矛盾。马克思分析了在政治国家中人们信奉宗教的原因,是个人生活和类生活、市民社会生活和政治生活的二元性。马克思认为,在政治民主国家,"人,不仅一个

[①] 柯尔施:《马克思主义和哲学》,王南湜、荣新海译,重庆出版社1989年版,第44页。
[②] 《马克思恩格斯全集》第3卷,人民出版社2002年版,第168页。

人,而且每一个人,是享有主权的人,是最高的存在物,但这是具有无教养的非社会表现形式的人,是具有偶然存在形式的人,是本来样子的人,是由于我们整个社会组织而堕落了的人,丧失了自身的人,外化了的人,是受非人的关系和自然力控制的人,一句话,人还不是现实的类存在物"①。基于此,马克思批判了鲍威尔对政治解放的观点,提出了政治解放和人类解放的问题,也正是在这篇文章中他开始涉及异化问题。在马克思看来,市民社会生活和政治生活是对立的,"完成了的政治国家,按其本质来说,是人的同自己物质生活相对立的类生活。这种利己生活的一切前提继续存在于国家范围以外,存在于市民社会之中,然而是作为市民社会的特性存在的。在政治国家真正形成的地方,人不仅在思想中,在意识中,而且在现实中,在生活中,都过着双重的生活——天国的生活和尘世的生活。前一种是政治共同体中的生活,在这个共同体中,人把自己看作社会存在物;后一种是市民社会中的生活,在这个社会中,人作为私人进行活动,把他人看作工具,把自己也降为工具,并成为异己力量的玩物"②。从马克思的论述可以看出,其所讲的"政治解放"指的是欧洲的资产阶级革命,而所谓的"完备的政治国家"是已经"彻底解放"了的,即发生了彻底的资产阶级革命、建立了资产阶级政权的资本主义国家。正是因为在马克思所处的"现代"资本主义国家存在的市民社会生活和政治国家生活的二元对立,马克思认为"政治解放"不是人类发展的终极形式和阶段,他在这篇文章中提出了一个人类解放即人类发展的目标:"只有当现实的个人把抽象的公民复归于自身,并且作为个人,在自己的经验生活、自己的个体劳动、自己的个体关系中间,成为类存在物的时候,只有当人认识到自身'固有的力量'是社会力量,并把这种力量

---

① 《马克思恩格斯全集》第 3 卷,人民出版社 2002 年版,第 179 页。
② 《马克思恩格斯全集》第 3 卷,人民出版社 2002 年版,第 172—173 页。

组织起来因而不再把社会力量以政治力量形式同自身分离的时候，只有到了那个时候，人类解放才能完成。"①这里很容易发现费尔巴哈人本主义的色彩。在《〈黑格尔法哲学批判〉导言》中，马克思进一步明确了宗教与国家的关系，明确了宗教批判的方向。马克思指出："人不是抽象的蛰居于世界之外的存在物。人就是人的世界，就是国家、社会。这个国家、这个社会产生了宗教，一种颠倒的世界意识。因为它们就是颠倒的世界。"②那么，只进行宗教的批判是不够的，必须展开现实的批判，"真理的彼岸世界消逝以后，历史的任务就是确立此岸世界的真理。人的自我异化的神圣形象被揭穿以后，揭露具有非神圣形象的自我异化，就成为了为历史服务的哲学的迫切任务。于是，对天国的批判变成了对尘世的批判，对宗教的批判变成对法的批判，对神学的批判变成对政治的批判"③。并且，针对德国的现实——社会存在落后于社会意识的现实，马克思提出了把批判变成实践的问题，"批判的武器当然不能代替武器的批判，物质力量只能用物质力量来摧毁……德国理论的彻底性以及其实践能力的明证就是：德国理论是从坚决积极废除宗教出发的。对宗教的批判最后归结为人是人的最高本质这样一个学说，从而也归结为这样的绝对命令：必须推翻那些使人成为被侮辱、被奴役、被遗弃和被蔑视的东西的一切关系"④。这是一个从观念批判到社会革命的过程，理论提供指导，任务需要社会革命来完成。马克思在这里第一次发现了无产阶级的历史使命，基于德国无产阶级所处的现状，马克思认为："德国人的解放就是人的解放。这个解放的头脑是哲学，它的心脏是无产阶级"，"哲学把无产阶级当作自己的物

---

① 《马克思恩格斯全集》第3卷，人民出版社2002年版，第189页。
② 《马克思恩格斯全集》第3卷，人民出版社2002年版，第199页。
③ 《马克思恩格斯全集》第3卷，人民出版社2002年版，第200页。
④ 《马克思恩格斯全集》第3卷，人民出版社2002年版，第207—208页。

质武器，同样，无产阶级也把哲学当作自己的精神武器"。① 从《黑格尔法哲学批判》到《〈黑格尔法哲学批判〉导言》，马克思从黑格尔《法哲学原理》中一个核心观点市民社会与国家关系的批判，上升到了对人的本质的探讨，对人的解放和人类社会发展的探讨。对黑格尔哲学进行进一步清算的工作是在《1844 年经济学哲学手稿》中完成的。

《1844 年哲学经济学手稿》（以下简称《手稿》）写于 1844 年 4—6 月，马克思生前并未发表，直到 1932 年全文才公之于世。《手稿》从正式出版到现在，成了研究马克思理论的重要文献，兰茨胡特认为《手稿》是"马克思的最重要的著作、他的思想发展的关键"②，科斯塔·阿克赛路认为"《手稿》现在是、将来仍然是马克思和马克思主义者的全部著作中思想最丰富的著作"③。通常认为，马克思在《手稿》中思想出现了一些变化，即，从对宗教、国家和法的批判过渡到了社会物质生活关系的批判，从哲学的批判向政治经济学的批判转变。关于政治经济学批判，我们将在下一章论述，这里主要探讨哲学批判。马克思在《手稿》"序言"中强调："本著作的最后一章，即对黑格尔的辩证法和整个哲学的剖析，是完全必要的"④。为何要选择黑格尔的辩证法作批判对象，马克思自己做了解释："现代德国的批判着意研究旧世界的内容，而且批判的发展完全拘泥于所批判的材料，以致对批判的方法采取完全非批判的态度，同时，对于我们如何对待黑格尔的辩证法这一表面上看来是形式的问题，而实际上是本质的问题，则完全缺乏认识，对于现代的批判同黑格尔的整个哲学，特别是同辩证

---

① 《马克思恩格斯全集》第 3 卷，人民出版社 2002 年版，第 214 页。
② 沈恒炎、燕宏远主编：《国外学者论人和人道主义》第 1 辑，社会科学文献出版社 1991 年版，第 665 页。
③ 沈恒炎、燕宏远主编：《国外学者论人和人道主义》第 1 辑，社会科学文献出版社 1991 年版，第 665 页。
④ 《马克思恩格斯全集》第 3 卷，人民出版社 2002 年版，第 220 页。

法的关系问题是如此缺乏认识。"① 在马克思看来:"因为黑格尔根据否定的否定所包含的肯定方面把否定的否定看成真正的和惟一的肯定的东西,而根据它所包含的否定方面把它看成一切存在的惟一真正的活动和自我实现的活动,所以他只是为历史的运动找到抽象的、逻辑的、思辨的表达,这种历史还不是作为一个当作前提的主体的人的现实历史,而只是人的产生的活动、人的形成的历史。"② 马克思主要通过解析黑格尔《精神现象学》最后一章"绝对知识"中的"意识对象的克服"才发现黑格尔辩证法存在的上述问题,进而批判黑格尔的辩证法。

马克思认为《精神现象学》是"黑格尔哲学的诞生地"③,并给予了充分的肯定:"黑格尔的《现象学》及其最后成果——辩证法,作为推动原则和创造原则的否定性——的伟大之处首先在于,黑格尔把人是自我产生看作一个过程,把对象化看作非对象化,看作外化和这种外化的扬弃;可见,他抓住了劳动的本质,把对象性的人,现实的因而是真正的人理解为他自己劳动的结果。"④ 在《精神现象学》中,黑格尔把异化理解为对象化,把异化的扬弃理解为对象本身的扬弃,于是对象就成了一种否定的、自我扬弃的、没有自身本质的事物。所以,黑格尔认为对象不过是自我意识的外化,是自我意识抽象的活动,是其本质外在化的表现。这样,"意识的存在方式,以及对意识来说某个东西的存在方式,这就是知识。知识是意识的惟一行动。因此,只要知道某个东西,这个东西对意识来说就生成了。知识是意识的惟一的对象性关系"⑤。马克思揭示了黑格尔这里体现的"思辨的一切幻想",

---

① 《马克思恩格斯全集》第 3 卷,人民出版社 2002 年版,第 312 页。
② 《马克思恩格斯全集》第 3 卷,人民出版社 2002 年版,第 316 页。
③ 《马克思恩格斯全集》第 3 卷,人民出版社 2002 年版,第 318 页。
④ 《马克思恩格斯全集》第 3 卷,人民出版社 2002 年版,第 320 页。
⑤ 《马克思恩格斯全集》第 3 卷,人民出版社 2002 年版,第 327 页。

认为"在黑格尔那里，否定的否定不是通过否定假本质来确证真本质，而是通过否定假本质来确证假本质或同自身相异化的本质，换句话说，否定的否定是否定作为在人之外的、不依赖于人的对象性本质的这种假本质，并使它转化为主体"①。所以，在黑格尔哲学中扬弃的并不是现实中的宗教、国家、法律或自然界，而是成为知识的对象即教义学、国家学、法学或自然科学。黑格尔批判和革命的姿态是表面上的，他对人本质的异化和异化的扬弃，最终成了对现实的辩护。

在《手稿》中，马克思盛赞了费尔巴哈，认为"费尔巴哈是惟一对黑格尔辩证法采取严肃的、批判的态度的人；只有他在这个领域内作出了真正的发现，总之，他真正克服了旧哲学"②。马克思总结了费尔巴哈三方面的伟大功绩，首先就是批判了黑格尔哲学，再有就是"创立了真正的唯物主义和实在的科学"③，但是马克思同样认为"在费尔巴哈对黑格尔辩证法的批判中还缺少黑格尔辩证法的某些要素"④。可以认为此时马克思已经开始反思费尔巴哈的人本主义哲学了。

第一部由马克思恩格斯合作的理论著作《神圣家族》也写于1844年，1845年2月在法兰克福出版。《神圣家族》批判的对象是以布鲁诺·鲍威尔为首的青年黑格尔主义，标志着马克思与青年黑格尔主义的决裂。同时，在这部著作中马克思仍然以费尔巴哈的人本主义哲学为出发点，他在1867年4月24日给恩格斯的信中写道："在这里我又看到了《神圣家族》……我愉快而惊异地发现，对于这本书我们是问心无愧的，虽然对费尔巴哈的迷信现在给人造成一种非常滑稽的印象。"⑤但是，在这本书中，也开始出现对费尔巴哈的超越，恩格斯后来

---

① 《马克思恩格斯全集》第3卷，人民出版社2002年版，第329页。
② 《马克思恩格斯全集》第3卷，人民出版社2002年版，第314页。
③ 《马克思恩格斯全集》第3卷，人民出版社2002年版，第314页。
④ 《马克思恩格斯全集》第3卷，人民出版社2002年版，第221页注释①。
⑤ 《马克思恩格斯全集》第31卷，人民出版社1972年版，第293页。

写道:"对抽象的人的崇拜,即费尔巴哈的新宗教的核心,必定会由关于现实的人及其历史发展的科学来代替。这个超出费尔巴哈而进一步发展费尔巴哈观点的工作,是由马克思于 1845 年在《神圣家族》中开始的。"① 可以说,马克思博士论文的选题深受鲍威尔自我意识哲学的影响,而在《神圣家族》中,马克思批判的对象就是鲍威尔的自我意识哲学。在马克思看来,鲍威尔的自我意识哲学不过是黑格尔哲学的拙劣翻版;而就黑格尔唯心主义哲学体系中的自我意识,马克思批判指出:"黑格尔把人变成自我意识的人,而不是把自我意识变成人的自我意识,变成现实的、因而是生活在现实的对象世界中并受这一世界制约的人的自我意识。黑格尔把世界头足倒置,因此,他也就能够在头脑中消灭一切界限"②,所以,"整部《现象学》就是要证明自我意识是唯一的、无所不包的实在"③。马克思认为"绝对知识"即自我意识的存在形式。而鲍威尔等人将黑格尔的主体自我意识歪曲发展,由主体的自我意识变成实体的自我意识,自我意识不再是人的属性而成为独立的主体,其本质不再是人而是人化了的无限理念。于是,"人的一切特性就这样秘密地变成了想象的'无限的自我意识'的特性"④。但是,另一方面,鲍威尔又把作为实体的自我意识与哲学家个人的意识混为一谈,认为批判思维着的个人就是无限的自我意识的体现者,鲍威尔等代表"批判"的一群人就成了"无限的自我意识"的代表,与其他人对立起来,"一方面是群众,他们是历史上的消极的、精神空虚的、非历史的、物质的因素;另一方面是精神、批判、布鲁诺先生及其伙伴,他们是积极的因素,一切历史行动都是由这些因素产生的。改造社会

---

① 《马克思恩格斯选集》第 4 卷,人民出版社 1995 年版,第 241 页。
② 《马克思恩格斯文集》第 1 卷,人民出版社 2009 年版,第 357 页。
③ 《马克思恩格斯文集》第 1 卷,人民出版社 2009 年版,第 358 页。
④ 《马克思恩格斯文集》第 1 卷,人民出版社 2009 年版,第 340 页。

的事业被归结为批判的批判的大脑活动"①。所以，就历史观的唯心主义性质而言，没有任何不同，于是马克思认为鲍威尔的自我意识哲学充其量是"以思辨的黑格尔的形式恢复基督教的创世说"②。

通常认为马克思写于1845年春的《关于费尔巴哈的提纲》和马克思、恩格斯合著于1845—1846年的《德意志意识形态》标志着马克思主义哲学，特别是唯物史观已经形成。一种新的哲学的形成通常也标志着对旧哲学的批判的完成。诚然，在这两部著作中，马克思对旧唯物主义和唯心主义哲学进行了最后的批判，与以前的批判模式，特别是从费尔巴哈的哲学为出发点批判黑格尔和青年黑格尔主义者不同，在这两个著作中，马克思是从自己的观点出发批判一切旧的唯物主义和唯心主义的。

在《关于费尔巴哈的提纲》中，马克思第一次把"实践"作为基本范畴提出，认为"人的思维是否具有客观的真理性，这不是一个理论问题，而是一个实践的问题"③，不仅思维是如此，"社会生活在本质上是实践的。凡是把理论导致神秘主义的神秘东西，都能在人的实践中以及对这个实践的理解中得到合理的解决"④；所以马克思的最终的结论就是："哲学家们只是用不同的方式解释世界，而问题在于改变世界。"⑤"实践"的观点既是对一种新的哲学的宣示，也是对旧哲学批判的最后的、最坚实的、最牢靠的基础和出发点。马克思也正是用这个基础去批判了旧唯物主义和唯心主义，"从前的一切唯物主义——包括费尔巴哈的唯物主义——的主要缺点是对对象、现实、感性，只是从客体的或直观的形式去理解，而不是把它们当作人的感性活动，当

---

① 《马克思恩格斯文集》第1卷，人民出版社2009年版，第293页。
② 《马克思恩格斯文集》第1卷，人民出版社2009年版，第339页。
③ 《马克思恩格斯选集》第1卷，人民出版社1995年版，第58页。
④ 《马克思恩格斯选集》第1卷，人民出版社1995年版，第60页。
⑤ 《马克思恩格斯选集》第1卷，人民出版社1995年版，第61页。

作实践去理解，不是从主体方面去理解……唯心主义却发展了能动的方面，但只是抽象的发展了，因为唯心主义当然是不知道现实的、感性的活动本身的。费尔巴哈想要研究跟思想客体确实不同的感性客体，但是他没有把人的活动本身理解为对象性的活动。因此，他在《基督教的本质》中仅仅把理论的活动看作是真正的人的活动，而对于实践则只是从它的卑污的犹太人的表现形式去理解和确定。因此，他不了解'革命的'、'实践批判的'活动的意义"[1]。虽然马克思把对包括费尔巴哈的旧唯物主义和唯心主义的批判的要害明确指出来了，但这毕竟只是一个提纲，对提纲内容进行展开的是《德意志意识形态》，这部著作写于1845年9月到1846年夏，在这部著作中，马克思和恩格斯对费尔巴哈的唯物主义、青年黑格尔派、德国"真正的社会主义"进行了彻底的清算，所以完整的题目是《德意志意识形态。对费尔巴哈、布·鲍威尔和施蒂纳所代表的现代德国哲学以及各式各样先知所代表的德国社会主义的批判》。

马克思指出当代德国的意识形态是在黑格尔哲学体系的基地上产生的，青年黑格尔派与老年黑格尔派的划分就是根据与黑格尔哲学的关系作出的，虽然青年黑格尔派对黑格尔哲学进行批判，但是"从施特劳斯到施蒂纳的整个德国哲学批判都局限于对宗教观念的批判"[2]，马克思分析指出，其实老年黑格尔派和青年黑格尔派之间存在着相同的信念，"即认为宗教、概念、普遍的东西统治着现存世界"[3]。正因为有着这样一个信念，在这个信念基础上的批判，在马克思看来，"青年黑格尔派玄想家们尽管满口讲的都是所谓'震撼世界'的词句，却是最大的保守派"[4]，之所以产生此种结果，其问题的根源是"这些哲学家没

---

[1] 《马克思恩格斯选集》第1卷，人民出版社1995年版，第58页。
[2] 《马克思恩格斯选集》第1卷，人民出版社1995年版，第64页。
[3] 《马克思恩格斯选集》第1卷，人民出版社1995年版，第65页。
[4] 《马克思恩格斯选集》第1卷，人民出版社1995年版，第66页。

有一个想要提出关于德国哲学和德国现实之间的联系，关于他们所作的批判和他们自身的物质环境之间的联系"①。可见，在这里，马克思是从唯物主义的角度批判德国的唯心主义，而不再是诸如宗教、市民社会或犹太人问题等某个具体的问题，他从唯物主义的角度批判整个德国唯心主义的错误。

在批判了青年黑格尔派后，马克思展开了在《关于费尔巴哈的提纲》中提出的对费尔巴哈的批判，这里对费尔巴哈的批判主要针对的是其唯心主义历史观，在马克思看来："费尔巴哈对感性世界的'理解'一方面仅仅局限于对这一世界的单纯的直观，另一方面仅仅局限于单纯的感觉。费尔巴哈设定的是'一般人'，而不是'现实的历史的人'"②，虽然费尔巴哈承认人是"感性对象"，"但是，他把人只看作'感性对象'，而不是'感性活动'……可见，他从来没有把感性世界理解为构成这一世界的个人的全部活生生的感性活动"③，所以，"当费尔巴哈是一个唯物主义者的时候，历史在他的视野之外；当他去探讨历史的时候，他不是一个唯物主义者"④。

《关于费尔巴哈的提纲》和《德意志意识形态》形成了马克思新的哲学，不管应该称为"实践唯物主义"还是"历史唯物主义"，或者说它是"实践的历史唯物主义"。随着这种新的哲学的确立，马克思对意识形态的哲学批判也告一段落，随着后来马克思把注意力越来越集中于对资本主义的政治经济学批判，哲学批判不再是重心。在马克思对他那个时代的资本主义现实展开政治经济学批判以前，亦同时，对资产阶级意识形态的批判是马克思意识形态批判的重要内容。

---

① 《马克思恩格斯选集》第 1 卷，人民出版社 1995 年版，第 66 页。
② 《马克思恩格斯选集》第 1 卷，人民出版社 1995 年版，第 75 页。
③ 《马克思恩格斯选集》第 1 卷，人民出版社 1995 年版，第 77—78 页。
④ 《马克思恩格斯选集》第 1 卷，人民出版社 1995 年版，第 78 页。

第三节　资产阶级意识形态批判

在《共产党宣言》以前，马克思批判的对象主要是哲学，我们认为，基于如下两个主要原因，资产阶级的意识形态开始进入马克思的批判视野。一是实践的唯物史观的确立。马克思在批判黑格尔和青年黑格尔派时发现唯心主义的共同点，即观念是第一性的；在对费尔巴哈的批判中发现费尔巴哈的唯心史观，人还不是"活生生的""现实的"人，只是"一般的"或"共同点"的人。与之相反，马克思的实践的唯物史观强调"现实的人"是出发点，主张重要的是"改造世界"，同时，马克思也越发认定"批判的武器当然不能代替武器的批判，物质力量只能用物质来摧毁"①。二是1848年革命的发生。1848年革命让马克思看到了希望，也发现革命需要理论来指导，《共产党宣言》本来就是此种需要的产物。但是革命群众需要的并不是哲学的理论，而是对革命能产生直接作用的理论，这样马克思批判的矛头就指向了工人阶级革命的对象——资产阶级。《共产党宣言》标志着马克思理论研究的重大转向，直到马克思晚年，马克思在利用政治经济学对资本主义现实进行批判的同时，也一直在对资产阶级意识形态进行批判。

在《共产党宣言》前，马克思确实很少用到"资产阶级"这个概念，但并不意味着没有关注。恩格斯在大约写于1844年1月到2月的《英国工人阶级状况》中写到"英国人现在分化为三派，即土地贵族、金钱贵族和工人民主派"②；马克思在《1844年经济学哲学手稿》中指出："最后，资本家和地租所有者之间、农民和工人之间的区别消

---

① 《马克思恩格斯选集》第1卷，人民出版社1995年版，第9页。
② 《马克思恩格斯选集》第1卷，人民出版社1995年版，第38页。

失了，而整个社会必然分化为两个阶级，即有产者阶级和没有财产的工人阶级"①。从恩格斯的三派到马克思的"两个阶级"可以发现他们共同的划分标准，即财产。其实，马克思刚进入社会，就直接遭遇了这个问题，在《关于林木盗窃法的辩论》中，马克思就得出过"利益占了法的上风"这样的结论，这是第一次认识到特权阶级；关于习惯权利问题，马克思就分析指出，是富人以立法上已取消公权为借口，而得出"对于较贫苦的阶级来说，它取消这种不确定的财产所负的责任是有道理的"②，结果就是贫民的习惯权利连同公权一起被废除了，剩下富人的独占权。毫无疑问，当马克思从《莱茵报》退出再次走进书房时，《莱茵报》时期的经历极大地影响了他所要读的书，以及他读书时所关注的问题。在他读的那些历史书中，他肯定关注了财产问题，所以，在作为这段时间读书成果直接体现的作品《黑格尔法哲学批判》中，马克思论及了财产和政治国家问题，认为不是如黑格尔所说的政治国家决定私有财产，而是私有财产决定政治国家。在《论犹太人问题》中，谈及政治解放和宗教解放的关系时，马克思说："在人的自我解放力求以政治自我解放的形式进行的时期，国家是能够而且必定会做到废除宗教、消灭宗教的。但是，这只有通过废除私有财产、限定财产最高额、没收财产、实行累进税，通过消灭生命、通过断头台，才能做到。"③这里可以看到后来马克思的社会发展理论，特别是所有制变革对社会发展的作用的最初形态。但是，资产阶级的敌人无产阶级比资产阶级先一步登上马克思的理论舞台，在《〈黑格尔法哲学批判〉导言》中，马克思在论及人类解放时发现了无产阶级，分析了无产阶级与人类解放的关系，在分析无产阶级的角色时，必然出现它的敌人，"要夺取这种解放者的地位，从而在政治上利用一切社会领域来为自己

---

① 《马克思恩格斯选集》第 1 卷，人民出版社 1995 年版，第 39 页。
② 《马克思恩格斯全集》第 1 卷，人民出版社 1995 年版，第 251 页。
③ 《马克思恩格斯文集》第 1 卷，人民出版社 2009 年版，第 33 页。

的领域服务,光凭革命精力和精神上的自信是不够的。要使人民革命同市民社会特殊阶级的解放完全一致,要使一个等级被承认为整个社会的等级,社会的一切缺陷就必定相反地集中于另一个阶级,一定的等级就必定成为引起普遍不满的等级,成为普遍障碍的体现;一种特殊的社会领域就必定被看作是整个社会中昭彰的罪恶,因此,从这个领域解放出来就表现为普遍的自我解放。要使一个等级真正成为解放者等级,另一个等级就必定相反地成为公开的奴役者等级"①。后来马克思在《共产党宣言》中指出:"我们的时代,资产阶级时代,却有一个特点:它使阶级对立简单化了。整个社会日益分裂为两大敌对的阵营,分裂为两大相互直接对立的阶级:资产阶级和无产阶级。"②可见,上述他讲的"另一个等级"就是资产阶级了。

恩格斯在《共产党宣言》1888年的英文版中注释了资产阶级和无产阶级:"资产阶级是指占有社会生产资料并使用雇佣劳动的现代资本家阶级。无产阶级时指没有自己的生产资料、因而不得不靠出卖劳动力来维持生活的现代雇佣工人"③,此一定义也体现了社会阶级对立的简单化。在马克思看来,"现代资产阶级本身是一个长期发展过程的产物,是生产方式和交换方式的一系列变革的产物"④。阿伦特认为是马克思给予了资产阶级最高的评价,即,"资产阶级在它不到一百年的阶级统治中所创造的生产力,比过去一切世代创造的全部生产力还要多,还要大"⑤,因为生产力的发展,因为资产阶级所使用的生产方式,资产阶级对人类社会的发展不仅表现在生产力发展或物质财富的积累上,它还全方面地带来了人类社会的变化。马克思认为,当资产阶级取得

---

① 《马克思恩格斯全集》第3卷,人民出版社2002年版,第211页。
② 《马克思恩格斯选集》第1卷,人民出版社1995年版,第273页。
③ 参见《马克思恩格斯选集》第1卷,人民出版社1995年版,第272页。
④ 《马克思恩格斯选集》第1卷,人民出版社1995年版,第274页。
⑤ 《马克思恩格斯选集》第1卷,人民出版社1995年版,第277页。

统治地位后"把一切封建的、宗法的、田园诗般的关系都破坏了……它用公开的、无耻的、直接的、露骨的剥削代替了由宗教幻想和政治幻想掩盖着的剥削"[1],资产阶级把一切社会关系都变成了金钱关系,医生、律师、教士、诗人和学者的职业光环被抹去,乃至家庭关系也变成了金钱关系;因为世界市场的开拓,使一切国家的生产和消费都成了世界性的,随着生产和消费的世界化,包括最野蛮的民族在内的一切民族,不管是自愿的还是被迫的,都被卷入到了文明中来;统一的生产模式造就了巨大的城市,农村日渐屈服于城市,农民的民族从属于资产阶级的民族,生产资料、财产和人口的分散状态被改变并日渐集中,最终导致政治的集中,"各自独立的、几乎只有同盟关系的、各有不同利益、不同法律、不同政府、不同关税的各个地区,现在已经结合为一个拥有统一的政府、统一的法律、统一的民族资产阶级利益和统一的关税的统一的民族"[2]。这里马克思看到了德国统一的必然性。资产阶级的历史功绩不容抹杀,但马克思认为到了他所处的时代,"社会所拥有的生产力已经不能促进资产阶级文明和资产阶级所有制关系的发展;相反,生产力已经强大到这种关系所不能适应的地步,它已经受到这种关系的阻碍;而它一着手克服这种障碍,就使整个资产阶级社会陷入混乱,就使资产阶级所有制的存在受到威胁"[3]。当然这种危险要成为现实,是与无产阶级的壮大相关的,自从有了资产阶级,也就有了无产阶级,无产阶级是资产阶级自己生产的掘墓人。因为利益的根本对立,无产阶级必然反对资产阶级,当资产阶级"甚至不能保证自己的奴隶维持奴隶的生活"[4]时,它存在的合法性也就丧失了。所

---

[1]《马克思恩格斯选集》第 1 卷,人民出版社 1995 年版,第 274—275 页。
[2]《马克思恩格斯选集》第 1 卷,人民出版社 1995 年版,第 277 页。
[3]《马克思恩格斯选集》第 1 卷,人民出版社 1995 年版,第 278 页。
[4]《马克思恩格斯选集》第 1 卷,人民出版社 1995 年版,第 284 页。

以,"资产阶级的灭亡和无产阶级的胜利是同样不可避免的"①。

从以上马克思对资产阶级的分析可见,资产阶级是历史的过客,当资产阶级的历史进展到马克思所处的时代,其历史的合法性在逐渐地丧失②,那么,此时的资产阶级的意识形态就不可避免地具有虚假性、欺骗性。马克思主要对资产阶级的政治意识形态和经济意识形态做出了批判,但马克思的此种批判不是一种系统的、一般的批判,而是基于具体事情中所遭遇的资产阶级的意识形态展开的批判。

马克思对资产阶级所标榜的"自由、平等和博爱"在不同的场合,都给予过批判,马克思在《莱茵报》时期就碰到了自由问题,具体来说是出版自由,此时马克思固然遵循的是黑格尔的理性的自由观念,但是马克思看到了作为意识形态的自由和现实之间的差距。在《评普鲁士最近的书报检查令》中,马克思认为普鲁士的书报检查制度是企图扼杀人的自由,在他看来自由肯定是符合理性的,是人的本质,"没有一个人反对自由,如果有的话,最多也只是反对别人的自由。可见,各种自由向来就是存在的,不过有时表现为特殊的特权,有时表现为普遍的权利而已"③。当所有人享有时,这样的自由才是真正的自由,若只是一部分人享有,这样的自由是特权,是虚假的自由。所以,就出版而言,"问题不在于新闻出版自由是否应当存在,因为新闻出版自由向来是存在的。问题在于新闻出版自由是个别人物的特权呢,还是人类精神的特权"④。根据马克思关于法律和自由的观点,即,"因为法律上所承认的自由在一个国家中是以法律形式存在的。法律不是压制自

---

① 《马克思恩格斯选集》第1卷,人民出版社1995年版,第284页。
② 虽然《共产党宣言》的发表已经过去了172年,资产阶级还是今天世界的主流,无产阶级革命也没有如马克思所言在19世纪末大规模爆发,但此种现实的偶然性仍不足以推翻马克思理论的逻辑。
③ 《马克思恩格斯全集》第1卷,人民出版社1995年版,第167页。
④ 《马克思恩格斯全集》第1卷,人民出版社1995年版,第167页。

由的措施，正如重力定律不是阻止运动的措施一样"①，那么，如果一个法律是压制自由的，或是把自由变成个别人的特权的，这样的法律就不是"真正的法律"；普鲁士的书报检查令在马克思看来就是压制自由的法律。在《路易·波拿巴的雾月十八日》中，马克思通过当时法国宪法的规定，无情地揭示了资产阶级自由的虚假性。"1848年各种自由的必然总汇，人身、新闻出版、言论、结社、集会、教育和宗教等自由，都穿上宪法制服而成为不可侵犯的了"②，但是宪法在规定这些自由的时候，都有一个附带条件，这是一个从逻辑上看起来没有任何问题的附带条件，诸如"他人的同等权利和公共安全"或"没有法律的限制"，当时的法国宪法第2章第8条规定："公民有权成立团体，有权和平地、非武装地集会，有权进行请愿并且通过报刊或用其他任何方法发表意见。对于这些权利的享受，除受他人的同等权利和公共安全限制外，不受其他限制"，宪法所规定的其他权利也都是以此种方式构成的。但是，因为政权掌握在资产阶级手中，"结果，资产阶级可以不受其他阶级的同等权利的任何妨碍而享受这些自由。至于资产阶级完全禁止'他人'享受这些自由，或是允许'他人'在某些条件（这些条件都是警察的陷阱）下享受这些自由，那么这都是仅仅为了保证'公共安全'，也就是为了保证资产阶级的安全"③。这样，资产阶级用宪法的一般的形式，把所有人应该享有的自由变成了资产阶级的特权。在《1848年至1850年的法兰西阶级斗争》中，马克思深刻揭示了资产阶级"博爱"的真实面目，"就是博爱——人人都骨肉相连、情同手足。这样和气地抛开阶级矛盾，这样温柔地调和对立的阶级利益，这样想入非非地超越阶级斗争，一句话，博爱——这就是二月革

---

① 《马克思恩格斯全集》第1卷，人民出版社1995年版，第176页。
② 《马克思恩格斯选集》第1卷，人民出版社1995年版，第597页。
③ 《马克思恩格斯选集》第1卷，人民出版社1995年版，第597页。

命的真正口号"①,沉浸在这种"宽大仁慈的博爱气氛中"的无产阶级等来的是什么呢?资产阶级仅提供了消极支持、由无产阶级取得的二月革命的胜利,资产阶级很快卑鄙地盗取了胜利果实,工人阶级被驱逐,不得不再次拿起武器,但等待工人阶级的是资产阶级政权的血腥镇压。于是,马克思认为:"博爱,一方剥削另一方的那些互相对立的阶级之间的那种博爱;博爱,在 2 月间宣告的、用大号字母写在巴黎的正面墙上、写在每所监狱上面、写在每所营房上面的那种博爱,用真实的、不加粉饰的、平铺直叙的话来表达,就是内战,就是最可怕的国内战争——劳动与资本间的战争。在 6 月 25 日晚间,当资产阶级的巴黎张灯结彩,而无产阶级的巴黎在燃烧、在流血、在呻吟的时候,这个博爱便在巴黎所有窗户前面烧毁了。"②资产阶级所宣称的"博爱"并不具有跨越阶级的能力,它在利益面前土崩瓦解。可见,资产阶级高举普遍的、广泛的旗帜的"博爱"是虚假的。

后来,马克思在《政治经济学批判》中发现了自由和平等的奥秘,为批判资产阶级意识形态标榜的自由和平等之虚假性提供了依据。马克思认为:"如果说经济形式,交换,在所有方面确立了主体之间的平等,那么内容,即促使人们去进行交换的个人和物质材料,则确立了自由。可见,平等和自由不仅在以交换价值为基础的交换中受到尊重,而且交换价值的交换是一切平等和自由的生产的、现实的基础。作为纯粹观念,平等和自由仅仅是交换价值的交换的一种理想化的表现;作为在法律的、政治的、社会的关系上发展了的东西,平等和自由不过是另一次方上的这种基础而已。"③平等和自由的根据在经济、法律、政治和社会中的平等和自由首先是作为交换所确立的平等和自由的体现,其次才是人们拥有平等和自由权利的基础和保障,这确实是历史

---

① 《马克思恩格斯选集》第 1 卷,人民出版社 1995 年版,第 387 页。
② 《马克思恩格斯选集》第 1 卷,人民出版社 1995 年版,第 398 页。
③ 《马克思恩格斯全集》第 30 卷,人民出版社 1995 年版,第 199 页。

所证实了的。在资本主义社会，资产阶级购买了无产阶级的劳动力实施的是不等价交换，资本家所获取的利润来源于劳动力的使用价值，但不包含在表现为工资的交换价值中，所以，资产阶级和无产阶级，资本家和工人之间没有平等可言；在资本主义社会，工人看起来是自由的，不同于奴隶在人身上依附于奴隶主，也不同于农民在土地上依附于地主，工人是自由的，但是只有自由出卖劳动力的权利，而没有是否出卖劳动力的决定权，工人只能出卖劳动力，被迫交换。所以在资本主义社会，没有普遍意义上的平等和自由，平等和自由在阶级社会是具有阶级属性的。后来恩格斯在《论住宅问题》中进一步明确了这种观点，恩格斯批判了蒲鲁东的"永恒的公平"，指出蒲鲁东在判断一切经济关系时不是依据经济规律，而只是依据这些经济关系是否符合他这个永恒公平的概念，而蒲鲁东的"永恒的公平"只是现存经济关系的表现。在阶级社会里，每个阶级都是处于具体的经济关系之中的，处于一定的经济关系中的每个阶级都有自己的平等观念，如"希腊人和罗马人的公平认为奴隶制度是公平的；1789年资产者的公平要求废除封建制度，因为据说它不公平。在普鲁士的容克看来，甚至可怜的行政区域条例也是对永恒公平的破坏"①。也就是说，奴隶主有奴隶主的平等，封建主有封建主的平等，资产者也有资产者的平等，不存在一成不变的超阶级的平等观念。在《反杜林论》中，恩格斯总结指出："平等的观念，无论以资产阶级的形式出现，还是以无产阶级的形式出现，本身都是一种历史的产物，这一观念的形成，需要一定的历史条件，而这种历史条件本身又以长期的以往的历史为前提。所以，这样的平等观念说它是什么都行，就不能说是永恒的真理。"② 所以，以"天赋人权"的形式出现的资产阶级的平等和自由只能是虚假的。

---

① 《马克思恩格斯选集》第3卷，人民出版社1995年版，第212页。
② 《马克思恩格斯选集》第3卷，人民出版社1995年版，第448页。

马克思对资产阶级经济学家的经济意识形态批判是马克思在确立自身的政治经济学理论的过程中进行的，主要包括方法和观点两方面的批判，而在方法上的批判显得更为突出。马克思的政治经济学在方法论上最大的特征莫过于其历史主义态度，而马克思也正是站在历史主义的立场上，多次对资产阶级经济学理论的非历史主义进行了批判。马克思指出，在资本主义社会中自由竞争的个人"在18世纪的预言家看来（斯密和李嘉图还完全以这些预言家为依据），这种个人是曾在过去存在过的理想；在他们看来，这种个人不是历史的结果，而是历史的起点。因为按照他们关于人性的观念，这种合乎自然的个人并不是从历史中产生的，而是由自然造成的"[1]。也就是说在这些资产阶级经济学家那里，经济的参与者是非历史的个体。在《1857—1858年经济学手稿》中对凯里和巴师夏的批评中，马克思指出："两个人都是非历史的和反历史的。但是，在凯里那里，非历史的因素是现在北美的历史原则，而在巴师夏那里，非历史的要素只不过是对18世纪的法国概括方式的留恋"[2]。马克思在论及资本主义的生产关系与其分配关系的关系时指出："所有的资产阶级经济学家都有一种荒谬观点，例如约·斯·穆勒也是这样，他认为资产阶级的生产关系是永恒的，而这种生产关系的分配形式则是历史的"[3]，这是一种典型的通过永恒化资本主义的生产关系来为之辩护的企图。在另一个场合，马克思在批判施托尔希关于精神生产和物质生产的反历史主义态势时指出："要研究精神生产和物质生产之间的联系，首先必须把这种物质生产本身不是当作一般范畴来考察，而是从一定的历史的形式来考察。例如，与资本主义生产方式相适应的精神生产，就和与中世纪生产方式相适应的精神生产不同。如果物质生产本身不从它的特殊的历史的形式来看，那

---

[1] 《马克思恩格斯全集》第30卷，人民出版社1995年版，第25页。
[2] 《马克思恩格斯全集》第30卷，人民出版社1995年版，第11页。
[3] 《马克思恩格斯全集》第31卷，人民出版社1998年版，第160页。

就不可能理解与它相适应的精神生产的特征以及这两种生产的相互作用……施托尔希不是历史地考察物质生产本身，他把物质生产当作一般的物质财富的生产来考察，而不是当作这种生产的、历史地发展的和特殊的形式来考察，所以他就失去了理解的基础。"① 在政治经济学的观点方面，马克思的理论是在批判继承英国古典政治经济学的基础上发展而来的。马克思起初对政治经济学并没有研究，后来读了恩格斯发表在《德法年鉴》上的《国民经济学批判大纲》才开始重视和研究政治经济学，在这个过程中，大卫·李嘉图、配第、亚当·斯密等人的理论成为马克思研读政治经济学的重要来源和内容，但是马克思是在批判他们观点的基础上确立自己的观点的。例如，关于剩余价值这一重要理论，马克思发现他们用利润、地租等形式混淆了剩余价值，即"一切经济学者，都在这点上犯了错误：他们不把剩余价值纯粹地当作剩余价值来进行考察，而是在利润和地租那各种特殊形式上进行考察"②，显然这是错误的。马克思认为，剩余价值是工人的劳动创造的，利润和地租，还有利息等只是资本家瓜分工人所创造的剩余价值的名目或形式，它们都是由剩余价值转化而来的，但并不是剩余价值本身，这些经济学家的理解混淆了剩余价值与其特殊形式的区别，掩盖了利润、地租和利息的真正来源，掩盖了资本家对工人的剥削的实质。

马克思意识形态的批判过程其实也是一个自我批判的过程。马克思是作为一个青年黑格尔主义者从柏林大学毕业的（当然拿的是耶拿大学的博士学位），在毕业后的一段时间里，他慢慢地抛弃了自己作为青年黑格尔主义者的立场和观点，并对青年黑格尔主义的观点展开了越来越猛烈的批判。在批判青年黑格尔主义者时，虽然马克思已经开

---

① 《马克思恩格斯全集》第 26 卷（Ⅰ），人民出版社 1972 年版，第 296 页。
② 马克思：《剩余价值学说史》第 1 卷，郭大力译，人民出版社 1975 年版，第 5 页。

始阐发自己的观点,但是,他更多的是受到费尔巴哈的影响和站在费尔巴哈的观点和立场进行批判。只有当他批判费尔巴哈时,他自己的哲学才基本确立。这个过程给予批判哲学的一个重要启示是,批判哲学的矛头不仅要对准敌人,也要敢于对准自己,否则批判可能是半吊子的、是不彻底的。马克思通过批判黑格尔、以鲍威尔和施蒂纳等人为首的青年黑格尔主义者以及费尔巴哈的哲学,确立了自己的实践的、历史的、辩证的唯物主义;通过批判资产阶级的意识形态,确立了无产阶级的世界观。虽然批判的出发点是基于现实的需要和现实中所遭遇的问题,但是从结果来审视,批判成为建构的一种工具,也就是说,马克思从来就没有为批判而批判,也不存在只有批判,在马克思那里,批判是为了建构,可能这是整个可以称为"批判哲学"的德国古典哲学的特征吧。

第五章　现代性的资本批判

"我们完全可以说，正是资本批判才构成了马克思学说的本质内容"[①]，马克思的资本批判是对社会现实的批判，是批判整个资本主义社会的核心，当我们认同"马克思把现代性作为资本主义来批判"时，马克思的资本批判就是揭开其资本主义批判的钥匙和基础。马克思认为："资本是资产阶级社会的支配一切的经济权力。它必须成为起点又成为终点。"[②]正是基于此种认识，马克思对资本主义的批判以资本批判为起点，同样以资本批判为终点。

第一节　资本形成批判

何谓"资本"？马克思有一个经典表述："资本不是物，而是一定的、社会的、属于一定历史社会形态的生产关系，后者体现在一个物上，并赋予这个物以独特的社会性质"[③]，即，资本既是物又不是物。说资本是物，指资本总要体现为某种物质形式：原材料、厂房、机器或货币；说资本不是物，指资本的本质不是物质形态，资本的本质是生

---

① 王德峰：《论马克思的资本批判的原则高度》，《江苏社会科学》2005 年第 6 期。
② 《马克思恩格斯选集》第 2 卷，人民出版社 1995 年版，第 25 页。
③ 马克思：《资本论》第三卷，人民出版社 2004 年版，第 922 页。

产关系,仅有进入一定生产中的物质才能成为资本。在马克思看来,资本也不是一直到资本主义社会才存在的,当商品,特别是货币产生后,就开始出现商业资本,马克思在分析西方的奴隶社会时指出:"在古代世界,商人的影响和商业资本的发展,总是以奴隶经济为其结果"①,但此时以商业资本形式存在的资本与资本主义社会的资本有着本质的差异,"资本作为商人资本而实现的独立的、优先的发展,意味着生产还没有从属于资本,就是说,资本还是在一个和资本格格不入的、不以它为转移的社会生产形式的基础上发展。因此,商人资本的独立发展,是与社会的一般经济发展成反比例的"②。因为社会经济形式还不是商品经济,还是自然经济,经济越发展,商人资本的需要就越发减少,因为交换的需要减少。所以马克思说:"有了商品流通和货币流通,绝不是就具备了资本存在的历史条件。只有当生产资料和生活资料的所有者在市场上找到出卖自己劳动力的自由工人的时候,资本才产生;而单是这一历史条件就包含着一部世界史。因为,资本一出现,就标志着社会生产过程的一个新时代。"③而自由劳动力的产生是与资本最初的形成方式同一的,它们是同一过程造就的不同后果。资本的形成可以分为两种,一种是最初的形成,马克思称为资本的原始积累;另一种为资本积累,指的是利润转化为资本再投资。正是原始积累时期,一方面形成了生产资料的集中,另一方面产生了没有任何生产资料但又自由的人,他们只能依靠出卖劳动力维持生活,这就是后来的工人,这就为资本主义的生产方式创造了条件。马克思把资本的生成与血腥、暴力紧密相连,在论述商业资本时,马克思就指出:"占主要统治地位的商业资本,到处都代表着一种掠夺制度,它在古代和近代的商业民族中的发展,是和暴力掠夺、海盗行径、绑架奴隶、征

---

① 马克思:《资本论》第三卷,人民出版社 2004 年版,第 370 页。
② 马克思:《资本论》第三卷,人民出版社 2004 年版,第 365 页。
③ 马克思:《资本论》第一卷,人民出版社 2004 年版,第 198 页。

服殖民地直接结合在一起的；在迦太基、罗马，后来的威尼斯人、葡萄牙人、荷兰人等等那里，情形都是这样。"① 马克思借用"原罪说"来说明原始积累是资本主义生产方式的起点，"这种原始积累在政治经济学中所起的作用，同原罪在神学中所起的作用几乎是一样的。亚当吃了苹果，人类就有罪了"②，当我们继续跟进马克思的分析，发现"原罪说"不仅可以用来说明原始积累是资本主义生产方式的起点，甚至可以说因为原始积累，所以资本主义的生产方式是有"原罪"的。在马克思看来，虽然"在温和的政治经济学中，从来就是田园诗占统治地位"，但是，"事实上，原始积累的方法绝不是田园诗式的东西"。③ 原始积累最主要的方式是"对农村居民土地的剥夺"，即我们今天通常讲的"圈地运动"，因为封建土地制度的原因，这种方式必然成为主要的原始积累方式，当然，马克思还谈到了殖民统治和奴隶贸易。就圈地运动而言，"从15世纪最后30多年到18世纪末，伴随着对人民的暴力剥夺的是一连串的掠夺、残暴行为和人民的苦难"④，而那些被剥夺了土地的农民的苦难并没有到此为止，因为资产阶级还要把他们变成符合他们要求的工人，这个过程是通过立法来完成的，"被暴力剥夺了土地、被驱逐出来而变成流浪者的农村居民，由于这些古怪的恐怖的法律，通过鞭打、烙印、酷刑，被迫习惯于雇佣劳动制度所必需的法律"⑤。殖民制度也成为资本原始积累的重要途径，"'垄断公司'是资本积聚的强有力的手段。殖民地为迅速产生的工场手工业保证了销售市场以及由市场垄断所引起的成倍积累。在欧洲以外直接靠掠夺、奴役和杀人越货而夺得的财宝，源源流入宗主国，在这里转化为资本"⑥，

---

① 马克思：《资本论》第三卷，人民出版社2004年版，第369—370页。
② 马克思：《资本论》第一卷，人民出版社2004年版，第820页。
③ 马克思：《资本论》第一卷，人民出版社2004年版，第821页。
④ 马克思：《资本论》第一卷，人民出版社2004年版，第836页。
⑤ 马克思：《资本论》第一卷，人民出版社2004年版，第846页。
⑥ 马克思：《资本论》第一卷，人民出版社2004年版，第864页。

而如荷兰一样,"经营殖民地的历史,'展示出一幅背信弃义、贿赂、残杀和卑鄙行为的绝妙图画'"①。奴隶贸易在资本原始积累中亦发挥了重要作用,"利物浦是靠奴隶贸易发展起来的。奴隶贸易是它进行原始积累的方法",而"欧洲的隐蔽的雇佣工人奴隶制,需要以新大陆的赤裸裸的奴隶制作为基础"②,非洲大陆就成了奴隶制——资本原始积累——的牺牲品。无论哪种资本原始积累的方式,都充满了暴力,所以说"资本来到世间,从头到脚,每个毛孔都滴着血和肮脏的东西"③。综上可见,认为资本主义生产方式和资本是有"原罪"的一点不为过。

综观资本主义社会的发展,虽然说资本的原始积累是资本主义生产方式的原点,但是原始积累只是资本最初的来源,而不是主要来源,资本的主要来源是转化,利润再投资变成资本,利润是剩余价值,来源于工人的劳动,所以马克思认为"资本关系的全部秘密就在于劳动向资本的这种转化"④,对资本、资本主义生产的发展而言,就是不断地把劳动转化为资本,资本主义的生产方式也决定了这是一个自发的过程,"资本是死劳动,它像吸血鬼一样,只有吮吸活劳动才有生命,吮吸的活劳动越多,它的生命就越旺盛"⑤,这就是资本积累、不断增值的过程。但是,就工人而言,劳动转化为资本却是一个劳动异化的过程。所以,我们认为,虽然马克思的劳动异化理论跟黑格尔的异化理论有关,但是马克思的劳动异化理论批判的对象并不是诸如黑格尔异化理论这样的意识形态,而是资本主义社会的劳动现象,资本主义社会生产方式的表现形式,所以异化劳动理论作为马克思资本批判的组成部分比作为意识形态批判的组成部分更合理。孙熙国和尉浩在其论文

---

① 马克思:《资本论》第一卷,人民出版社 2004 年版,第 861—862 页。
② 马克思:《资本论》第一卷,人民出版社 2004 年版,第 870 页。
③ 马克思:《资本论》第一卷,人民出版社 2004 年版,第 871 页。
④ 《马克思恩格斯全集》第 32 卷,人民出版社 1998 年版,第 181 页。
⑤ 马克思:《资本论》第一卷,人民出版社 2004 年版,第 269 页。

《论马克思异化劳动理论与资本批判理论的统一》中，通过分析"异化劳动与资本在起点上的一致""异化劳动和资本在实质上的一致""异化劳动和资本在生产结果上的一致"以及"异化劳动批判与资本批判在思想主旨和实践目标上的一致"，指出马克思的异化劳动理论与资本批判理论是统一的。① 而我们这里，通过"劳动转化为资本"这一事件，以"工人的立场"为视角，主张异化劳动理论不仅与资本批判是统一的，而且异化劳动理论就是资本批判的组成部分。

"异化"这个概念虽然之前已见诸卢梭的著作中，但直到黑格尔"异化"才成为一个哲学概念。在黑格尔看来，历史就是"绝对精神"的运动，作为主体的"绝对精神"在发展到一定阶段后便异化为自然界，再在发展中扬弃异化回归"绝对精神"；"精神就是这种自己变成他物、或变成他自己的对象和扬弃这个他物的运动"，即"先将自己予以异化，然后从这个异化中返回自身"②。黑格尔用"异化"这个词来处理精神和外在物质的关系，表明精神处于一种"异在""离开自己的在"，一种"外化""对象化"。而费尔巴哈借用了黑格尔的异化概念来讨论人的本质，认为不是上帝创造人，而是人创造了上帝，但是这个由人创造的上帝却支配和统治着人，费尔巴哈把这种关系称为"异化"，暗含着"颠倒"的意思，所以"异化"是应该被消除的。马克思是在批判继承黑格尔和费尔巴哈的异化理论基础上发展出劳动异化理论的。在博士论文《德谟克利特的自然哲学和伊壁鸠鲁的自然哲学的差别》一文中，作为青年黑格尔主义者的马克思认为"现象世界"是"从它的概念异化了的原子"的产物；到了《黑格尔法哲学批判》时期，他开始使用费尔巴哈的异化概念，如认为现存的政治制度是"生活的宗教"，是人们本质的异化；在《论犹太人问题》的一个说法可以

---

① 参见孙熙国、尉浩：《论马克思异化劳动理论与资本批判理论的统一》，《中国高校社会科学》2014 年第 4 期。

② 黑格尔：《精神现象学》上卷，贺麟、王玖兴译，商务印书馆 1979 年版，第 23 页。

清楚地看到马克思也是在"颠倒"的意义上使用"异化概念",马克思说:"金钱是人的劳动和人的存在同人相异化的本质;这种异己的本质统治了人,而人则向它顶礼膜拜。"① 直到《1844年经济学哲学手稿》中马克思用"异化"概念来分析劳动,发展出自己的异化劳动理论。

在马克思看来,是自由自觉的劳动,即生产劳动使人区别于动物,但是在资本主义生产方式下,人的劳动被异化了。马克思把劳动的异化分解为四个方面:劳动产品与劳动者相异化,劳动行为与劳动者相异化,人的类本质与人相异化,人与人相异化。

劳动产品作为劳动的结晶,是人的本质的对象化,理应属于劳动者所有。但是,当前的经济事实是"工人生产的财富越多,他的产品的力量和数量越大,他就越贫穷。工人创造的商品越多,他就越变成廉价的商品。物的世界的增值同人的世界的贬值成正比","这一事实无非是表明:劳动所生产的对象,即劳动的产品作为一种异己的存在物,作为不依赖于生产者的力量,同劳动相对立"。② 劳动产品与劳动者相对立的过程是这样产生的:资本家占有了工人的劳动,把这些称为"利润"的劳动产品再投资,这些劳动产品就转化为了资本,成为剥削工人的工具。本应给劳动者带来利益的劳动产品,反而成为进一步剥削劳动者的工具,成为劳动者的枷锁,这就是劳动产品与劳动者的异化,结果是"工人生产的对象越多,他能够占有的对象就越少,而且越受自己的产品即资本的统治"③。

劳动作为人的本质属性,工人劳动的过程就是把生命投入对象的过程,但是因为劳动者与劳动产品的异化,"他的劳动作为一种与他相异的东西不依赖于他而在他之外存在,并成为同他对立的独立力量;

---

① 《马克思恩格斯全集》第3卷,人民出版社2002年版,第194页。
② 《马克思恩格斯全集》第3卷,人民出版社2002年版,第267页。
③ 《马克思恩格斯全集》第3卷,人民出版社2002年版,第268页。

意味着他给予对象的生命是作为敌对的和相异的东西同他相对立"①，这就是劳动者与劳动的异化。成为"工人"前的劳动是与自然界紧密相连的，自然界为劳动提供"生活资料"即劳动加工的对象，同时为劳动者提供生活资料，即维持劳动者生存的手段。当劳动者成为"工人"，得到"工作"时，他就丧失了自然界，成为"工作"的奴隶，"这种奴隶状态的顶点就是：他只有作为工人才能维持自己作为肉体的主体，并且只有作为肉体的主体才[能]是工人"②。劳动者通过"工作"成为自己劳动的奴隶。"劳动为富人生产了奇迹般的东西，但是为工人生产了赤贫。劳动生产了宫殿，但是给工人生产了棚舍。劳动生产了美，但是使工人变成了畸形"③。这是劳动与劳动者异化的现实表现。

马克思认为，人在实践上和理论上都是类的存在物，"一个种的整体特性、种的类特性就在于生命活动的性质，而自由的有意识的活动恰恰就是人的类特性"④。这个"自由的有意识的活动"即劳动，但是在资本主义社会，劳动仅仅是劳动者维持生活的手段，因为劳动产品和劳动本身与劳动者的异化，劳动已不再是自由的活动，"异化劳动把自主活动、自由活动贬低为手段，也就把人的类生活变成维持人的肉体生存的手段……人的类本质——无论是自然界，还是人的精神的类能力——变成对人来说是异己的本质，变成维持他的个人生存的手段。异化劳动使人自己的身体，同样使在他之外的自然界，使他的精神本质，他的人的本质同人相异化"⑤。而因为在资本主义社会，每个人都按照他自己作为工人所具有的那种尺度和关系来观察别人，人与人之间的关系也就成了一种异化关系。

---

① 《马克思恩格斯全集》第3卷，人民出版社2002年版，第268页。
② 《马克思恩格斯全集》第3卷，人民出版社2002年版，第269页。
③ 《马克思恩格斯全集》第3卷，人民出版社2002年版，第268—269页。
④ 《马克思恩格斯全集》第3卷，人民出版社2002年版，第272页。
⑤ 《马克思恩格斯全集》第3卷，人民出版社2002年版，第274页。

异化劳动的四个规定性虽然在现实中是同时存在的，但是在逻辑上是有顺序的，劳动产品与劳动者的异化是后面三个异化的直接原因，劳动产品之所以会成为劳动者的异己力量，并不在于劳动产品被资本家占有，而在于资本家把占有的劳动产品转化为了资本。所以，异化劳动理论实际上就是劳动转化为资本的逻辑，更是资本主义生产方式自我运行的过程，"工人把他本身作为劳动能力生产出来，也生产出同他相对立的资本；另一方面，资本家把他本身作为资本生产出来，也生产出同他相对立的活劳动能力。每一方都由于再生产对方，再生产自己的否定而再生产自己本身。资本家生产的劳动是他人的劳动；劳动生产的产品是他人的产品，资本家生产工人，而工人生产资本家"[1]，所以，马克思说："从整体上考察资本主义生产，就可以得出结论：作为这个过程的真正产品，应考察的不只是商品（有其不只是商品的使用价值，即产品）；也不只是剩余价值；虽然剩余价值是结果，它表现为整个生产过程的目的并决定着这个过程的性质。不仅是生产一个东西——商品，即比原来预付的资本具有更大价值的商品，而且是生产资本和雇佣劳动；换言之，是在生产劳动和资本之间的关系，并使之永存。"[2] 所以，劳动转化为资本的过程即劳动产品与劳动者异化的产生，整个的资本主义生产就是异化的，或者说"颠倒"的；异化劳动理论成为批判资本主义生产的突破口和关键。当然，劳动转化为资本要以资本家占有工人的劳动产品为前提，而资本家之所以能够占有工人的劳动产品，是因为劳动资料与劳动者的分离，即生产资料归资本家所有。所以，要彻底消灭异化劳动，就必须消灭资本主义生产资料所有制。

---

[1] 《马克思恩格斯全集》第 30 卷，人民出版社 1995 年版，第 450—451 页。
[2] 《马克思恩格斯全集》第 32 卷，人民出版社 2002 年版，第 181 页。

第二节　资本剥削的批判

马克思政治经济学最重要的理论莫过于剩余价值论，正是剩余价值论揭示了资本家剥削工人的秘密，但马克思的这个工作不是从讨论货币或资本开始的，而是从解析商品入手的，因为马克思认为"表现资产阶级财富的第一个范畴是商品范畴"[①]。马克思对商品的解析，功绩在于发现了商品的二因素，即使用价值和交换价值（交换价值表现的是价值，或者说交换价值只是价值的表现形式）。马克思早在《1857—1858年经济学手稿》中就指出："商品二重地存在这个简单的事实，即一方面商品作为一定的产品而存在……另一方面商品作为表现出来的交换价值（货币）存在"[②]；到1859年马克思在《政治经济学批判》（第一分册）中明确指出："最初一看，资产阶级的财富表现为一个庞大的商品堆积，单个的商品则表现为这种财富的原素存在。但是，每个商品表现出使用价值和交换价值两个方面"[③]；直到《资本论》中，马克思才把商品的二因素正式表述为"使用价值和价值"。使用价值是商品的自然属性，反映了人与自然的关系，即商品对人的需要的满足；价值是商品的社会属性，反映了人与人的关系，正是因为价值的存在，才为商品提供了统一的度量。但是，虽然商品具有价值和使用价值此二因素，但使用价值和价值不能同时被占有，商品的生产者只能通过交换获得商品的价值，而商品的使用者只能获得商品的使用价值。

马克思解开剩余价值奥秘的钥匙还不是商品二因素的发现，而是劳动二重性的发现，特别是抽象劳动的发现。劳动的二重性是以商品

[①] 《马克思恩格斯全集》第31卷，人民出版社1998年版，第293页。
[②] 《马克思恩格斯全集》第30卷，人民出版社1995年版，第96页。
[③] 《马克思恩格斯全集》第31卷，人民出版社1998年版，第419页。

的二因素为基础的,马克思指出:"生产交换价值的劳动是抽象一般的和相同的劳动,而生产使用价值的劳动是具体的和特殊的劳动。"① 即具体劳动生产了商品的使用价值,具体劳动体现了劳动的自然属性,是私人劳动;抽象劳动生产了商品的价值,体现了劳动的社会属性,是社会劳动;社会劳动以私人劳动为基础,但私人劳动只有通过社会劳动才能实现价值。具体劳动和抽象劳动不是两个劳动,仅是一个劳动的两个方面,反映了劳动的不同特征。马克思自认为:"商品中包含的劳动的这种二重性,是首先由我批判地证明的"②。正是抽象劳动的揭示,发现了交换价值的衡量标准,即,商品的价值量是由生产商品的社会必要劳动时间来确定,"社会必要劳动时间是在现有的社会正常的生产条件下,在社会平均的劳动熟练程度和劳动强度下制造某种使用价值所需要的劳动时间"③,所谓"社会平均的劳动熟练程度和劳动强度"是指"劳动力在它被使用的专业中,必须具有在该专业占统治地位的平均的熟练程度、技巧和速度。……这种劳动力必须以通常的平均的紧张程度,以社会上通常的强度来耗费"④。可见,与商品价值量的确定密切相关的两个因素,一是劳动时间,二是劳动的社会性,主要是社会平均生产率。所以马克思指出,资本家要生产出更多的剩余价值,要么延长劳动时间,要么通过增强劳动强度以提高企业自己的劳动生产率;或者通过发展科学以提高劳动生产率。因此,为了获得更多的剩余价值,资本主义生产方式内在地具有改善管理和发展科学的动力,而工人要想缩短劳动时间,唯有通过斗争,资本家不具备主动缩短劳动时间的理由。抽象劳动理论为剩余价值理论打开了大门。

恩格斯高度评价了马克思的剩余价值理论,认为"这个问题的解

---

① 《马克思恩格斯全集》第 31 卷,人民出版社 1998 年版,第 428 页。
② 马克思:《资本论》第一卷,人民出版社 2004 年版,第 54—55 页。
③ 《马克思恩格斯文集》第 5 卷,人民出版社 2009 年版,第 52 页。
④ 《马克思恩格斯文集》第 5 卷,人民出版社 2009 年版,第 228 页。

决是马克思著作的划时代的功绩。它使明亮的阳光照进了经济学领域，而在这个领域中，从前社会主义者像资产阶级经济学家一样曾在深沉的黑暗中摸索。科学社会主义就是以此为起点，以此为中心发展起来的"①，列宁亦认为"剩余价值学说是马克思经济理论的基石"②。为什么剩余价值理论有如此重要的意义和地位呢？那是因为"资本主义生产的直接目的不是生产商品，而是生产剩余价值或利润（在其发展的形式上）；不是产品，而是剩余产品"③，那么，只要解开剩余价值的秘密，就清楚了整个资本主义生产的玄机。马克思直到《1857—1858年经济学手稿》中才使用"剩余价值"这个概念，并界定为："表示对象化在产品中的劳动时间或者说劳动量……大于资本原有各组成部分所包含的劳动量"④，即，产品的价值大于生产资料和劳动力价值的部分。因为生产资料的价值不发生变化，只存在转移的问题，所以与剩余价值的多少相关的除了一定劳动生产出来的产品的价值外，就是劳动力的价值了。

马克思是通过劳动和劳动力的区别来揭示资本家对工人的剥削的。从现象来看，似乎是资本家以工资的形式购买了劳动者的劳动，实施的是等价交换；但实际上这是一个虚假的现象，工人出卖的不是劳动，而是"对自己劳动能力的定时的支配权……工人同资本家进行交换的，是他例如在二十年内可以耗尽的全部劳动能力"⑤。而劳动能力作为一种商品，其最大的特征就是能创造出大于其自身价值的使用价值，资本家购买了劳动力，那么劳动力创造出来的使用价值就归资本家所有，资本家就"理所当然"地占有了超过劳动力价值的那部分价

---

① 《马克思恩格斯选集》第3卷，人民出版社1995年版，第548页。
② 《列宁选集》第2卷，人民出版社1995年版，第312页。
③ 《马克思恩格斯全集》第26卷Ⅱ，人民出版社1973年版，第624页。
④ 《马克思恩格斯全集》第30卷，人民出版社1995年版，第281页。
⑤ 《马克思恩格斯全集》第30卷，人民出版社1995年版，第251页。

值，即剩余价值。如果资本家购买的是劳动，实施的是等价交换，那么资本家就无从赢利。劳动力成为商品是资本主义生产方式的前提，在马克思看来劳动力成为商品有两个前提：一是劳动者是自由的，不像奴隶那样对奴隶主有人身依附，也不像农民那样依附于土地；二是劳动者除了劳动能力，没有其他财产，只能靠出卖劳动能力维持生活。这种"自由得一无所有"的工人就是在资本原始积累的过程中造就的，工人们是不得不出卖劳动力的，马克思说："罗马的奴隶是由锁链，雇佣工人则由看不见的线系在自己的所有者手里。"① 那么，劳动力这个商品价值几何呢？商品的价值是凝结在商品中的无差别的一般劳动，那么劳动力这个商品的价值如何确定呢？马克思认为"劳动力的价值，是由生产、发展、维持和延续劳动力所必需的生活必需品的价值决定的"②，通常应该包括三个部分：维持劳动者本人生存所必需的生活资料的价值，维持劳动者家属的生存所必需的生活资料的价值，劳动者为维持和提高劳动能力所必需的教育和培训所需要的费用。正是因为劳动力这一商品创造出大于其自身价值的使用价值这一原因，"资本家最大的愿望是让工人尽可能不间断地挥霍那份生命力"③。在劳动力价值即工资固定的情况下，劳动力创造出来的使用价值越多，资本家获得的剩余价值就越多。

  资本家购买了生产资料和劳动力后，就可以生产剩余价值。马克思以价值是否增加为标准把资本划分为可变资本和不变资本，购买生产资料的资本不会发生价值的增加，称为不变资本；购买劳动力的资本会带来资本增值，称为可变资本。马克思把剩余价值与可变资本的比率称为剩余价值率，剩余价值率越高，说明资本家用于购买劳动力的资本越少，工人所受的剥削就越大。所以，考察工人的受剥削程

---

① 《马克思恩格斯文集》第 5 卷，人民出版社 2009 年版，第 662 页。
② 《马克思恩格斯文集》第 3 卷，人民出版社 2009 年版，第 56 页。
③ 《马克思恩格斯全集》第 30 卷，人民出版社 1995 年版，第 251 页。

度，不能只看工人工资的绝对值，而要审查剩余价值率。随着科学技术的发展，生产力水平的不断提高和生产自动化水平的不断提高，生产中工人劳动的重要性和人数都在不断下降，这样支付给工人的工资在资本中所占的比重不断下降；所以，在马克思之后的资本主义发展中，虽然工人们的工资绝对值在不断上升，工人们的生活条件也得到大幅改善，但这些都是生产发展带来的，相比于工人工资增加的比率，资本家所获剩余价值的增长比率更高，工人所受剥削的程度不仅没有减轻，反而是加重了。生产剩余价值的基本方法有两种，绝对剩余价值的生产和相对剩余价值的生产。绝对剩余价值的生产是通过延长工作时间或提高劳动强度实现的，其本质就是增加劳动时间。为获取更多的剩余价值，资本家总是想方设法延长工人的劳动时间或加班不支付加班费用，或者以所谓"完成任务"的方式不给加班费，马克思对此有过尖锐的抨击："资本主义生产——实质上就是剩余价值的生产，就是剩余劳动的吮吸——通过延长工作日，不仅使人的劳动力由于被夺去了道德上和身体上正常的发展和活动的条件而处于萎缩状态，而且使劳动力本身未老先衰和过早死亡。它靠缩短工人的寿命，在一定期限内延长工人的生产时间。"[①] 相对剩余价值的生产是指在工作时间不变的情况下，通过缩短社会必要劳动时间从而延长剩余劳动时间的方式获得更多的剩余价值。要想缩短一个产品的社会必要劳动时间，必须是生产该产品的社会平均劳动生产率得到提高，社会平均劳动生产率的提高却是通过各个生产企业争相提高各自的劳动生产率实现的，因为在生产一产品的社会必要劳动时间不变的情况下，某个企业生产该产品的个别劳动时间越短，其能获得的剩余价值就越多，因为其产品的价格跟其他产品一样由同样的社会必要劳动时间决定，但它为该产品支付的工资却比别的企业要少，马克思把此种剩余价值成为超额

---

① 《马克思恩格斯文集》第 5 卷，人民出版社 2009 年版，第 307 页。

剩余价值，超额剩余价值的生产是相对剩余价值生产的途径。正是追求超额剩余价值，使处于资本主义生产下的每一个企业都争相提高劳动生产率，整个资本主义生产就从不会缺乏不断提高劳动生产率的动力，这是资本主义生产能够不断发展的内在机制；但是随着管理的改进、科学技术的应用、生产自动化水平的提高，工人在生产中的地位不断弱化，若资本家不愿正视"工人的劳动是剩余价值的唯一来源"，就会激化劳资矛盾。

为了获取更多的剩余价值，或仅仅为了企业的生存，资本家就不得不不断扩大生产，而扩大生产所需要的再投资，就是来源于剩余价值，马克思把剩余价值转化为资本的过程称为资本积累。马克思主要从两个方面批判了资本积累，首先是资本积累会造成社会的两极分化，因为资本家的财富不断集中，而工人们所得到的工资即劳动力的价值始终只是由那三部分组成，工人们无非可以生活得更好，即他们的生活资料的价值增加，但依靠出卖劳动力的工人永远也不可能成为富人，工人工资增加的速度远远低于资本家资本集中的速度。今天全球首富拥有的财富在马克思时代可能是无法想象的，整个社会财富也不断集中到少部分人手中。第二个方面是资本积累是资本主义社会失业的根源。因为追求更多剩余价值的鞭策，资本主义生产的规模不断扩大，生产的科学技术水平不断提高，可变资本的支出比例不断减少，资本对劳动力的需求也就相对减少，于是就不可避免地造成了大批工人失业，形成相对过剩人口，正如马克思所说："资本主义积累不断地并且同它的能力和规模成比例地生产出相对的，即超过资本增殖的平均需要的，因而是过剩的或追加的工人人口。"[1] 所以，失业是与资本主义生产如影随形的，而当遭遇经济危机时，失业人口可能危及整个资本主义生产，甚至埋葬资本主义。与失业一样，经济危机也是资本主义不

---

[1] 《马克思恩格斯文集》第 5 卷，人民出版社 2009 年版，第 726 页。

可避免的。

马克思认为，资本主义生产的经济危机的根本原因是生产的相对过剩，"一切现实的危机的最终原因，总是群众的贫穷和他们的消费受到限制，而与此相对比的是，资本主义生产竭力发展生产力，好像只有社会的绝对的消费能力才是生产力发展的界限"①。所谓相对过剩，指生产出来的产品相对于工人的购买力，或说消费能力。工人的购买力来源于工资，工资是资本家付给工人的报酬。为了获取更多的剩余价值，资本家总是尽可能地付给工人更少的工资，所以，工人的购买力总是有限的，因为工人占社会的大多数，他们才是商品的主要消费者。但是因为无止境地追逐剩余价值，资本主义的生产总是不断扩大的。当社会生产出来的总产品大于工人的购买力时，资本就不能及时回收，资本的循环就会被中断，一些生产就难以为继，一些企业就会倒闭，工人就会失业，工人的失业导致购买力进一步下降，于是经济进入恶性循环，越来越多的企业倒闭，越来越多的工人失业，整个资本主义生产受到极大破坏，直至新的平衡。这就是资本主义的经济危机。资本主义经济危机最根本的原因是生产不再以满足需求为目标，而是以追求剩余价值为目标，无限扩大的生产与有限的购买力必然发生冲突，这是由资本主义生产方式自身决定的，无法避免，经济危机将最终把资本主义自身送进历史的坟墓。

马克思通过劳动二重性理论找到了商品价值的评价标准，通过区别劳动力和劳动，发现雇佣劳动等价交换假象下掩盖的不平等实质；通过分析工人的劳动力价值和使用价值的特征，揭示资本家无偿占有剩余价值的剥削途径；通过区别可变资本和不变资本，计算剩余价值率，揭示资本家对工人的剥削程度；通过揭示资本主义生产的实质和资本积累的过程，解析资本主义经济危机的直接原因和根本原因，并

---

① 《马克思恩格斯文集》第 7 卷，人民出版社 2009 年版，第 548 页。

就此指出了资本主义灭亡的必然性和过程。虽然马克思的《资本论》遭遇过很多的批判,但当资本主义世界遭遇经济危机时,人们很容易就想起了马克思及其著作,于是2008年世界金融危机来临时,《资本论》在德国出现了卖断货的现象,正如德里达之前所说的:"值此在一种新的世界紊乱试图安置它的新资本主义和新自由主义的位置之际,任何断然的否认都无法摆脱马克思的所有各种幽灵们的纠缠。"[①]马克思的一些预言虽然没有实现,但当代资本主义的一些顽疾,如不可摆脱的失业、日益显著的两极分化和愈演愈烈的经济危机,以及资本主义国家企图通过改良来缓和阶级对立的努力,特别是福利国家建设的失败,无不表明马克思对资本批判所揭示的资本的剥削,既是资本主义快速而不断发展的源泉,同时也是资本主义灭亡的根源,这是历史的规律,或者说是资本主义的宿命,不可改变、无法摆脱。这是马克思对资本主义的最强批判,在马克思的时代有效,是一种现代性批判;在今天仍然有效,因为今天的资本主义与马克思时代的资本主义并无本质的区别,所以马克思对资本剥削的批判今天仍然是一种现代性批判,仍然具有"现代"意义,没有过时。

第三节 拜物教批判

拜物教是马克思对资本主义社会的一个重要批判,但它既是一个社会现实,是作为主体的人对物化的接受,同时也成了一种意识形态。"拜物教"这个词最初的意义应该就是来自宗教,是一种宗教意识。"拜物教作为宗教信仰的原始形式之一与'拜神教'相对,该词来源于

[①] 雅克·德里达:《马克思的幽灵》,何一译,中国人民大学出版社2008年版,第37页。

葡萄牙文feitico,意谓巫术"①,最早产生于人对自然的无知和拟人化,"原始人由于对自然现象缺乏理解,以为许多物体(如石头、树木、弓箭等)是有灵性的,并赋以神秘的、超自然的性质。对它们祈祷、礼拜或祭献,即可获得嘉惠与庇佑"②,"图腾"崇拜就是典型的拜物教了。显然马克思不是在这个宗教的意义上使用拜物教这个词的,而是在另一个意义上,即"拜物教一词也用来比喻对某种事物的迷信,如商品拜物教、货币拜物教等"③。但事实上,这两个意义没有很大区别,因为后一个就是宗教意义的象征意义,马克思也是如此来定义拜物教的:"因此,要找一个比喻,我们就得逃到宗教世界的幻境中去。在那里,人脑的产物表现为赋有生命的、彼此发生关系并同人发生关系的独立存在的东西。在商品世界里,人手的产物也是这样。我把这叫拜物教。"④从马克思的定义里面,我们可以发现"拜物教"这个概念在马克思这里至少具有两个方面的意思:一是"迷信","宗教世界的幻境"表明拜物教的此种迷信状况;二是"物化"或"异化","人脑的产物"成了"独立的存在"。可见,马克思的拜物教理论是与物化、异化劳动等理论联系在一起的。

马克思的拜物教理论的确定形态表现在《资本论》第一卷中,但是马克思在很早前的《〈科隆日报〉第179号的社论》就提到过拜物教:"现在谈谈'拜物教'吧!这完全是廉价读物上的学问!拜物教远不能使人超脱感性欲望,相反,它倒是'感性欲望的宗教'。欲望引起的幻想诱惑了偶像崇拜者,使他以为'无生命的东西'为了满足偶像崇拜者的贪欲可以改变自己的自然特性。"⑤虽然马克思此时似乎看不

---

① 冯契、徐孝通主编:《外国哲学大辞典》,上海辞书出版社2000年版,第611页。
② 《辞海》,上海辞书出版社1979年版缩印本,第1452页。
③ 《辞海》,上海辞书出版社1979年版缩印本,第1452页。
④ 马克思:《资本论》第一卷,人民出版社2004年版,第90页。
⑤ 《马克思恩格斯全集》第1卷,人民出版社1995年版,第212页。

起"拜物教"这个概念,但他对拜物教内涵的揭示,即"感性欲望的宗教"是极为中肯的,也是与其后面的拜物教理论一致的。在后面一段时间里,马克思的理论研究和批判的对象跟拜物教没有关系,直到《1857—1858年经济学手稿》马克思对物化的探讨,才可能成为其在《资本论》中讨论拜物教的理论起点。马克思说:"活动的社会性质,正如产品的社会形式和个人对生产的参与,在这里表现为对于个人是异己的东西,物的东西;不是表现为个人的相互关系,而是表现为他们从属于这样一些关系,这些关系是不以个人为转移而存在的,并且是由毫不相干的个人互相的利害冲突而产生的……在交换价值上,人的社会关系转化为物的社会关系;人的能力转化为物的能力"①。马克思在这里主要讨论"物化"和"异己"的问题,"马克思在这一文本中所谈的只是资本主义社会的物化,而尚未达到资本主义拜物教的层面。在研究对象上,物化与拜物教的不同在于,前者侧重于指出人与人之间的社会关系转化成了物与物之间的交换关系,而后者除了指出这一点外,还阐明了生产过程当事人在观念上对上述物化现实的接受和认同"②,"物化"表现为一种客观的社会现实,但"拜物教"还体现了主体的一种观念以及一种社会的意识形态。此种意识形态一经确立,当强化物化这一现实。

马克思分析了资本主义社会中的三种拜物教形态:商品拜物教、货币拜物教和资本拜物教;这三种拜物教有依次递进关系但又共存于社会。在马克思看来,商品拜物教是商品经济的产物,没有商品经济,即使存在交换,也不可能出现商品拜物教。马克思指出,在鲁滨逊的孤岛,在封建农奴制社会,在家长制的农村和在共产主义社会,劳动产品都不成为商品,也就不可能出现商品拜物教。但是在资本主义社

---

① 《马克思恩格斯全集》第30卷,人民出版社1995年版,第107页。
② 唐正东:《马克思拜物教批判理论的辩证特性及其当代启示》,《哲学研究》2010年第7期。

会,"劳动产品一旦作为商品来生产,就带上拜物教性质,因此拜物教是同商品生产分不开的",商品世界的拜物教性质"来源于生产商品的劳动所特有的社会性质"。① 商品经济的特征是产品的生产以交换为目的,普遍的交换带来普遍的交换价值,马克思通过劳动的二重性的分析,揭示了商品交换价值所代表的商品价值的衡量标准:无差别的一般劳动时间。正是"人类劳动的等同性,取得了劳动产品的等同的价值对象性这种物的形式;用劳动的持续时间来计量的人类劳动力的耗费,取得了劳动产品的价值量的形式;最后,生产者的劳动的那些社会规定借以实现的生产者关系,取得了劳动产品的社会关系的形式",反过来即是说,"商品形式在人们面前把人们本身劳动的社会性质反映成劳动产品本身的物的性质,反映成这些物的天然的社会属性,从而把生产者的社会关系反映成存在于生产者之外的物与物之间的社会关系"。② 商品之所以具有神秘的性质得到顶礼膜拜,是因为它是社会关系的物化,成为社会关系的物质承担者。商品的交换价值掩盖了生产商品的劳动所具有的社会关系,当货币出现后,出现一种可以与任何商品交换的事物,货币自出生起就具有神秘的光环,但此种光环亦并不是来自于货币的使用价值,"货币作为价值尺度,是商品内在的价值尺度即劳动时间的必然表现形式"③,但是却存在一种假象:"一种商品成为货币,似乎不是因为其他商品都通过它来表现自己的价值,相反,似乎因为这种商品是货币,其他商品才都通过它来表现自己的价值。中介运动在它本身的结果中消失了,而且没有留下任何痕迹。商品没有出什么力就发现一个在它们之外,与它们并存的商品体是它们自身的现成的价值形态。这些物,即金和银,一从地底下出来,就是

---

① 马克思:《资本论》第一卷,人民出版社 2004 年版,第 90 页。
② 马克思:《资本论》第一卷,人民出版社 2004 年版,第 89 页。
③ 马克思:《资本论》第一卷,人民出版社 2004 年版,第 114 页。

一切人类劳动的直接化身。货币的魔术就是由此而来的。"① 于是，在社会关系中，在人们的眼里，有了比商品更具有魔力的事物，即货币。有了货币，就可以交换到任何商品，可以交换到一切可以交换的物品。从本质上来说，货币只是一种特殊商品，货币拜物教与商品拜物教的形成原因是一样的，社会关系物化为一种特殊的商品——货币，所以"货币拜物教的谜就是商品拜物教的谜，只不过变得明显了，耀眼了"②。但是货币拜物教还不是拜物教在资本主义社会最终的或最高级的形态，因为还有比货币更具有魔力的东西——资本，因为资本能够增值。马克思通过资本增值的一种最极端的形式——生息资本——来说明资本拜物教的形成。一般的产业资本增值的过程是 G—W—G' 的过程，W 是劳动，只有工人的劳动，才带来 G' 大于 G 的增值，但是在生息资本中，看不到劳动的过程，货币放贷出去后，收回来的就是包含了利息的 G'，这样资本的增值过程就直接成了 G—G'，所以马克思说："在生息资本上，资本关系取得了它的最表面和最富有拜物教性质的形式"③，"在 G—G' 上，我们看到了资本的没有概念的形式，看到了生产关系的最高度的颠倒和物化；资本的生息形态，资本的这样一种简单形态，在这种形态中资本是它本身再生产过程的前提；货币或商品具有独立于再生产之外而增值本身价值的能力，——资本的神秘化取得了最显眼的形式"④。能自己增值，能自己生产货币的货币，是不是比货币更让人着魔呢？综观资本主义生产的全过程，不管是产业资本还是商业资本，都有可能来自于生息资本，在资本的链条中，生息资本是资本的顶端，所以马克思说："就资本作为生息资本的属性来说，一切能生产出来的财富都属于资本所有，……按照资本的天生固有的规律，

---

① 马克思：《资本论》第一卷，人民出版社 2004 年版，第 112—113 页。
② 马克思：《资本论》第一卷，人民出版社 2004 年版，第 113 页。
③ 马克思：《资本论》第三卷，人民出版社 2004 年版，第 440 页。
④ 马克思：《资本论》第三卷，人民出版社 2004 年版，第 442 页。

凡是人类所能提供的一切剩余价值都属于它。"①所以,资本拜物教是资本主义社会拜物教的最高形态。但是,商品拜物教递进到货币拜物教,再递进到资本拜物教,更多的只是逻辑上的递进,因为它们依序与生产商品的劳动所代表的社会关系越来越远和间接,所以从商品到货币再到资本也就显得越来越神秘,而越是神秘就越具有魔力。在资本主义社会,这三种拜物教是同时存在的,一些人渴望拥有更多的商品,一些人渴望拥有更多的货币,而另一些人渴望拥有资本。

拜物教的批判是一种现代性的社会批判,与资本剥削过程的经济学批判有一定的区别。拜物教的客观形态是"物化",主观方面是社会或说人们对物化的接受和同化。马克思认为,说服教育是无法改变人们的此种态度和被同化的结局的。因为拜物教此种社会现象与宗教拜物教不同,宗教拜物教产生于无知,所以当人类加深了对自然的认知,宗教拜物教就会退出历史的舞台;而商品拜物教、货币拜物教和资本拜物教是资本对社会统治的结果,只要资本主义生产方式存在,这种拜物教就必然产生,要想根除此种拜物教,唯一的途径是根除资本主义生产方式。

第四节　资本全球化批判

杨雪冬在其考察后指出,"在马克思主义经典作家著作中无法找到'全球化'(globalization)这个概念或者以'全球'(global)为词根造出的词汇"②。"全球化"这个词的词源已经难以考证,从网络查询可知,有说"全球化"最先出现于 1962 年的,有说最先出现于 1972 年的,

---

① 马克思:《资本论》第三卷,人民出版社 2004 年版,第 447 页。
② 杨雪冬:《马克思主义经典作家关于全球化的基本观点述评》,《马克思主义与现实》2006 年第 5 期。

但无论如何都说明了一个事实,在马克思的时代还没有"全球化"这个词,马克思也没有创造这个词。但是这不代表马克思就没有全球化的理论。马克思不仅谈及"世界市场",而且还有"世界历史"理论,如果用今天的词汇,"世界市场"对应的就应当是"贸易全球化","世界历史"能勉强对应的恐怕只有"全球一体化"了。

在《共产党宣言》中马克思描述了一幅"经济全球化"场景:"资产阶级,由于开拓了世界市场,使一切国家的生产和消费都成为世界性的了。……古老的民族工业被消灭了,并且每天都还在被消灭。它们被新的工业排挤掉了,新的工业的建立已经成为一切文明民族的生命攸关的问题;这些工业所加工的,已经不是本地的原材料,而是来自极其遥远的地区的原料;它们的产品不仅供本国消费,而且同时供世界各地消费。旧的、靠本国产品来满足的需要,被新的、要靠极其遥远的国家和地带的产品来满足的需要所代替。"[1] 这里,我们至少可以解读出"生产全球化""贸易全球化"以及"被迫全球化"。马克思在《资本论》中解释了"经济全球化"的原因:"随着这种集中或少数资本家对多数资本家的剥夺,规模不断扩大的劳动过程的协作形式日益发展……各国人民日益被卷入世界市场网,从而资本主义制度日益具有国际的性质。"[2] 也就是说,是资本积累和资本集中导致了经济的全球化,资本为了追逐更多的剩余价值,会不断地把利润转化为资本,为了加快资本积累的步伐,资本家还会采取资本联合或兼并的方式使资本快速集中,资本积累和资本集中必然要求扩大生产规模,这也是获取更多剩余价值的唯一途径,生产规模扩大就生产出更多的产品,相对于无限扩大的生产规模,工人的购买力的增长是极其有限的,于是,开拓市场对资本主义生产来说显得极其重要,"不断扩大产品销

---

[1] 《马克思恩格斯选集》第1卷,人民出版社1995年版,第276页。
[2] 《马克思恩格斯全集》第44卷,人民出版社2001年版,第874页。

路的需要，驱使资产阶级奔走于全球各地。它们必须到处落户，到处开发，到处建立联系"①。正是资本的扩张带来了全球化，并且不仅"物质生产是如此，精神的生产也是如此。各民族的精神产品成了公共的财产。民族的片面性和局限性日益成为不可能，于是由许多种民族和地方的文学形成了一种世界的文学"②。在全球化的理论中，这应当是"文化全球化"了，根据马克思历史唯物主义的一般理论，此种"文化全球化"必然是"经济全球化"带来的结果，但是在马克思那里，这还不是资本扩张的最终结果，资本扩张引发的盛况是："资产阶级，由于一切生产工具的迅速改进，由于交通的极其便利，把一切民族甚至最野蛮的民族都卷到文明中来了。……它迫使一切民族——如果它们不想灭亡的话——采用资产阶级的生产方式；它迫使它们在自己那里推行所谓的文明，即变成资产者。一句话，它按照自己的面貌为自己创造出一个世界。"③ 这是一个由资本主义生产方式统治的世界，马克思所预言的这样一个世界还没有完全实现就成为不可能了，但这种不可能本来就因马克思而出现，因为世界已经存在了社会主义的生产方式；但是，我们看到的现实情况恰恰证明了马克思这里的预测是历史的必然，而社会主义生产方式的出现在人类现阶段还只能是一种偶然，还有待于由偶然转化为必然。但是，抛开社会主义的生产方式，资本主义生产方式全球化的过程还在进行中，当前世界的各个角落，不管是否愿意，都已经融入了资本的洪流，只是程度有别。马克思在《德意志意识形态》中把此种资本主义生产方式全球化的进程看作"世界历史"的开端。在马克思、恩格斯看来，正是资本主义大工业"首次开创了世界历史，因为它使每个文明国家以及这些国家中的每一个人的需要的满足都依赖于整个世界，因为它消灭了各国以往自然形成的闭

---

① 《马克思恩格斯选集》第1卷，人民出版社1995年版，第276页。
② 《马克思恩格斯选集》第1卷，人民出版社1995年版，第276页。
③ 《马克思恩格斯选集》第1卷，人民出版社1995年版，第276页。

关自守状态"①，造成需要的满足依赖于整个世界，消灭各国闭关自守状态的就是资本的扩张、资本主义生产方式的扩张。但是马克思在这里还引入了一个中介，即"交往"，"各个民族的原始封闭状态由于日益完善的生产方式，交往以及因交往而自然形成的不同民族之间的分工消灭得越彻底，历史就越来越成为世界历史"②，世界历史是随着资本主义生产方式的扩张，随着不同民族之间交往的不断深化而发展的。在世界历史中，由于资本主义生产方式的不断扩张，建立了一个由资本主义生产方式大一统的社会，此时，整个世界最重要的就是无产阶级和资产阶级的对立，因为"各国资产阶级虽然在世界市场上相互冲突和竞争，但总是联合起来并且建立兄弟联盟以反对各国无产者"③。在马克思看来，无产阶级和资产阶级的冲突要比民族冲突更为重要，所以在 1847 年 11 月 29 日在伦敦举行的纪念 1830 年波兰起义十七周年的国际大会上马克思说："在所有的国家里，英国的无产阶级和资产阶级之间的对立最为尖锐。因此，英国无产者对英国资产者的胜利对于一切被压迫者战胜他们的压迫者具有决定意义。因此，不应该在波兰解放波兰，而应该在英国解放波兰。"④ 正是基于此种观点，马克思和恩格斯才在《共产党宣言》中振臂高呼："全世界无产者，联合起来！"但是，马克思此时关于资本主义生产方式全球化和世界历史的理论，在后来的殖民地分析中遭遇了一定的困难，资本主义在历史中的积极作用是明显和不可否认的，但是当一个资本主义国家殖民了一个封建国家时，怎样认定此种事件呢？这是当时广泛存在的情况，马克思曾一度从积极的角度认为这是一种"资本的文明化作用"。后来，在 19 世纪 60 年代研究"爱尔兰问题"时，通过对英国殖民爱尔兰历史的研

---

① 马克思、恩格斯:《德意志意识形态》，人民出版社 2003 年版，第 31 页。
② 马克思、恩格斯:《德意志意识形态》，人民出版社 2003 年版，第 58 页。
③ 《马克思恩格斯选集》第 1 卷，人民出版社 1995 年版，第 308 页。
④ 《马克思恩格斯选集》第 1 卷，人民出版社 1995 年版，第 309 页。

究,他发现资本主义的英国并没有给爱尔兰带来先进的资本主义生产方式,反而破坏了其原有的生产方式,使爱尔兰长期处于不发达状态,于是他得出如下结论:"英国工人阶级解放的先决条件是把现存的强制的合并,即对爱尔兰的奴役,变成平等自由的联盟——如果这是可能的话,或者完全分离——如果这是必要的话。"① 后来马克思形成了如下这种一般性结论:摆脱殖民附属状态的人民解放是发达资本主义工人阶级解放的必要条件。此时,民族解放战争在历史的逻辑中要先于全世界无产阶级和资产阶级的对抗。殖民战争和全世界无产阶级与资产阶级的对抗是资本主义扩张带来的后果,也是世界历史的灾难,但是也正是它们在促进世界历史的发展,当我们今天来审视历史,会发现很多的殖民地正是在取得反殖民战争胜利后进入资本主义世界历史的。今天,殖民已经不再可能,但资本和资本主义生产方式的全球扩张还在不断深化,全球资产阶级和无产阶级的对抗越来越成为现实,印度血汗工厂的罢工反对的可能就是美国的老板,中国玩具工人的抗议对象也完全可能是德国人。而且,今天资本在世界范围的扩张有愈演愈烈之势,马克思没有看到的"全世界无产者联合起来"在未来极有可能变成现实。

对于资本主义社会的现实,生产方式不仅仅是最基础的,也是最重要的,马克思不是没有论及其他的资本主义社会的现实,如政治、文化等,但是,确实这方面的论述是偶然的,是对出现的一些事件的辩论,而只有资本主义这个核心贯穿于后期马克思理论工作的始终,从《资本论》在马克思生前只出版了第一卷也可以看出,资本主义批判在马克思理论工作中的地位。

---

① 《马克思恩格斯全集》第 16 卷,人民出版社 1962 年版,第 514 页。

第三篇 比较与价值

引 言

第一篇和第二篇分别介绍了鲍曼的现代性批判与马克思的现代性批判的主要内容，在这一部分我们试图对这两种现代性批判进行比较分析，以及审视此种比较分析存在的意义和价值。在比较之前可能需要讨论几个问题：比较何以发生及其可能？怎么比较？立足于什么探讨比较的意义？这是我们这里试图解决的问题。

这两种理论有没有直接遭遇呢？有的。从我们前面对鲍曼经历的介绍中可知，马克思理论在鲍曼的成长中具有特殊的地位，但因其自身所受到来自波兰反犹主义的不公正对待，鲍曼对马克思的理论似乎欠缺好感。鲍曼在批判现代性的秩序筹划时就指出："现代共产主义既是理性和启蒙时代的最富接受能力、最忠实的信徒，而且很可能也是其后继者中在理智传统上最一致的一个。它完全理解了人对理性王国的必要性和紧迫性的训喻。"① 鲍曼理解的马克思主义就是现代性的典型，那么就在其批判的对象中。在讨论全球化的无序状态时，鲍曼说："在共产主义集团解体之前，与其说全球事务不存在偶然不定、反复无常的特性，不如说是这一特性被全力以赴、殚精竭虑、日复一日地再现世界强权间的平衡挡住了视线。"② 这段话再次体现了鲍曼所抱有的恶

---

① 齐格蒙特·鲍曼：《现代性与矛盾性》，邵迎生译，商务印书馆2003年版，第56页。
② 齐格蒙特·鲍曼：《全球化——人类的后果》，郭国良、徐建华译，商务印书馆2004年版，第55—56页。

感,但同时也可能反映了这样一个问题:鲍曼是通过苏联和波兰认识和理解马克思理论的,因为这两个地方的马克思理论是他最熟悉的。

我们在绪言中提出了把鲍曼的现代性批判理论和马克思的现代性批判理论拿来比较的三点原因,这三点原因是直接的,如果再从理论品质来看,可能会发现诱使我们产生此种比较的更深层次的原因。首先,马克思理论和鲍曼的理论都是一种社会学理论。虽然我们从哲学,从政治经济学乃至科学社会主义来探讨马克思的理论,但我们同样知道,马克思是与马克斯·韦伯、涂尔干并列的社会学三大鼻祖之一。马克思的理论与黑格尔形成巨大反差,不再是停留在抽象中的思维,而是一种理论与实践的结合。马克思的理论议题,很少直接来源于理论本身,大多是由社会现实引发。鲍曼是当代著名的社会学家,最多可以称为社会哲学家,鲍曼的著作也并不好读,特别是在英语著作中可能很多人的著作都比他的好读,但这不是源于鲍曼理论的抽象性,而是源于他的思维方式。鲍曼的理论议题没有内在的逻辑性,所以我们在前面介绍鲍曼的现代性批判理论时只能依据他的三个核心概念,正如鲍曼自己所说,他的理论议题都是社会热点问题,如全球化、共同体、新穷人等等。应当说这是两个人的现代性批判理论的共同品质:现实性。这两种理论还有一个对我们这里的工作起决定作用的品质是批判性。马克思之所以颠沛流离,一个重要原因就是对政府的批判,从不见容于普鲁士到不见容于巴黎,马克思之所以能居住于伦敦,可能一方面是因为英国的包容,另一方面归结于他在伦敦批判的还是普鲁士和法国,指导的工人运动也主要是这两个国家的。马克思理论的批判性我们在前面已经有所分析,不再赘述。鲍曼的理论,不管是在现代性批判,还是后现代性,抑或流动的现代性名义下的,都是一种对社会的批判,鲍曼自己说,他愿意做一个对社会的持续批判者。这可能是跟鲍曼的知识分子意识相关的,知识分子的角色是鲍曼理论中持续关心的问题,不时会出现在他的理论中,可能从骨子里来说,鲍曼就是把自己当作一个知识分子。正是基于理论的现实性和批判性，在碰见了这两种理论的情况下，很容易产生试图比较的冲动。

有了比较的想法，又如何去比较呢？显然是基于我们前两部分所介绍的两个现代性批判理论的内容。但是比较最害怕的情况就是自说自话，所以简单的罗列两种不同的观点显然是不妥的。在我们前面的内容介绍中，虽然两种理论有着明显的不同，但也很容易发现它们可能存在的交集，并且不难明白这种交集产生的原因：鲍曼所处的社会较马克思所处的社会已经发生了很大的变化，但是鲍曼所生活的英国与马克思所生活的英国仍然一样是资本主义社会，所以，涉及资本主义本质的方面，可以在他们的理论中找到相同之处，而涉及差异的地方，也能发现他们理论之间的一种历史联系。所以，在内容方面，我们将从同异、历史传承方面做进一步的考察。但是内容的同异很多时候是由社会决定的，与马克思和鲍曼的关系并不显著，但方法论和理论立场的差异却是更具有个体性的，所以，方法论和理论立场的比较是比较中的重点。

这两种现代性批判理论的比较其意义在哪里呢？鲍曼的现代性批判理论在当前西方的现代性批判中是具有一定代表性的，即主要从事的是社会和文化批判；相对于现代性的社会和文化批判，马克思的意识形态批判和资本批判都显得很是异类，马克思对资本主义的批判随着20世纪以来西方资本主义的发展，也直接被一些西方马克思主义学者转换成了社会和文化批判，他们看似继承了马克思的批判精神，但是他们丢失了马克思理论最精髓的东西。"哲学家们只是用不同的方式解释世界，问题在于改变世界"[①]，这即是马克思的批判，同时也是马克思理论的志向。而包括鲍曼理论在内的当代西方现代性批判甚少有改变世界的抱负，有些人和理论即使有这个想法，但起的作用可能也

---

① 《马克思恩格斯选集》第1卷，人民出版社1995年版，第57页。

是有限的，因为在资本主义生产方式面前，一些改变的计划显得如此弱小无力，即使动用了庞大的国家机器，如福利国家建设计划，都无疾而终。所以，在理论上，德里达、伊格尔顿等人指出，只要资本主义尚存，马克思的"幽灵"就不会消散；现实中，当席卷全球的金融危机来临时，又有人记起马克思，出现马克思的《资本论》脱销事件。这是不是为马克思理论以某种方式重现于当代西方社会提供了契机、可能或是需要呢？这应当是两种比较的现代性话语意义。当前中国是以社会主义生产方式为主的，但是恐怕没人能否定资本主义生产方式在中国的存在，民营企业家的利润毫无疑问绝大部分来源于工人的劳动，只要这些民营企业家占有这些利润，就是剥削。那么，在一个以马克思主义为指导思想的国度，怎样看待和处理资本主义生产方式的存在？虽然不能说当前中国"礼崩乐坏"，但确实我们的核心文化是缺失的，或说有待于确立，社会主义核心价值观的培育与践行从正反两面证明了这一点。当前的中国也已经全面融入了世界经济中，或者说我们被资本主义生产方式包围着，鲍曼所批判的诸多问题，如消费主义、两极分化、陌生人等现象，在中国不仅存在，有可能比西方还要严重，因为我们的现代化进程比西方的速度要快很多，一些现代化进程中不可避免出现的问题被打包出现了，集中而又浓缩地呈现在了中国人面前，我们怎么办呢？这可以视作此种比较具有的现实意义。

第六章 两种现代性批判的比较

任何两种理论可供比较之处必然不少,但又难以面面俱到,针对马克思和鲍曼的现代性批判理论而言,我们选择内容、方法和立场为视角展开比较。从前面几章的介绍可知,不论是鲍曼的现代性批判理论还是马克思思想中的现代性批判理论,其内容都是丰富而饱满的,这里的比较也以前面的介绍为基础,即,对无法关联的明显的不同理论不予比较。而方法论和立场的比较也以突出重点的方式处理,如,虽然马克思的方法论在他的理论中也具有重要地位,但鲍曼的方法论显得更为特殊,可能就给予更多的笔墨,但立场而言,鲍曼的立场就是不明确或者说没有鲜明的立场,或说立场不突出,而马克思的理论立场又是其理论的重要特征。同样,我们这里的比较不在于得出一个谁对谁错的结论,也很难判断谁更有理,更多地在于提供一种审视问题的不同视角。

第一节 现代性批判内容的比较

在马克思和鲍曼两个相差一百多年的现代性话语中,有着明显的不同,但又奇怪地发现了一些共同的主题,或一些相似的主题,存在一些内在的联系,如对理性的批判、对现代性矛盾性的阐述、对现代性流动性的揭示,商品拜物教和消费主义内在的一致性、全球化和世界经济等等。当然也很容易在这些共同的主题中发现两者的差异。

一、对理性的批判

丹尼斯·史密斯用了一个"笼中人神话"来理解鲍曼的现代性的某一特征:现代性是一座城市,它的快乐的居民没有被限制在洞穴里,但被放置在以人类工程学方法设计好的笼子里。① 在鲍曼看来,现代性的"笼中人"状态是理性的设计。在现代社会"被理解为人类社会的完美秩序的理性,并不置身于个体意识中,理性与个体意识两者不可相提并论,它们各服从于一套截然不同的、独立的目的系统与行为系统,当两者遭遇时,理性必定被赋予了相对于个体意识的优先性(这乃是一种正当要求)"②,于是一个个个体就被理性关进了笼子。正是基于对理性的这种理解,鲍曼认为"启蒙激进的实质,与其说是传播知识,毋宁说是推动了立法、制度化和管理的实践"③,笼子是依靠立法、制度和管理来建造并维持的。鲍曼引用了奇西克的观点指出,"启蒙被理解为有条理的、理性的思维能力的发展和建立在广博知识基础上的判断能力的提高,而'群众'的固有缺陷则是启蒙的不可逾越的界限。统治者需要被启蒙,臣民需要受训练以成为有纪律的人",从而启蒙运动这一实践也"分为两个截然不同却密切相关的部分,第一,国家扩张它的权力,它的胃口在增大……第二,制造了一个全新的、有意设计的训导人们行为的社会机制,目的在于规范和调整作为这个教育者

---

① Peter Beilharz (ed.), *Zygmunt Bauman*, Volume I, London: Sage Publications Ltd., 2002, p. 141.
② Zygmunt Bauman, *Legislators and Interpreters: On Modernity, Post-modernity and Intellectuals*, Cambridge: Polity Press, 1987, p. 74.
③ Zygmunt Bauman, *Legislators and Interpreters: On Modernity, Post-modernity and Intellectuals*, Cambridge: Polity Press, 1987, p. 74.

和管理者的国家的臣民的社会生活"。① 对鲍曼而言,现代性就是启蒙理性的结果,"其真正的、最终的、最重要的结果是:知识者的统治和作为一种统治力量的知识"②。

鲍曼把理性当作现代性的本质特征,在他对纳粹大屠杀的分析中,得出的结论是令人震撼的:"在大屠杀漫长而曲折的实施过程中没有任何时候与理性的原则发生过冲突。……大屠杀不是人类前现代的野蛮未被完全根除之残余的一次非理性的外溢。它是现代性大厦里的一位合法居民;更准确些,它是其他任何一座大厦里都不可能有的居民。……我还认为正是由于工具理性的精神以及将它制度化的现代官僚体系形式,才使得大屠杀之类的解决方案不仅有了可能,而且格外'合理'——并大大地增加了它发生的可能性。"③

悉尼·胡克认为"马克思是一个真正的启蒙运动的产儿"④,戴维·哈维同样认为"马克思很多方面都是启蒙思想的儿子"⑤,确实,马克思吸收了启蒙运动的积极成果,马克思的理想与启蒙运动的理想并不冲突,即实现一个真正自由的社会,但是马克思是批判地继承,特别是对黑格尔所确立的"理性"和"主体"这两个现代特征的批判。马克思博士论文中对"自我意识"哲学的追求可以说是"理性"和"主体"的集中体现了;在《莱茵报》时期,马克思也更多的是从理性的角度来看待国家、法、宗教和出版物等问题;不久马克思就发现在黑格尔那里理性是"纯粹的、永恒的、无人身的"⑥,马克思对黑格尔法

---

① Zygmunt Bauman, *Legislators and Interpreters: On Modernity, Post-modernity and Intellectuals*, Cambridge: Polity Press, 1987, p. 80.

② Zygmunt Bauman, *Legislators and Interpreters: On Modernity, Post-modernity and Intellectuals*, Cambridge: Polity Press, 1987, p. 67.

③ Zygmunt Bauman, *Modernity and the Holocaust*, Cambridge: Polity Press, 1989, p. 23.

④ 悉尼·胡克:《理性、社会神话和民主》,金克、徐崇温译,上海人民出版社 2006 年版,第 134 页。

⑤ 戴维·哈维:《后现代的状况》,阎嘉译,商务印书馆 2003 年版,第 23 页。

⑥ 《马克思恩格斯选集》第 1 卷,人民出版社 1995 年版,第 138 页。

哲学进行的批判，主要揭示的就是黑格尔的理性国家主义："观念变成了主体，而家庭和市民社会对国家的现实的关系被理解为观念的内在想象活动。"① 在《共产党宣言》中马克思进一步揭示了这种抽象理性的虚假和欺骗性，"当法国革命把这个理性的社会和理性的国家实现了的时候，新制度就表明，不管它较之旧制度如何合理，却决不是绝对合乎理性的。理性的国家完全破产了"②。"总之，同启蒙学者的华美诺言比起来，由'理性的胜利'建立起来的社会制度和政治制度竟是一幅令人极度失望的讽刺画。"③ 对于作为主体的人，马克思更是有着经典的批判："人的本质不是单个人所固有的抽象物，在其现实性上，它是一切社会关系的总和。"④ 人的本质不是作为"类"的人，也不是"理性人"。

虽然马克思和鲍曼都批判了理性，但是他们都没有拒斥过理性；与其说他们批判理性，不如说他们批判了理性的某个方面或说某种理性，与其说他们批判启蒙理性，不如说他们看到了启蒙理性发展中的某些问题。所以，当哈贝马斯提出"重建现代性"的时候，也就提出了我们需要何种理性的问题。马克思所批判的是理性的抽象性所带来的观念论错误，所以用"感性的、现实的人"和实践来纠正；鲍曼跟很多作者一样，批判的是工具理性，针对工具理性的滥觞，鲍曼寄希望于"后现代的道德回归"，这是列维纳斯的"他者"的道德。可见，马克思和鲍曼的理性批判没有冲突和矛盾，而是互补。

二、现代性的矛盾性

鲍曼有一本很重要的著作《现代性与矛盾性》，在这本著作中，

---

① 《马克思恩格斯全集》第3卷，人民出版社2002年版，第10页。
② 《马克思恩格斯选集》第3卷，人民出版社1995年版，第606页。
③ 《马克思恩格斯选集》第3卷，人民出版社1995年版，第607页。
④ 《马克思恩格斯选集》第1卷，人民出版社1995年版，第60页。

他详细分析了一个与矛盾共生的现代性,"我们可以说,只要存在分为秩序和混乱,它便具有了现代性。只要存在包含了秩序和混乱之抉择,他便具有了现代性"①。在鲍曼看来,是现代性的秩序追求造就了这种与生俱来的矛盾,"秩序只能被视为对全部矛盾性——混乱的随机性——的洞识……秩序的他者并不是另一种秩序,因为混乱是其唯一的选择"②。此种混乱的表现就是不可界定性、不连贯性、不一致性、不可协调性、不合逻辑性、非理性、歧义性、含混性、不可决断性和矛盾性等。鲍曼分析了现代性的矛盾性产生的根源:越多对秩序的追求,就会产生越多的混乱和矛盾。鲍曼起初认为现代性的这种矛盾性虽然产生于对秩序的追求,但也正因为此,它是与现代性的秩序追求不相容的,现代性企图根除所有的混乱,就像园艺师要拔掉花园里的所有杂草一样。同时,他认为后现代性对这种矛盾性是宽容的,对矛盾性的认可是现代跨入后现代的表现。但是,当我们审视后来鲍曼对全球化、消费社会和流动的现代社会的描述与分析时发现,鲍曼把这种矛盾性认定为当代社会的根本现象之一,根除矛盾性的设想在被发现是一个无法实现的奢望后被无奈地放弃,从而从社会和个人、从制度和心理上接受这种矛盾性。

现代性的这种矛盾性并不是到了鲍曼生活的这个时代才产生、凸显或是被发现的,马克思在一百多年前也阐述了社会的矛盾性:"我们看到,机器具有减少人类劳动和使劳动更有效的神奇力量,然而却引起了饥饿和过渡的疲劳。财富的新源泉,由于某种奇怪的、不可思议的魔力而变成贫困的源泉。技术的胜利,似乎是以道德的败坏为代价换来的。随着人类愈益控制自然,个人却似乎愈益成为别人的奴隶或自身的卑劣行为的奴隶。甚至科学的纯洁光辉仿佛也只能在愚昧无知

---

① 齐格蒙特·鲍曼:《现代性与矛盾性》,邵迎生译,商务印书馆2003年版,第11页。
② 齐格蒙特·鲍曼:《现代性与矛盾性》,邵迎生译,商务印书馆2003年版,第11页。

的黑暗背景上闪耀。我们的一切发现和进步,似乎结果是使物质力量成为有智慧的生命而人的生命则是化为愚钝的物质力量。"① 后来马克思用资本的原则来解释现代社会矛盾性的产生,也就是认为这些矛盾的罪魁祸首是资本,"在资本的简单概念中已经潜在地包含着以后才暴露出来的那些矛盾"②。

诚然,鲍曼早期的"矛盾性概念只是与他者、差异、异乡人等一般的联系起来"③,但是,当鲍曼探讨穷人与富人、城里人和郊区人以及有能力的消费者和不合格的消费者时,明显不再是一种"精神原则"的逻辑,可以发现明显的"资本"逻辑的痕迹。虽然生产在今天仍然是最重要的,但是肯定没有马克思时代所表现得那么抢眼,且其他一些因素确实取代了生产对经济和社会的影响,如消费、金融、全球化等,于是鲍曼发现了在马克思时代还不存在或还不明显的一些矛盾,并对这些矛盾的产生做了实证的解释,而不是历史唯物主义的。用心审视会发现鲍曼和马克思所揭示的现代性的矛盾性在今天都可以被发觉。

三、现代性的流动性

马歇尔·伯曼用马克思的一句名言"一切坚固的东西都烟消云散了"做他论述现代性的书名,正是马克思的这句话,有人甚至认为马克思是后现代主义的鼻祖,从这句话就认定马克思是一个后现代主义者无疑是断章取义,但马克思在这里确实说出了现代性的一个重要特征——流动性。让我们看看较完整的表述:"生产的不断变革,一切社会状况不停地动荡,永远的不安宁和变动,这就是资产阶级时代不同于过去一切时代的地方。一切固定的僵化的关系以及与之相适应

---

① 《马克思恩格斯选集》第 1 卷,人民出版社 1995 年版,第 774—775 页。
② 《马克思恩格斯全集》第 30 卷,人民出版社 1995 年版,第 395 页。
③ 罗骞:《论马克思的现代性批判及其当代意义》,上海人民出版社 2007 年版,第 184 页。

的素来被尊崇的观念和见解都被消除了,一切新形成的关系等不到固定下来就陈旧了。一切等级的和固定的东西都烟消云散了,一切神圣的东西都被亵渎了。"①马克思把此种"流动性"当作资产阶级时代区别于过去一切时代的特征,而鲍曼也把"流动的现代性(Liquid modernity)"作为他现代性理论的最后皈依,在批判了现代性——后来他把他所批判的现代性称为"坚固的现代性(Solid modernity)",经历了后现代性的激动与迷惘后,剩下的只有对当代社会的深刻刻画,在此种刻画中去展望和寻找出路。1925 年出生的他,在可能是最后的著述生涯中,描述了"流动的现代社会":《流动的爱——虚弱的人际关系》(*Liquid Love: On the frailty of Human Bonds*,2003 年)、《流动的生活》(*Liquid Life*,2005 年)、《来自流动的现代世界的 44 封信》(*44 Letters from the Liquid Modern World*,2010 年)、《流动的现代世界的文化》(*Culture in a Liquid Modern World*,2011 年)。这个时候,鲍曼不再把这个充满了不确定性、不稳定性和脆弱的世界看成是现代性要根除的对象,而就是现代性本身。

　　马克思不仅看到了流动性这一现象,还指出了它的根源:生产的变动。在资本主义社会,生产的变动可能来源于科技的进步等原因,但最终只能是发端于资本,是资本在促使社会的快速变化和不稳定。鲍曼在他的全球化理论中论及了资本的流动,但无法明确他是否把资本的流动作为社会流动性的根本原因,他确实更多的是在描述这种现象,而没有试图去找到一个原因。因为资本主义注定被共产主义取代,资本注定消亡,那么由资本促使的现代性的此种流动性将得到大大的改善,这是可以从马克思的理论中推导出来的;但鲍曼没有想象过流动性会变弱,因为没有一个决定性的因素。

---

① 《马克思恩格斯选集》第 1 卷,人民出版社 1995 年版,第 275 页。

四、拜物教和消费社会

在《资本论》中马克思深刻揭示了资本主义社会的"拜物教"秘密，但其实在此之前马克思就有过精彩论述："依靠货币而对我存在的东西，我能为之付钱的东西，即货币能够购买的东西，那是我——货币占有者本身。货币的力量有多大，我的力量就有多大。货币的特性就是我——货币占有者——的特性和本质力量。因此，我是什么和我能够做什么，决不是由我的个人特征决定的。"① 在资本主义社会，随着商品经济的蓬勃发展，"拜物教"的形式已经从商品拜物教，通过货币拜物教，最终发展成为资本拜物教，因为资本具有货币所不具有的增值功能，所以马克思说："在生息资本的形式上，资本拜物教的观念形成了。"② 拜物教在资本主义社会的盛行，是为了"把物在社会生产过程中像被打上烙印一样获得社会的经济的性质，变为一种自然的、由这些物的物质本性产生的性质"③，即，为了用物与物的关系来掩盖人与人之间的关系，来掩盖资本对雇佣劳动的剥削，为剥削制度的合理性辩护，所以，拜物教和资本主义制度是相互强化的。

鲍曼在一次访谈中回答关于消费主义的问题时，强调了消费的意义："在生活层面，它是构建身份、构建自我和构建与他者关系的工具；在社会层面，它是维持制度、群体、结构和此类事物持续存在的纽带；在系统层面，它是确保所有生活和社会状况再生产的途径。"④ 在鲍曼看来，消费主义已经全面取代之前的规训机制——全景体制，"以诱惑取代镇压，以公共关系取代警察，以广告取代权威性，以创造

---

① 《马克思恩格斯全集》第3卷，人民出版社2002年版，第361—362页。
② 《马克思恩格斯文集》第7卷，人民出版社2009年版，第449页。
③ 《马克思恩格斯文集》第6卷，人民出版社2009年版，第251页。
④ Peter Beilharz (ed.), *Zygmunt Bauman*, Volume I, London: Sage Publications Ltd., 2002, p. 141.

出来的需求取代了强制性规范"①。

不论是拜物教还是消费主义，发挥着关键作用的都是货币，在拜物教形式下，货币披着资本的外衣，在消费主义中，货币以赤裸裸的消费能力呈现。消费主义其实就是商品拜物教和货币拜物教的综合体现，但当今的消费主义比马克思时代的商品拜物教和货币拜物教具有了更重要、更全面的意义，货币在今天不仅只通过资本形塑社会，消费主义提供了另一条途径，而且，今天消费对生产产生了重要影响，很多时候不再是需求决定生产，而是消费决定生产，而消费与需求在某种程度上已经脱钩，不再是有需求才消费，而是消费成为一种自主行为。

虽然马克思和鲍曼有诸多共同的现代性批判主题，但是他们也有一个很大的区别，那就是马克思的现代性批判以资本主义为对象，因为在马克思那里，现代社会指称的就是资本主义社会，马克思对资本主义的批判最终形成了政治经济学批判这样一个中心，商品、资本和异化成了马克思现代性批判的核心范畴。上面已提及商品拜物教，下面将简单介绍资本和异化在马克思现代性批判中的角色。

资本主义社会之所以是资本主义社会的原因就在于资本的概念，在马克思看来，"资本不是物，而是一定的、社会的、属于一定历史形态的生产关系，后者体现在一个物上，并赋予这个物以独特的社会性质"②，资本的本质是一种生产关系，是资本，或说是这样一种生产关系创造了资本主义这样一个社会阶段。所以，解释资本主义社会的起点是资本，批判资本主义社会的起点也是资本；现代性的矛盾性的秘密在于资本，"在资本的简单概念中已经潜在地包含着以后才暴露出来的那些矛盾"③。现代性的流动性首先是由生产造就的，而这种生产是由资

---

① Zygmunt Bauman, *Legislators and Interpreters: On Modernity, Post-modernity and Intellectuals*, Cambridge: Polity Press, 1987, p. 168.
② 马克思：《资本论》第三卷，人民出版社 2004 年版，第 922 页。
③ 《马克思恩格斯文集》第 8 卷，人民出版社 2009 年版，第 95—96 页。

本推动的，资本的逐利本质是最终原因。

异化是马克思批判资本主义的一个基本范畴，是马克思对现代性状况的基本描述，即资本主义是一个异化的社会。社会异化的起源是异化劳动，劳动产品被资本家占有，劳动者与其生产的产品形成对立，"人同自己的劳动产品、自己的生命活动、自己的类的本质相异化的直接后果就是人同人相异化。当人同自身相对立的时候，他也同他人相对立"①。劳动的异化造成了一种基本的社会异化关系，这种异化的社会关系马克思表述为"一种非人的力量统治一切"，受异化影响的不仅是工人阶级，资本家同样无法摆脱异化，劳动异化的原因是私有制，是生产资料的资本家占有，但资本的权力同样支配着资本家，资本家不占有工人生产的劳动产品，他就只能变成工人——他的劳动产品被别人占有，没有例外。

鲍曼现代性批判的主题找不到中心，他的现代性批判主题看起来的特征是：把时代的理论热点嵌入到他的现代性批判中去，从工具理性到矛盾性、从新穷人到消费主义，从社群到全球化，以及后期关于"流动的现代性"的主题，都是西方社会理论界的热点，鲍曼用现代性批判的视域诠释这些理论热点，得出他自己的答案。这样，他的现代性批判主题就没有中心，当然他恐怕没有追求这样一个中心，这与他现代性批判的立场与方法是一致的。

第二节 现代性批判方法的比较

批判主题的异同是两种现代性批判比较的现象分析，而产生这些现象差异有着其他的、更为深刻的原因，就是方法和立场的不同。马

---

① 马克思：《1844 年经济学哲学手稿》，人民出版社 2000 年版，第 274 页。

克思和鲍曼的现代性批判在方法和立场上也有着明显的差异。本节讨论鲍曼现代性批判理论和马克思的现代性批判理论在方法上的差异。总体而言,马克思和鲍曼两种现代性批判理论在方法上的不同主要表现在以下三个相互关联的方面:

(1)历史唯物主义与社会现象分析的区别。历史唯物主义是马克思现代性批判的方法前提,资本主义的命名来源于历史唯物主义,政治经济学的批判是历史唯物主义的应用;商品、资本和异化这些马克思现代性批判的核心范畴既是历史唯物主义的基本范畴,也是在历史唯物主义方法领域中解释和运用的。鲍曼的现代性批判看不到一丝社会发展规律的痕迹,不管主题是道德、全球化还是消费主义和流动性,其批判主要是一种社会学的现象分析,分析这些现象的社会特征及其影响,分析的出发点是现象本身。

(2)宏大叙事与后现代方法的区别。在后现代对现代的反对中,宏大叙事是一个鲜明的靶子,马克思主义也是诸多批判宏大叙事的对象。诚然,按照后现代的标准,马克思主义就是一种宏大叙事,但是后现代对宏大叙事的反对只为他们的微观叙事方式提供了存在的理由,并不能消解宏大叙事存在的意义,否则只会走向虚无主义。鲍曼深受后现代的影响,在一段时期里坚信一种能够取代现代性的"后现代性",对鲍曼而言后现代性主要指的是"一种思维状态(a state of mind)",他说:"我把后现代性作为一个新的视角,一个对于转变和审视现代性未被揭示的一面的'阿基米德点'来思考和写作的。"[1] 正是对现代性、对社会宏大规划的批评,鲍曼认为"共产主义具有彻头彻尾的现代性"[2]。鲍曼对"后现代性"的探求正是企图找到一种新的思维方式来取代现代性的思维方式,但综观鲍曼的理论,难以发现一种一

---

[1] Peter Beilharz (ed.), *Zygmunt Bauman*, Volume I, London: Sage Publications Ltd., 2002, p. 32.
[2] 齐格蒙特·鲍曼:《现代性与矛盾性》,邵迎生译,商务印书馆2003年版,第401页。

以贯之的方法。

（3）总体性批判与随机批判的区别。因历史唯物主义的方法论，让马克思的现代性批判形成了一个总体，一个以资本主义为中心的总体。这个总体并不是一开始就存在的，而是在马克思理论的发展过程中形成的，当对资本主义的政治经济学批判明确了时，再审视马克思对理性和意识形态的批判，很容易发现它们所具有的资本主义特征。鲍曼的现代性批判缺乏一以贯之的方法论，并主要表现为一种社会现象分析，导致鲍曼的现代性批判给人的印象就是一种随机批判，没有主线，不是整体；当然此种分散不是说没有联系，但它们的联系仅是现代性本身。

接下来将具体分述两种理论最重要的方法特征。

一、鲍曼的后现代性视角

在《后现代性的通告》一书中，鲍曼企图给后现代性一个较为明确的内涵，他在指出后现代性在不同方面有不同的意义的基础上，认为"但它也是——可能更是——一种思维状态（a state of mind）。更精确地说，是那些有反思它们自身、探索它们自身内容、报告它们自身发现了什么的习惯（或是欲望？）的思维状态：哲学家的、社会思想家的、艺术家的思维状态——所有的那些我们沉思时依靠的或停顿下来时发现我们正从他们那里起步或被促使的人的思维状态"[①]。"这是一种首先以嘲弄一切、腐蚀一切、溶解一切的毁灭为标志的思维状态。有时看来后现代思维就是在它最终胜利时候的一种批判：一种发现很难继续保持批判性的批判，因为它已经毁坏了它过去批判的一切从而

---

① Zygmunt Bauman, *Intimation of Postmodernity*, London: Routledge, 1992, p. vii.

使批判的紧迫性不复存在"①。他认为后现代性不是寻求用一个真理代替另一个，用一个审美标准代替另一个，用一个生活理想代替另一个；它把真理撕裂为已经被解构的或即将被解构的；后现代思维看起来谴责一切而不计划什么，拆除看起来是后现代思维擅长的唯一工作，解构是它意识到的唯一建构。②那么后现代性是不是毁灭一切而走向虚无主义呢？很显然不是的，鲍曼是不会赞同这种观点的，且急切地想把自己与此种后现代态度切割开来，他说："我很是忧虑'后现代'理念的一般（common）使用的，我努力——我承认仅有混合的（mixed）成功——与'现代性的终结'的宣言保持距离，更为努力地展示非为'后现代极乐（bliss）'的传道者和忠贞者的庆贺心态。……我把后现代性作为一个新的视角，一个对于转变和审视现代性未被揭示的一面的'阿基米德点'来思考和写作的。"③后现代性所要毁灭的是现代性的思维方式，而不是毁灭一切，所以"当它碰巧是自我反思型的、哲学型的时候，后现代思维将驳斥它的批评者，指出它不是'毁灭性的摧毁'，而是建构性的，且它一直在做此努力，尽管看起来相反。它的工作是一种扫清地盘的行为……总的说来，后现代性可以被看作回到现代性专横地离开的世界，可以被看作为现代性努力'祛魅'的世界的'返魅'"④。所以，就不能再用现代性的思维模式来描述世界，鲍曼希望发现一套新的理论模式来思考现存世界状况，用它自己的术语对待现实的可能性，作为一个自证的体系，而不是某种别的东西的次品，或改变了的形式，它仅是它自己；当现代性注定是不可完成的时候，现在需要揭示的就是现代性所忽视的东西，"后现代性理念作为一

---

① Zygmunt Bauman, *Intimation of Postmodernity*, London: Routledge, 1992, p. ⅷ.
② Zygmunt Bauman, *Intimation of Postmodernity*, London: Routledge, 1992, p. ⅸ.
③ Peter Beilharz (ed.), *Zygmunt Bauman*, Volume Ⅰ, London: Sage Publications Ltd., 2002, p. 32.
④ Zygmunt Bauman, *Intimation of Postmodernity*, London: Routledge, 1992, p. ⅹ.

个纯粹的缺席的集合（a pure collection of absence）被引入"①。所以，无可置疑，在鲍曼这里，后现代性思维方式既是毁灭性的，又是建构性的。

在现代性和后现代性的关系问题上，史密斯曾在给鲍曼的信中提出了一个非常尖锐的问题。他想知道后现代性是在现代性的梦幻破灭之时产生的，还是在现代性之初产生的呢？②因为史密斯认为，如果后现代性在现代性的梦幻破灭之时才产生，那么就意味着只有经历了现代性，才能进入后现代性的思想框架。也就是说，后现代性的思想框架是在现代性幻灭的经验中形成的。反之，如果后现代性从现代性产生之初就与之相伴出现，那么就说明后现代性产生于现代性的内部。作为产生于现代性内部的东西又如何对自身进行反思呢？史密斯认为鲍曼必须解决这个悖论。

对于这个问题，鲍曼并不认为存在悖论，我们必须用"过程"的视角来看待这个问题。鲍曼首先引用了利奥塔的一句话——一个人没有经历后现代，就不可能成为真正现代的——来说明后现代对现代的视角意义。我们将现代性作为一个问题提出时，我们就是在使用一种后现代的话语；与此同时，只有将现代性作为一个问题时，我们才能真正是现代的。其次，鲍曼认为后现代犹如一根刺，从一开始就插入到现代性的身体中，即后现代性孕育于现代性内部，从现代性吸取养料而又不断地超越现代性。对现代性的批判，成为后现代性自我形成、不断自我超越的一个内在动力和重要条件，因而构成了后现代性的一个重要特征。鲍曼指出，在后现代性和现代性的孪生关系中，一方面，后现代性表现为现代性发展到一定阶段时对它的全面反思；另一方面，后现代性也表现为它一开始就伴随着现代性的成长而成长。后现代性

---

① Peter Beilharz (ed.), *Zygmunt Bauman*, Volume Ⅰ, London: Sage Publications Ltd., 2002, p.138.
② Dennis Smith, *Zygmunt Bauman: Prophet of Postmodernity*, Cambridge: Polity Press, 1999, pp.188-189.

经历了从处于边缘到处于主导地位的转换过程。其实史密斯自己也意识到，后现代性具有和现代性一样久远的历史，直到现代性的失败迹象呈不可阻挡之势时，这一观点才在社会更为宽广的领域中占据主导地位。后现代性的扩散是经过整个历史时代得以增强的，并且与下列事件有关：矛盾性的积聚，这种矛盾性来自于园艺国家分类管理的实践；国家这个清道夫的离开，市场的诱惑作为管理和规训的主要方法；在立法者向各种文化或亚文化之间的阐释者转移的行为中所发生的变化；个体的主要身份从生产者、士兵转向消费者、感官体验者的相关变化；市场的全球化把许多权力和权势的关键控制点放置在民族—国家的控制之外。①

通过鲍曼对史密斯提出的问题的回答，我们可以看出，对鲍曼来说，现代性与后现代性之间的关系在不同的向度上呈现出不同状况。首先，在认知层面上，鲍曼始终坚持一种外在的视角，我们只有处在现代性之外，才能正确理解现代性。其次，在思维状态上，鲍曼既强调了现代性和后现代性之间的根本区别，又强调了它们之间的联系和连续性。后现代性与现代性之间的连续性体现在后现代性是在现代时期的坚实基础上建构事物——不管建构的是什么。不像浪漫主义，后现代性不是反现代的，而确确实实是后现代的。后现代性是在现代性的未竟之中开始自己的使命，后现代性一方面从现代性中孕育出来，并有条件地肯定和发展现代性的后果，另一方面又批判、摧毁和重建现代性。换句话说，后现代性一方面与现代性相对立，另一方面又渗透到现代性的内部去解构、消耗和吞噬它，从它那里吸收养料和创造力量，并与之进行无止境的来回循环的游戏运动，以达到超越现代性和重建人类文化的目的。后现代性在相当大的程度上脱离不开现代性，这是因为后现代性虽然以彻底批判和解构现代性为己任，但后现代性

---

① Dennis Smith, *Zygmunt Bauman: Prophet of Postmodernity*, Cambridge: Polity Press, 1999, p. 189.

充分意识到它的任何批判和重建的活动，都是以与现代性的对立作为基本出发点。再次，就作为一种社会形态而言，后现代性与现代性之间呈现为一种断裂中的共存关系。一方面，对差异和偶然性的后现代庆祝，还没有取代对同一性和确定性的现代欲望，而且也不可能出现这种取代，也没有能力做出这种取代。就其本身而言，后现代精神和实践无法对任何东西加以移置、消灭或边缘化，因为它代表了一种具有矛盾性的人类状况。所以，后现代的得同时也是失，给它带来力量和吸引力的一切，同时也是其脆弱的来源和致命之处。① 另一方面，后现代性尽管在现代性的承诺和幻象之外行走，理解它们的不真实，同时它也继续参与诸如工厂、办公室、学校、外科手术室等公共机构的生活。现代性的制度和实践依然非常重要，并充满活力。因此，后现代性与现代性又是共存的，两者一直是相连的。在鲍曼看来，现代性用两个世纪的时间阻止偶然性和无序进入生活事务中，但结果是，它们不仅在视野中重现，而且是赤裸裸地出现在那里。② 因此，后现代世界需要接受的是，人类世界的"混乱状态"不是一个暂时的、可修理的状态，这种状态也并非迟早要被有秩序的、系统的、理性的规则所代替。事实上，这种混乱的状态将会持续存在，因为我们在这个世界上创造出来的任何秩序和系统在受到进一步关注之前都是脆弱的。这些秩序和系统像它们的对立物一样反复无常，最终也像它们的对立物一样也是偶发的。③ 在后现代世界中，我们不仅要学会与尚未解释的事实和行为共存，而且要学会与无法解释的事实与行为共存。正是这些事实和行为构成了人类困境中坚硬的、不可消除的主要部分，因此，后现代性需要表达的恰恰是这种不确定性、模糊性、不可决断性等等，后现代性需要学会的是如何与矛盾性共处。

---

① Zygmunt Bauman, *Modernity and Ambivalence*, Cambridge: Polity Press, 1991, p. 256.
② Zygmunt Bauman, *Postmodern Ethics*, Cambridge: Polity Press, 1993, p. 20.
③ Zygmunt Bauman, *Postmodern Ethics*, Cambridge: Polity Press, 1993, p. 33.

总之，鲍曼是在不同的理论维度和不同的语境下解析现代性与后现代性的关系的。当然，这也并不是鲍曼有意使问题复杂化，因为现代性—后现代性这对概念，本身就有一定的模糊性，不同的理论家可能在不同的理论维度上使用同一概念。而鲍曼对这种不同理论维度下现代性和后现代性关系的分析，既能使我们明白其理论观点，也有利于我们更好地理解这两个概念。

道格拉斯·凯尔纳认为，鲍曼的后现代性主要关注的是思维状态的变化，世界观、理论位置、理论实践、知识分子的处境和策略以及道德理念的变化[①]，而忽视了经济、政治、社会的后现代变化。就凯尔纳文章的写作时间而言，他说的完全是事实，但在此之后，鲍曼相继出版了《个体化的社会》《被围困的社会》《工作、消费主义与新穷人》《共同体》《全球化——人类的后果》《寻找政治》等著作来探讨社会、政治、经济等问题，但即使如此，鲍曼对社会、政治、经济问题的探讨也仅是从文化的角度切入的，而不是就政治而政治的方式，这可能是作为一个"文化马克思主义者"的理论传统的遗迹，这与其说是鲍曼理论的缺陷，不如说是它的特征。凯尔纳还批评鲍曼批判的是一种"典型的"现代性，而忽视了现代性内部的不同方面，这一点也是中肯的，鲍曼采用的正是韦伯式的"理想型（ideal type）"研究方式，它的缺点是明显的，但它的优点同样是明显的，这要根据理论需要而定，鲍曼采用此种方式，不但没有给他的理论带来瑕疵，反而增强了批判的力度。

我们可以看出，鲍曼的后现代性视角，与罗蒂一样反基础主义，与利奥塔一样反宏大叙事，与福柯、德里达一样试图去解构，但是他与一些激进的后现代主义者又截然不同，他坚决反对现代性的终结的提法，他认为，我们既不生活在现代性中也不生活在后现代性中，作

[①] Peter Beilharz (ed.), *Zygmunt Bauman*, Volume II, London: Sage Publications Ltd., 2002, p. 342.

为一种理论视角,现代性和后现代性是完全可以、事实上也是共存的,只是在他看来,由于大屠杀等事件说明了现代性视角的缺陷而需要被取代,现代性筹划由于其内在缺陷而注定不可实现而需放弃罢了。鲍曼以消费主义为中心范畴重构社会理论的企图,也遭遇到了利奥塔曾经遇到的同样的指责:另一个宏大叙事。但鲍曼自己肯定不这样认为,因为他的社会理论是阐释性的,没有任何的基础主义色彩,绝不排斥其他的阐释理论,他并没有也不会去建构一套后现代性理论体系。鲍曼对后现代伦理学的探讨也是后现代性建构性的重要表现,杰拉德·德拉梯(Gerard Delanty)认为这是鲍曼对后结构主义者的重要纠正[①],在鲍曼对后现代伦理学的研究中,他构建了一个责任的乌托邦,这是一个不同于任何前现代和现代的乌托邦,因为鲍曼认同列维纳斯的"伦理先于存在",责任是人最原初的状况。

理论界认为,在社会学对后现代的回应中,存在三种策略,它们分别是:"后现代主义社会学(postmodernism sociology)""后现代性社会学(sociology of postmodernity)"以及"后现代社会学(postmodern sociology)"。理论界认为,它们在概念上存在着重要差别。"后现代主义社会学"是站在"后现代主义"立场上来研究社会现象的社会学,它的研究对象可以是也可以不是"后现代社会";"后现代性社会学"则是关于所谓"后现代社会"的社会学,它可以是也可以不是"后现代主义"的;"后现代社会学"则是以"后现代主义"立场来研究"后现代社会"的社会学。[②]

在鲍曼的理论表述中几乎没有后现代主义的字眼,因为鲍曼不认为有一个统一的后现代主义立场或社会知识的后现代主义范式。鲍曼区分了后现代社会学和后现代性社会学,虽然它的这一区分遭到质疑,

---

① Peter Beilharz (ed.), *Zygmunt Bauman*, Volume Ⅲ, London: Sage Publications Ltd., 2002, p. 32.
② 参见谢立中:《后现代主义方法论——启示与问题》,《中国社会学年鉴(1995—1998)》,社会科学文献出版社 2000 年版。

但他的这一区分却反映了鲍曼社会理论的一个重大特征——对后现代社会的现代关怀,并且鲍曼在他的著作中处处流露着这种关怀,这应该是鲍曼与许多后现代思想家的不同之处。这可能与鲍曼作为一个马克思主义者的出身,和随后受到法兰克福学派的批判理论与法国的后结构主义影响分不开的,在最近的访谈中,鲍曼更有"愿作为一个社会主义者而死去"的话。

1. 后现代社会学

在鲍曼看来,后现代社会学代表了社会学对新的社会情景的一种回应策略。鲍曼认为,后现代社会学起源于加芬克尔对社会现实的碎片性和脆弱性的探讨,后又奉舒茨为精神鼻祖,后来又转向了维特根斯坦和伽达默尔的哲学。维特根斯坦的语言游戏被借用来调节社会现实中所有"坚硬的"、超会话的(extra-conversational)成分的终结,从伽达默尔那里借来生活世界(life-world)作为意义的产生场所,并放弃探索普遍的、超地域的、"客观的"真理的勇气。

与知识分子充当阐释者的角色相对应,鲍曼将社会学的这一回应策略称为阐释社会学。鲍曼指出,这种阐释学意义上的社会学虽然以其多元的范式状态与现代社会学不同,但它并没有根本改变"社会学自其诞生之初就与它的研究对象保持模仿关系"的状态。[①] 后现代社会学是通过模仿来回应后现代状况的,它通过与社会现实的结构同形(isomorphism)来回应社会现实。对意义生产和真理证明的分散权威的接受,使社会学家成了阐释者。后现代社会学家不但承担起了在不同共同体之间进行转译的任务,而且他们为那些仍未为人所察觉或听闻的文化与社区代言,并进而恢复各种不入流的、地方性的、通俗的与不具正当性的知识以抗拒具有统一体系的理论。后现代社会学家的

[①] Zygmunt Bauman, *Intimation of Postmodernity*, London: Routledge, 1992, p. 41.

目的在于"给出声音（giving voice）"以避免文化麻木，他们在"语言游戏"和"生活形式"之间运作，他的调节被希望使各方都受益。对鲍曼而言，后现代社会学家承担的这种转译的任务是重要的且必要的，但后现代社会学不应满足于这种转译与中介的任务。因为如果我们将加芬克尔的常人方法学、舒茨的现象学分析、维特根斯坦的语言学分析以及伽达默尔的诠释学相结合的产物看成是后现代社会学，那么，后现代社会学充其量只能给我们提供理解社会现实的一些琐屑的、协商的、不断建构的特质。因此，鲍曼虽然赞同后现代社会学的范式状态，即后现代社会学的"目标并不在于各种视野的融合，而在于揭示它们内在的多元性和互补性特性来拓宽各种视野"[①]。但鲍曼认为后现代社会学还存在不足。他认为，我们需要发展的是一种在很大程度上与社会学起源相联系的后现代性社会学。换言之，在后现代状况下，社会学要确立其存在的正当性，它必须发展一门后现代性社会学，它必须接受后现代构形的独特性，而不是将它作为现代社会的一种病态或退化形式。因此，它不应停留于阐释学意义上的后现代社会学，也不应满足于仅仅"培养对多样性的容忍，使不熟悉的变得熟悉，给予被淹没的或边缘的经历和共同体以声音"的后现代社会学上。它应该在系统的再生产、社会整合和生活世界的结构领域的深层次转变中，确立一种新的分析范式。

鲍曼对后现代社会学批判的核心是，认为后现代社会学依然停留在与研究对象之间所具有的模仿关系上，据此，它所采用的是知识模仿与描述的策略，而非解释与批判的策略。也就是说，在鲍曼看来，后现代社会学尽管展示了一种多元的范式特征，但它无批判地接受和拥抱了后现代的状况。与此同时，后现代社会学犯了一个重要的方法论错误，即"将调查的主题表示了调查的来源，将解释物与被解释物

[①] Zygmunt Bauman, *Intimation of Postmodernity*, London: Routledge, 1992, p.133.

混淆起来"①。鲍曼指出，后现代的多元主义、不确定性、变动性、相对化是被解释物，而不是解释物，因此，需要建构起对它们进行解释的概念和模型。正如鲍曼所言，诊断或鉴别出后现代社会中的道德相对化是一回事，而在社会理论中支持或表达它则是另外一回事。因此，尽管后现代性是流动的、易变的、或然性的，但后现代社会理论只保留了现代社会理论的一个关键特征，即认为一种理论应该以某种方式来解释社会现实或使之模型化，只不过被模型化的现实"比社会学家试图用智慧来把握的任何事情都更易变、更具异质性和无固定模式"②。因此，鲍曼认为，社会学要确立它的正当性，绝不能由充当阐释者角色的后现代社会学来回应，它需要兼具阐释与批判功能的后现代性社会学。

鲍曼不赞同后结构主义将社会学研究视作诸多"语言游戏"中之一种的观点。鲍曼认为社会学应该保持与人类的生活经验展开持续的对话，永远关注人类生存的现实，社会学的现实意义远远大于解释模式。所以，鲍曼在赞成后结构主义者去中心化观点的同时，并不是无原则地拥抱局部的、个别的、区域性的知识；虽然也质疑现代的基础主义和元叙事，但他提出的建构后现代性社会学的设想，不可避免地遭遇到利奥塔所碰到的同样的批评——本身即是一种宏大叙事。从鲍曼后来在"流动的现代性"议题下对社会的考察来看，鲍曼的理论确实不是微观叙事。可以说，在理论策略上，鲍曼将后结构主义与批判理论结合起来，并创造性地进行了自身的理论建构。

2. 后现代性社会学

鲍曼反对这种观点，这种观点将当代西方的社会境况看作现代社

---

① Zygmunt Bauman, *Postmodern Ethics*, Cambridge: Polity Press, 1993, p. 3.
② Zygmunt Bauman, *Intimation of Postmodernity*, London: Routledge, 1992, p. 65.

会不断重复出现的危机的显现,看作在连续的现代性中,一个暂时偏离的征兆,而非一种新型的社会生活形态。与此相反,鲍曼将西方社会经历的转型看成是新社会生活形式正在发展的表现,而不是危机的导火线或病态的偏差。鲍曼认为,当代西方社会所面临的问题与其说是现代性的一个特殊的历史扭曲,即病态的资本主义造成的异常结果,还不如说是约两百年前发源于西欧,再通过全球化扩散至全世界的那些复杂行为、制度面向与相关经验所带来的后果。简而言之,这些问题是现代性自身的后果。鲍曼认为,对现代性自身的认识奠定了后现代的状况,而且这一认识参与形塑了一种独特的社会形态。鲍曼将这种新的、已经成熟的社会形态称为后现代性。鲍曼指出,后现代性具有其独立自在的特征而不是现代性的某个阶段或偏离。

  鲍曼认为,许多后现代性概念仅仅指涉知识现象,有时,仅集中于艺术领域,某些时候也包括一个较宽的文化形式领域,在少数情况下,扩展至当代意识的基础概念。但它们几乎从没越出精神领域而走入社会形态领域,它是艺术、文化和认知领域的基础。

  鲍曼认为,社会学必须与新的、后现代的文化共鸣,必须打破与现代性的本体论和认识论前提的联系,必须转变为一种后现代的社会学;特别是,它必须与后现代文化的其他部分一样接受意义的生产与再生产的自我含涉(self-containment)和自我支持(self-grounding);它必须放弃那种传统的企图,该企图把意义当作社会形态和机制的产物、反映、表象和理性化。换句话说,如果当代文化的自我含涉以及与之相关的幻象、象征爆炸超出了正统文化的范围,那么社会学不能再坚持传统的审查(revision)策略,而应该寻求一种新的探求,一套新的、适合变化了的社会现实的范畴。鲍曼把这种能审查新的后现代社会现实、由一套新的范畴构成的社会学称为后现代性社会学(a sociology of postmodernity)。这种社会学必须接受后现代社会形态的特征，而不是把它看作是现代社会的病态或堕落的形式。①

鲍曼将后现代性作为一个"羽翼丰满的、可行的社会系统（fully-fledged, viable social system）"的观点，表明他认定西方社会的发展已经到了一个新的阶段，它已经取代了古典的现代资本主义社会，并且需要依据它自身的逻辑进行理论化。鲍曼用"后现代性"一词指涉一种新的、已经成熟的社会系统的用意，在于强调建构新的概念和分析工具的必要性和紧迫性。也就是说，通过确立一种社会理论研究的新方法以达到与现代理论中的进步和普遍主义思想进行决裂的目的。鲍曼指出："后现代性的理论不可能是经过修正的现代性理论，即是一种带着否定性标记的现代性理论。一种充分的后现代性理论也许只能在一个由一系列不同的假定组织起来的认知空间中建构起来，它需要自己的词汇。因此，从现代性话语滋生的概念和问题中解放出来的程度是衡量这一理论充分性的恰当标尺。"②

鲍曼指出，后现代性社会学应该拥有一套自己的概念、方法和假定，它不能仅仅依赖于对其他理论的单纯否定，而应有自己的一系列正面表述。鲍曼虽然使用了"后"的表述，但他坚持建构一个全新的概念框架来分析后现代状况。鲍曼指出，后现代状况是一个不断流动和变化，但没有清晰发展方向的场所。布朗运动提供描述后现代性属性的恰当隐喻：在那里，每一瞬间的状态既不是前一种状态的必然结果，也不是下一状态的充分原因。后现代状态是没有充分决定和没有充分被决定的状态。它解放了时间，削弱了过去的强制性影响，并有效地阻止了对未来的殖民化。正因为后现代性社会学所分析的现实"比过去社会学家努力去把握的任何事情都更加流动，更加具有异质性，以及更不成型"③，所以，社会结构的概念不适合分析后现代状况，

---

① Zygmunt Bauman, *Intimation of Postmodernity*, London: Routledge, 1992, p. 26.
② Zygmunt Bauman, *Intimation of Postmodernity*, London: Routledge, 1992, p. 188.
③ Zygmunt Bauman, *Intimation of Postmodernity*, London: Routledge, 1992, p. 65.

应该被栖息地（habitat）的概念所取代。鲍曼指出："栖息地提供给行动者的是一切可能的行动和领域的资源的总和，栖息地是行动者的自由和依赖性被建构的地域。与现代社会理论系统般的总体不同，栖息地既不决定行动者的意义，也不界定其意义，栖息地的自我本性被确定为未定的，其意义是变动不居的、自我发生的、昙花一现的。"① 不仅如此，发生在后现代世界的那些表面变化可以被视作社会世界更深层次的转变，这些深层次的转变，应该在系统的再生产、社会整合和生活世界的结构领域中寻找。由此，鲍曼指出，社会性（sociality）、栖息地（habitat）、自我建构（self-constitution）、自我组装（self-assembly）应当在后现代性中占据一个中心位置，而在现代社会理论中，这个位置是为社会、规范群体（阶级或共同体）、社会化和控制等范畴保留着的。也就是说，鲍曼认为，后现代性社会学要想确立其存在的正当性，它必须打破正统社会学的概念框架，确立一个全新的语义领域。

当鲍曼提出建立后现代性社会学的构想时，他在积极寻求一套有别于现代性的新的范畴。但是，后来他自己也意识到了，如果将分析现代性的概念工具全盘抛弃，就好比将洗澡水和孩子一同泼出去，或者说，就是将孩子泼出去。所以，当他在"流动的现代性"议题下分析当今社会时，他使用的还是现代性的概念工具，不过视情况赋予了一些概念以新的含义。应该说，鲍曼在确立一个新的分析工具时是怀有矛盾情感的。一方面，他积极地倡导确立新的分析概念和语义学领域；另一方面，他也不断强调，很多概念在现代时期就已经存在，只是今天人们对它的态度不同罢了。例如，今天"共同体"含义已不同于腾尼斯意义上的共同体概念；"社会"已不再与民族国家的边界一致，人们更多的是在低于或高于国家的层面上来思考问题；"矛盾性

---

① Zygmunt Bauman, *Intimation of Postmodernity*, London: Routledge, 1992, pp. 190-191.

(ambivalence)"也是一个贯穿现代性和后现代性的概念。在现代性中,人们力图消除矛盾性,但在后现代性中,人们则学会与矛盾性共处。因此,对鲍曼而言,后现代性社会学也许需要建构新的概念,但赋予已有的概念以不同的解释可能更具有可行性,只有这样,才能建构起分析后现代性状况的概念框架。

鲍曼区分后现代社会学和后现代性社会学的思想突显了他在后现代情境下所拥有的现代关怀。鲍曼对在后现代社会知识分子创建后现代性社会学的期望也是这种关怀的重要体现。鲍曼指出,尽管当今社会呈现出一种新的社会形态,但这并不意味着他要放弃现代性的解放策略和双重追求,即增加人类的自主空间与增大人类团结的程度。因此,后现代性社会学包含了一种"在后现代条件下对各种现代关怀的继续","它与现代社会学的区别不在于新的社会学的工作程序和目的,而在于一种新的调查对象"。[①]鲍曼认为当前知识分子的角色已经由立法者转变成了阐释者。现在,知识分子共在"各种语言游戏"或"多种样式的生活"之间的交接处工作。鲍曼认为,他们不应满足于做一个阐释者,他们还能做更多的事情,他们应该通过"系统的、理性的对话策略"发展后现代性社会学,应该像他一样对全球化、消费社会、缺乏充分就业的生活,以及后现代栖息地状况等进行研究和批判。研究后现代性的社会学家应该接受后现代性带来的认知和道德思想的不确定性,但是,他们不应该放弃"理性思想回归的启蒙梦想"。对鲍曼来说,作为阐释者的描述策略——对社会现实流动的、多元的特征或社会制度所产生的地方或情境化特征的描述——并不是社会学在后现代状况下的唯一任务,在后现代状况下拥有现代的理论关怀是鲍曼挥之不去的现代情节。鲍曼并不认为存在一个全球范围的后现代性,他说:"后现代性的出现和发达的消费主义之间存在着紧密的联系,假如

[①] Zygmunt Bauman, *Intimation of Postmodernity*, London: Routledge, 1992, p. 111.

这一迹象确切无疑的话,那么有必要去询问在什么程度上,后现代性应该被视为一个地区的事件或区域的现象。在世界范围内的权力和资源分配中,它完全依赖于暂时的、可能是十分短暂的一些国家的某个集团的特权。"① 鲍曼认为,目前大多数关于后现代性的分析都没有认识到这个问题的紧迫性。

鲍曼为什么要提出创建一种后现代性社会学呢?因为在他看来"只有生成一个对当代经验的不同方面加以理论化或以一种不同的方式对它们加以理论化的社会科学的话语时,才可以证明它的生存权利的合法性以及它的认知价值"②。与鲍德里亚宣布"社会性的终结",进而消解社会学不同,鲍曼对后现代状况下的社会学采取了一种积极的建构姿态。对鲍曼而言,社会学比其他任何学科更有可能捕捉和包含人类经验的全部。社会学除了持续不断地与人类的"生活经历"进行对话外,没有其他意义。③ 因此,社会学应当坚持理性与自由的价值,坚持批判与质疑现实的能力,尤其在后现代状况下,社会学应当始终保持对侵害自由和政治民主的社会力量(如市场、消费主义)的清醒认识,这是社会学永远不应放弃的批判维度。只不过,在目前的情况下,问题变成了社会学如何以理性来引导、改良人类的生存方式。因此,对鲍曼来说,后现代性社会学不是在阐释社会学与批判社会学之间进行选择,而是阐释社会学与批判社会学的一种有机结合,其理论宗旨是通过建构社会生活而改善人类的生存状态。正是鲍曼在对人类生存状态关注中表现出来的对社会自治与团结的向往,以及对现实进行永恒的批判与质疑的能力,使他成为研究并使用"后现代性"的现代的社会学家。

---

① Zygmunt Bauman, *Intimation of Postmodernity*, London: Routledge, 1992, p. 59.
② Zygmunt Bauman, *Intimation of Postmodernity*, London: Routledge, 1992, p. 93.
③ Zygmunt Bauman and Keith Tester, *Conversations with Zygmunt Bauman*, Cambridge: Polity Press, 2001, p. 20.

鲍曼列举了后现代性社会理论的主要信条：（1）后现代的栖息地是一个复杂的、不可预知的系统。复杂系统不同于机械系统主要表现在两个方面：第一，它们是不可预测的；第二，它们不为具有统计学意义的因素所控制。与普遍接受的社会学常识相比，复杂系统的这两个独特特征具有真正的革命性。（2）后现代的栖息地是一个复杂（非机械的）系统的原因有二：第一，不存在一个拥有全部管理和协调能力的"确定目标的"行动主体；第二，这个栖息地是由数量众多的行动主体占据，大多数人目标单一。尽管其目标有大有小，但没有任何一个行动主体能包容和控制其他的行动主体，且每个行动主体都拒绝集中化的控制。虽然他们部分地相互依赖，但依赖的方式是不固定的，因此，他们的行动（和结果）依然是充分未决定的，这就是自治。（3）自治意味着行动者在追求某种制度化的目标时只是受到部分的制约。在很大程度上，他们自由地追求如下的目标，即最大限度地掌握资源和管理才能。（4）对每一个行动主体来说，行动被嵌入的栖息地截然不同于自主的有限空间。它呈现为一个充满了混沌和剧烈的不确定性的空间，一片隶属于各种相互竞争和相互矛盾之意义的地域——储藏各种主张并因此永远充满矛盾。这一区域所可能呈现的所有状态都显得具有同等的偶然性（也就是说，它们都没有绝对充分的理由成为它们所是的那种状态，如果每一个参与其中的行动主体都以不同的方式行动，它们也就呈现为不同的状态）。（5）行动者的存在方式是一种不能充分决定的、无确定结果的、能动的、无根的方式。行动主体的认同既非给定的，亦非由权威确定的。它是需要不断自我建构的，这种自我建构的过程在很大程度上建立在试验和错误的基础上。由于缺少对它进行衡量的标尺，它不可能被描述为"进步"，不像生活计划，自我建构没有目的地，没有可见的终点，甚至没有一个稳定的方向，因此，它不可能被评估和控制。由于行动主体的自我组装不是一个累加的过程，自我建构需要在拆解现存元素的同时，装配一些新的元素。

（6）身体提供了自我建构连续性和累积性效应唯一可见的一面。身体是变化无常的认同中唯一恒常的因素：具象、有形的本体、容器、载体，以及所有过去、现在和未来的认同的实行者。即使在这方面，行动者也不断地将注意力投放到对身体的培育和养护上，从事一系列自我控制和自我提高的活动（慢跑、节食）。因此，这些摄生法未被感觉为外部强加的、麻烦的和被抱怨的命运，而被感觉为行动者自由的表现。在更一般的意义上，我们说行动者不再是被强制的，相反，他们是被诱惑的。（7）由于自我构造的过程不是由事先设计的、至高无上的人生计划引导和调控的，行动者迫切需要一系列方向性的指示塔来引导他们不断地移动。那些指示塔是由其他（真实的或想象的）行动主体提供的。行动者可以自由地接近或抛弃其他行动主体。对某一特殊行动主体的忠诚是通过"象征性标志"的选择来完成的，这些"象征性标志"表明他属于或认同那个行动主体。只要这些象征性标志是有效的和可接近的，行动者就可以自由地选择（或不选择）他们。（8）潜在的自我组装表征的可得性，取决于它们的可见性和它们物质性的存在形式。反过来，又取决于自我建构的满意后果的符号表征所感知到的效用。换句话说，取决于它们是否保证自我组装的现行结果是令人满意的。这种保证成为确定性缺失的替代物。各种象征性标志被积极地寻求和采纳，取决于它们是否被专家担保和被大量的行动者共同使用。与此同时，这两个权威变量也在自我建构的个体对确定性的不稳定的渴求中得到满足。因此，选择的自由和对外部行动者的依赖相互促进，并且作为自我组装的同一过程和对可靠的方向塔之持续需求的产物而一同出现并增长。（9）能否取得自我组装的标志是因人而异的，在很大程度上取决于具体行动者所掌握的资源。资源中最具全局意义的是知识，个体知识的增长拓展了组装模式的选择范围。由现实的选择范围作为衡量个体自由的标尺在后现代状态下，成为不平等的主要维度和对资源进行重新分配的类型冲突中的主要风险。对知识的强调趋向于进一步强调专家的地位。信息成了一种主要的资源，专家则成为所有自我组装的主要经纪人。① 从这九个信条中，我们明显感觉到鲍曼社会理论与"现代性"社会理论的区别，同时也能体察鲍曼建立一种新的社会理论模式的渴望。

鲍曼提出的后现代性社会学的理论构想受到了理论界的批判和质疑。批判的核心是认为他的后现代性社会学在现代和后现代之间表现出含混与暧昧的关系。一方面，在对当代西方社会情景的指涉上，鲍曼毫不含糊地将之称为后现代性；另一方面，在对后现代情境的认知和回应中，鲍曼又使其后现代性社会学保持了强烈的现代关怀。这两方面在鲍曼的理论表述中紧密地结合在一起，从而使他的后现代性社会学呈现出一种独特的理论范式。

二、实践的认识论与总体性的方法

马克思认为"全部社会生活在本质上是实践的"②，那么，"人的思维是否具有客观的真理性，这不是一个理论的问题，而是一个实践的问题"③。实践的观点成为马克思认识世界、理解世界和改造世界的基本观点。此种实践的观点显示了与鲍曼的"解释"观点的不同，而马克思现代性批判的总体性方法更是为其现代性理论提供了体系保证，使其与鲍曼的"后现代性"的随机批判区别开来。

1. 实践的认识论

人类生活在世界上，一方面需要认识自然、改造自然，以获取自己生存和发展的生活资料；另一方面需要认识社会，处理好人与人之

---

① Zygmunt Bauman, *Intimation of Postmodernity*, London: Routledge, 1992, pp. 191-196.
② 《马克思恩格斯选集》第 1 卷，人民出版社 1995 年版，第 56 页。
③ 《马克思恩格斯选集》第 1 卷，人民出版社 1995 年版，第 55 页。

间的关系。可以说，自从有人类以来，一天也没有离开认识。但是，怎样才能正确地认识自然和社会呢？这个问题一直伴随着人类社会的发展。从古希腊的柏拉图、亚里士多德到近代英国的经验论者和法国的唯理论者，对认识的发生、起源和范围都有自己的见解。康德为了调和经验论和唯理论的矛盾，解决我们如何能够先天地经验对象的问题，提出了让对象符合知识即主体固有的认识形式的独特的"哥白尼式的革命"。但是，康德的"哥白尼式的革命"毕竟是一种假说，它只有建立在人类理性具有一些先天的认识形式，而这些认识形式在认识中具有法则的作用时，才是正确的。这样，康德的认识论不可避免地陷入唯心主义认识论的泥潭。马克思汲取了前人的经验和教训，把科学的实践观引入了认识论，实现了对康德的"哥白尼式的革命"的超越。考察马克思对康德的"哥白尼式的革命"的超越，对深入认识马克思主义认识论，对人们正确地认识世界和改造世界具有重要的理论意义和实践意义。

早在古希腊时期，人类就开始了对世界的认识历程。如古希腊米利都学派的阿那克西曼德用"无限者"（不定性的物质）的变化来描述宇宙的生成。他认为宇宙万物都出于一种简单的元质，它是无限的、永恒的而且无尽的。这种元质不是水，也不是任何别的已知元素，它可以转化为我们所熟悉的水、气、火等各式各样的实质。同样，古希腊的哲学家们从一开始就涉及人的认识问题。赫拉克利特充分肯定了通过感官得到认识的必要性，但是他又认为自然惯于掩盖自己，本性隐于深处。所以他主张要把握自然的本性，即他所说的"逻各斯"。柏拉图认为，"所有的研究，所有的学习不过是回忆而已"[①]。当然，回忆不是凭空产生的，感觉在对理念的回忆中具有某种诱导作用。亚里士多德认为人的认识起源于感觉，他把人的灵魂比作蜡块，感觉就是外

---

① 苗力田主编：《古希腊哲学》，中国人民大学出版社1995年版，第284页。

在事物在蜡块上的痕迹。恩培多克勒认为，人的感官与外物一样有水、气、火、土四种元素，他们能够接受外界同类物质的刺激。阿那克萨哥拉认为，认识是以冷而知热，从苦而知甜，从暗而知明等等。德谟克利特认为，感觉和思想是由钻进我们身体中的"影像"产生的。看来，古希腊的哲学家要么从唯心主义的立场出发去阐述人的认识问题，如柏拉图的"认识即回忆"的著名论点，类似于近代唯理论的"天赋观念论"。而恩培多克勒、阿那克萨哥拉、德谟克利特等思想家则试图从唯物主义的立场出发去探索人的认识是怎样发生的。古希腊哲学关于人的认识的思想以朴素直观为其基本特征，缺少对认识论的深入研究。这一任务在经过漫漫中世纪之后，就落到了近代哲学家的肩上。

在近代的欧洲，有一大批哲学家围绕着人的认识问题展开了系统的研究，并就人类认识的起源、研究的对象和主要问题展开了长时间的争论，形成了两大对立的派别，即经验论和唯理论。经验论者认为，感觉经验是人类认识的来源，人类只有通过感觉才能认识世界、获得知识，只有经验才是可靠的。而唯理论认为，存在着许多"天赋"的观念，它们并不来源于经验；只有理性知识才是可靠的，只有理性才能获得真理。

近代英国经验论的开创者弗朗西斯·培根认为，在人的头脑中存在着一些错误的观念，它们形成了有害的成见，使人们不能正确地认识真理。具体来说有四种假象，即"种族的假象""洞穴的假象""市场的假象"和"剧场的假象"。培根通过"四假象说"深刻揭示了导致人们认识的主观性和片面性的种种认识论根源，对清算中世纪经院哲学的种种迷信、偏见具有重要的意义。培根认为，只要找到正确的方法，就可以避免这些错误，获得可靠的知识。他认为，一切认识都起源于经验，感觉表象是认识的起点。同时，他也认识到了感觉的局限性，主张将经验和理性结合起来。他指出："我以为我已经在经验能力和理想能力之间建立了一个真正合法的婚姻，二者的不睦与不幸的离异,曾使人类家庭的一切事务陷于混乱。"①但是,培根只是提出了经验和理性结合的原则,并没有在实践中真正予以贯彻。在培根之后,霍布斯、洛克等人,进一步立足于经验展开了对认识的批判性考察。霍布斯认为,一切知识都来源于感觉,感觉就是"一种影像,由感觉器官向外的反应及努力所造成,为继续存在或多或少一段时间的对象的一种向内的努力所引起"②。洛克认为,一切观念都来自于对外部事物的感觉和对内部心理活动的反省,复杂的观念是由几个简单观念所组成的。他认为,人的心灵就是"一张白纸",或者是一块"白板",上面没有任何标记,后来通过经验便在上面印上了印痕,形成了观念和知识。一般说来,英国的经验论者都主张人类的认识来源于感觉经验,知识必须建立在经验的基础上。

唯理论的创始人笛卡尔认为,感觉经验是不可靠的,不足以充当科学知识的基础,只有理智才能把握真理。他根据观念的来源不同,认为人们的意识中的观念有三类:"在这些观念中间,我觉得有一些是我天赋的,有一些是从外面来的,有一些是由我自己制造出来的。"③其中,从外面来的观念依赖于感觉,自己制造出来的观念借助想象,而天赋的观念则出于纯粹的理智。只有天赋的观念才是理性认识所赖以建立的基础。莱布尼茨进一步发挥了笛卡尔所确立的唯理论。他认为,不可能存在绝对平整一色的白板,人的心灵也不是空无所有的,人的心灵就好像"本来有些纹路"的大理石,天赋的观念就如同大理石的纹路一样是潜在的,只是需要感觉来唤醒我们天赋的、潜在的观念。可以看出,近代的唯理论者都主张认识来源于天赋观念,知识必须建

---

① 弗朗西斯·培根:《新工具》,许宝骙译,商务印书馆1984年版,第8页。
② 北京大学哲学系外国哲学史教研室编译:《西方哲学原著选读》(上卷),商务印书馆1981年版,第396页。
③ 北京大学哲学系外国哲学史教研室编译:《西方哲学原著选读》(上卷),商务印书馆1981年版,第374页。

立在理性的基础上。

在 18 世纪，西方发生了第一次科学革命，在自然科学领域里取得了重大的成就，这给人们带来了极大的信心，崇尚理性、提倡科学和推进知识为己任的启蒙运动登上了历史的舞台。但是，早期近代哲学家为了解释科学知识的来源、确定性和范围等问题而分成了两大派别——英国的经验论和大陆的唯理论，而经验论和唯理论之间的争论使启蒙主义的理想有落空的危险。它意味着理性不能证明科学知识的普遍必然性。这样，人类理性就"跌入了黑暗和矛盾，它虽然从这黑暗和矛盾得知，必定在某个地方有某些隐秘的错误作为基础，但它却不能揭示这些错误，因为它所使用的原理既然超越了一切经验的界限，就不再承认经验的试金石。这些无休无止的争吵的战场，就叫做形而上学"[1]。康德对这个"无休止的争吵的战场"在近代的演化过程进行了粗略的描述，他认为近代以来的经验主义通过批判使独断论的形而上学摆脱了脱离经验的噩梦，令人遗憾的是这种努力却因经验主义坚持"通过人类的知性的某种生理学"的解决方式对待形而上学，最终违背了人类理性的内在诉求，其结果只能使形而上学"重新堕入那种陈旧的、千疮百孔的独断论中去了"[2]。形而上学领域没有取得像科学那样的建树，而是至今仍然处在盲目摸索的阶段，并且只是在概念中摸索，这是非常令人沮丧的。不过尽管如此，康德还是看到，人们并未放弃形而上学的努力，仍然在思考、反省和争论。既然如此，康德认为非常有必要对"形而上学的混乱进行清理"。应当说康德的思想也经历过反复。由于对科学和理性的极度信任，早期的他和之前的唯理论者一样，沉迷于独断论中。但是康德意识到，从前的唯理论的确具有不可克服的弊病，必须从古典唯理论的框架中跳出来，同时吸收经验论的

---

[1] 伊曼努尔·康德：《纯粹理性批判》，李秋零译，中国人民大学出版社 2004 年版，第 3 页。
[2] 杨祖陶、邓晓芒编译：《康德三大批判精粹》，人民出版社 2001 年版，第 39 页。

养料，这样才有可能为理性找到出路。

康德认为，形而上学是人类理性的产物，它"是一种完全孤立的、思辨的理性知识"①。在形而上学中，理性知识不断地陷入困境，因而理性知识在形而上学的战场上不断地抗争。但是，在这个战场上"还从来没有一个武士能够夺得哪怕一寸土地，基于自己的胜利而建立起一种稳定的占领"②。也就是说，理性既要求达到绝对无条件的认识，使认识具有普遍必然性，但又永远不能提供这方面的认识。形而上学自身也因此陷入了困境。形而上学所面临的困难，归结起来就是认识主体与认识对象之间的关系问题。康德意识到，这就是解决形而上学问题的突破口。而在这个问题上，从前人们是怎样做的呢？康德注意到，在他以前，"人们假定，我们的一切知识都必须遵照对象"③，也就是说，在康德之前，哲人们已形成一个固定的思维模式，即总是认定认识必须依赖于对象，认识必须符合对象本身。但是，这样一种思维模式不能解决理性所陷入的困境，"关于对象先天地通过概念来澄清某种东西以扩展我们的知识的一切尝试，在这一预设下都归于失败了"④。那么，我们如何能够先天地经验对象？如果按照认识必须依赖于对象，认识必须符合对象本身的传统观念，我们永远不能证明科学知识的普遍必然性。在康德看来，之所以如此，其原因就在于它们拥有一个共同的思维模式，即总是认定认识必须依赖于对象，认识必须符合对象本身。因此，变革的突破口就在于转变这种思维模式。康德认为，"人们可以尝试一下，如果我们假定对象必须遵照我们的认识，我们在形而上学的任务中是否会有更好的进展。这种假定已经与对象的一种与对象被

---

① 伊曼努尔·康德：《纯粹理性批判》，李秋零译，中国人民大学出版社2004年版，第14页。
② 伊曼努尔·康德：《纯粹理性批判》，李秋零译，中国人民大学出版社2004年版，第15页。
③ 伊曼努尔·康德：《纯粹理性批判》，李秋零译，中国人民大学出版社2004年版，第15页。
④ 伊曼努尔·康德：《纯粹理性批判》，李秋零译，中国人民大学出版社2004年版，第15—16页。

给予我们之前就应当有所断定的先天知识所要求的可能性有更大的一致性"①。这样，按照康德的假定，就在哲学史上发生了"哥白尼式的革命"。康德的让"对象必须遵照我们的认识"的假定改变了人们惯常的传统思维，这与哥白尼用"日心说"代替"地心说"时改变了人们的传统思维一样，所以，康德就将自己的这种假定称为"哥白尼式的革命"。康德进一步指出，"如今在形而上学中，就对象的直观而言，人们也可以用类似的方法作出尝试。如果直观必须遵照对象的性状，那么，我就看不出人们怎样才能先天地对对象有所知晓；但如果对象（作为感官的客体）必须遵照我们的直观能力的性状，那么，我就可以清楚地想象这种可能性"②。康德把人们认识的思维方式进行这样一种颠倒性的转换，就把人们在认识过程中必须让知识符合对象改变为让对象符合知识。经过这样一种思维方式的转换，康德认为从前唯理论和经验论之间的矛盾得到了解决，形而上学的困境也就得到了化解。一方面，知识必须在经验的基础之上；另一方面，进行认识活动的主体本身亦具有一整套认识形式，这些认识形式在经验之先并且作为经验的条件而存在于我们的头脑之中，因而使知识具有了普遍必然性。如果我们还是按照认识符合对象的惯常思维方式，就不能达到具有普遍必然性并具有实在内容的认识。因此，在康德看来，知识所需要的材料由经验提供，而主体则为知识提供一整套认识形式对这些材料进行加工整理。这样，就知识的形式而言是先天的，就其内容而言是经验的，于是知识的普遍必然性就被证明了。这就是康德的"哥白尼式的革命"的基本内容。

康德超越了唯理论和经验论的争论，认为先天认识形式是认识活动的先决条件，"物自体"刺激人的感官获得感性材料，这些感性材料

---

① 伊曼努尔·康德：《纯粹理性批判》，李秋零译，中国人民大学出版社2004年版，第16页。
② 伊曼努尔·康德：《纯粹理性批判》，李秋零译，中国人民大学出版社2004年版，第16页。

通过先天认识形式加以综合整理就成为现象，构成了认识的客体或对象。但是，康德认为，人们只能认识由"物自体"的刺激所引起的现象，究竟"物自体"是什么？人们是不能认识的。为了化解康德的不可知的"物自体"，黑格尔提出了思维和存在同一的思想。他认为，实体就是主体，而主体就是绝对精神或理念。绝对精神又外化为世界上的万事万物，并以它们为对象进行自我认识。因此，在黑格尔那里，"对象仅仅表现为抽象的意识，而人仅仅表现为自我意识"[1]。也就是说，认识的主体和客体不是人与自然的关系，而是自我意识和意识的关系，人的认识活动是在思想的范围内展开的。正如马克思指出的那样，"因此，结果竟是这样，和唯物主义相反，唯心主义却发展了能动的方面，但只是抽象地发展了，因为唯心主义当然是不知道现实的、感性的活动的本身的"[2]。看来，由于黑格尔不知道"现实的、感性的活动本身"，他也不可能真正解决康德的"物自体"不可知的问题。

马克思和恩格斯批判地继承了唯物主义的优良传统，克服了它的直观性、机械性和形而上学性，汲取了西方传统主体性学说的合理内容，在科学实践观的基础上，实现了对康德"哥白尼式的革命"的超越。马克思在《关于费尔巴哈的提纲》中指出，"从前的一切唯物主义——包括费尔巴哈的唯物主义——的主要缺点是：对对象、现实、感性，只是从客体的或者直观的形式去理解，而不是把它们当作人的感性活动，当作实践去理解，不是从主体方面去理解"[3]。在这里，马克思批判旧唯物主义者将人类的认识对象只是当作直观的客体去理解，将对象看作完全与主体的活动无关的自在之物。而马克思认为，对象是在人的实践活动中形成的，应该从主体方面去理解。在这里，马克思和康德在认识的对象上有一致的一面。康德认为，"如果直观必须遵

---

[1] 《马克思恩格斯全集》第3卷，人民出版社2002年版，第319页。
[2] 《马克思恩格斯选集》第1卷，人民出版社1995年版，第58页。
[3] 《马克思恩格斯选集》第1卷，人民出版社1995年版，第58页。

照对象的性状,那么,就看不出人们怎样才能先天地对对象有所知晓;但如果对象(作为感官的客体)必须遵照我们的直观能力的性状,那么,我就可以清楚地想象这种可能性"①。康德在这里对以前的认识来源即认识必须符合对象进行了"哥白尼式的革命",提出了对象符合知识的假设。从而,康德就强调了认识的主体性和能动性,克服了旧唯物主义者的缺陷。但是,康德却夸大了人的主体性,强调了主体的先天认识能力对于对象的重构作用,从而陷入了唯心主义认识论的泥潭。因为康德只是抽象地发展了能动的方面,而不知道现实的、感性的活动本身。只有马克思将科学的实践观引入认识论,才真正克服旧唯物主义者和唯心主义者在认识论上的缺陷。马克思认为,"人的思维是否具有客观的真理性,这不是一个理论的问题,而是一个实践的问题"②。在这里,马克思认为,思维是否具有真理性的问题,实质上是思维和客观存在是否相符合的问题。康德解决知识的真理性的问题,是以对象去符合知识即人的先天认识形式,这还是在思维的范围内考虑问题。而马克思则认为,不应该到理论认识中去寻找真理的标准,而应该把实践作为检验真理的标准。因为客观事物本身不能证明人的认识是否正确反映了它,在思维的范围内也不能证明思维和客观存在是否相符合的问题。要检验思维的真理性,只能把主客观联系起来加以对照。而实践则是联系主观和客观、思维和存在的唯一桥梁。认识是主体对客体在实践基础上的能动的反映。这样,康德的"哥白尼式革命",就被马克思在科学实践观的基础上超越了。马克思更进一步指出,"社会生活在本质上是实践的。凡是把理论导致神秘主义的神秘东西,都能在人的实践中以及对这个实践的理解中得到合理的解决"③。在这里,马克思认为实践是社会生活的基础,也是社会意识产生的根源,即使是

---

① 伊曼努尔·康德:《纯粹理性批判》,李秋零译,中国人民大学出版社2004年版,第16页。
② 《马克思恩格斯选集》第1卷,人民出版社1995年版,第58页。
③ 《马克思恩格斯选集》第1卷,人民出版社1995年版,第60页。

错误的神秘主义的神秘东西也都能在实践中找到它的根源。这样，康德所认为不可认识的"自在之物"也就不存在了。正如恩格斯指出的那样，"对这些以及其他一切哲学上的怪论的最令人信服的驳斥是实践，即实验和工业。既然我们自己能够制造出某一自然过程，按照它的条件把它生产出来，并使它为我们的目的服务，从而证明我们对这一过程的理解是正确的，那么康德的不可捉摸的'自在之物'就完结了"①。当有机化学用既简单又便宜的方法从煤焦油里提炼出"茜素"，而不再从茜草根中取得后，康德的"自在之物"就在实践的面前完全被驳倒了。可以说，通过实践，人们就有可能将"自在之物"转化为为我之物。这充分说明人们不仅能够认识世界，而且能够在正确认识世界的基础上能动地改造世界。

康德超越了近代哲学的唯理论和经验论的争论，提出了让对象符合知识的假设，实现了认识论上的一次革命。但是，由于康德过分强调先天认识形式在对象的重构中的作用，必然陷入唯心主义的泥潭。同时，康德认为，人们只能认识由"物自体"的刺激所引起的现象，而"物自体"本身是什么，是完全不可知的。马克思克服了康德在认识论上的缺陷，认为要把对象、现实、感性当作实践去理解，当作主体去理解，是主体在实践的基础上对客体的能动的反映。同时，马克思认为社会生活在本质上是实践的，解决知识的普遍有效性问题是一个实践问题，康德的"物自体"并不是不可知的。这样，马克思就在认识论上实现了对康德的"哥白尼式的革命"的超越，此时，马克思的实践的认识论得到了确立。马克思实践的认识论在《关于费尔巴哈的提纲》中得到了集中阐发：

（1）对对象、现实、感性当作实践去理解，从主体去理解。也就是说，实践是认识的基础，离开实践的认识是不可能的。

---

① 《马克思恩格斯选集》第4卷，人民出版社1995年版，第225—226页。

（2）人的思维是否具有客观真理性是一个实践问题，而不是一个理论问题。对此，我们通俗的理解就是实践是检验真理的唯一标准。

（3）全部社会生活在本质上是实践的。社会生活是实践性的，实践产生社会生活的认识范畴。

（4）哲学家只是用不同的方式解释世界，问题在于改变世界。认识的目的是实践，认识要回到实践中去。

马克思在《莱茵报》时期，对问题的认识和理解还更多的来源于黑格尔的理性认识，但是当这种理性认识在现实面前不断溃败后，特别是在关于市民社会与国家的关系、犹太人问题等的分析批判后，马克思逐渐抛弃了此种由康德确立的理性认识观，费尔巴哈的历史唯心主义最终促使了马克思实践认识论的确立。实践认识论是体现在马克思的现代性批判中的基础方法论。

2. 总体性方法

"总体"的概念最初由卢森堡提出来用以阐发马克思的理论，后得到卢卡奇的发挥，成为马克思理论的一个重要特征。在 20 世纪初期，西方马克思主义的创始人卢卡奇在《历史与阶级意识》中，明确提出了总体性概念。卢卡奇针对第二国际流行的经济决定论的观点，他在《历史与阶级意识》中指出，"不是经济动机在历史解释中的首要地位，而是总体的观点，使马克思主义同资产阶级科学有决定性的区别"[①]。在卢卡奇的思想体系中，总体性占有至高无上的地位，是其哲学中的核心概念。卢卡奇指出，"总体范畴，整体对各个部分的全面的、决定性的统治地位，是马克思取自黑格尔并独创性地改造成为一门全新科学的基础的方法的本质"[②]。卢卡奇对马克思总体性思想的重视和阐发，旨在用马

[①] 卢卡奇：《历史和阶级意识》，杜章智等译，商务印书馆 1999 年版，第 79 页。
[②] 卢卡奇：《历史和阶级意识》，杜章智等译，商务印书馆 1999 年版，第 79 页。

克思总体性的思想，去阐明无产阶级及其阶级意识的历史作用，复兴无产阶级的总体革命，最终实现人的解放。那么卢卡奇到底怎样定义"总体"呢？他在书中用括号把总体解释为"即被视为过程的社会整体"①，卢卡奇还特意列举了《共产党宣言》中的一段话来说明"总体"：

> 共产党人同其他无产阶级政党不同的地方只是：一方面，在无产者不同的民族的斗争中，共产党人强调和坚持**整个**无产阶级共同的不分民族的利益；另一方面，在无产阶级和资产阶级的斗争所经历的各个发展阶段上，共产党人始终代表**整个运动**的利益。②

卢卡奇强调了这段话中的"整个"和"整个运动"，在卢卡奇看来只有同时具备了这两个要素，才能称之为总体，后来的西方马克思主义者也是在这两个意义上使用"总体"或"总体性"的。总体性是马克思历史唯物主义的基本特征，在历史唯物主义中，人类历史以形态学的形式显现，每一个社会形态，不管是资本主义还是封建主义，它都是一个整体，应当包括经济形态、政治形态和意识形态；同时，历史唯物主义认为人类社会是不断向前发展的，人类社会的历史是一个运动的过程，整个运动的过程都是历史唯物主义的对象。那么，当马克思把现代性当作资本主义来批判时，就具有一种总体性批判的特征：首先，马克思全面批判了资本主义，批判了其经济、政治和意识形态；其次，马克思对资本主义的批判揭示资本主义是必然要灭亡的，其对资本主义的批判正是基于资本主义这种运动的批判，对资本积累、资本集中的批判，以及资产阶级意识形态、资产阶级和无产阶级关系的批判分析，都不是一种静态的分析，而是一种动态剖析。而且马克思

---

① 卢卡奇：《历史和阶级意识》，杜章智等译，商务印书馆 1999 年版，第 76 页。
② 《马克思恩格斯选集》第 1 卷，人民出版社 1995 年版，第 285 页。

的著作也是一种总体性的著作，他的很多作品我们没法把他划分到某个确定的学科，典型如《1844年经济学哲学手稿》，就是把经济学和哲学放一起了。越来越多的人反对恩格斯对马克思主义做的三个部分的划分，也是基于马克思理论的总体性特征，整体如果被不适当的割裂，可能就会带来歪曲乃至谬误。马克思理论中既有社会的总体性，又有人的总体性，将在下节论述。

相对马克思的总体性批判而言，鲍曼的现代性批判就是零散的，只是对特定的社会现象的批判。当然，批判不应当就一定是总体性的，特定现象的批判肯定有其存在的价值，并且，总体性批判和特定的批判可能会相得益彰。但这确实是我们这里对比的两种现代性批判的区别。

第三节 立场比较

方法的不同既有理论的因素，还有立场的原因，马克思和鲍曼两种现代性批判在立场上的主要差异如下：

（1）马克思的无产阶级立场和鲍曼不明显的立场。马克思毕生的事业坚守他在《青年在选择职业时的考虑》的信念——选择最能为人类幸福而劳动的职业，无产阶级的利益是马克思理论的立场，正是无产阶级与资产阶级的利益对立，使资本主义在马克思那里成为现代社会的代名词，对现代性的批判也就成为对资本主义的批判。正是马克思现代性批判的无产阶级立场，决定了马克思现代性批判的价值取向，无产阶级推翻资产阶级，人类走向共产主义就成为马克思现代性批判的出路，是对资本主义现代性的超越。

在《被围困的社会》《工作、消费、新穷人》和《全球化——人类的后果》等著作中，社会底层的生存境况都受到鲍曼的重点关注，郭台辉认为社会底层普通大众的生存境况"甚至是构成其全部学术生涯的现实素材"①，但即使如此，仍然只是一种现实素材。鲍曼表现出了对社会底层的担忧，但他的出发点不是为了改善这些人的生存状况，而仅是分析这些社会现象。总体而言，鲍曼的现代性批判没有明显的、固定的立场。

（2）实践的立场和解释的立场。马克思在《关于费尔巴哈的提纲》中指出，"哲学家们只是用不同的方式解释世界，问题在于改变世界"，马克思理论的目的就在于改变资本主义社会，在于为无产阶级革命提供理论指导，在于为共产主义的实现，为人类的解放和自由提供指南，马克思的现代性批判也是服务于此种实践立场的。但是鲍曼的现代性批判，不论早期对现代性精神及其在资本主义实践的批判，还是后期对现代性社会现象的分析，更多的是一种对社会的解释，充其量是一种批判性解释，未能提出任何实践主张；特别是鲍曼最后提出的"流动的现代性"理论，可以看作是鲍曼所找到的一个新的解释世界的视角，在更深一层的意义上，可以认定这是鲍曼对现状的无奈的妥协，批判性在逐渐流失。

我们认为基于立场的比较，突出马克思的无产阶级立场是顺理成章的。

马克思的无产阶级立场并不是一种道德立场，不是因为无产阶级是受剥削者、是弱者，所以马克思站在无产阶级的立场，并为其呐喊，不是这样的。无产阶级代表的是社会的未来，代表的是人类的解放，马克思在讨论对异化劳动的扬弃时指出，只有无产阶级占有了生产资料，劳动才能不被异化，这样的结论来源于历史唯物主义，不是道德或政治原因，也不是费尔巴哈的人本主义的结论。无产阶级作为资产阶级的掘墓人，必然推翻资产阶级统治，摧毁资本主义生产方式，把

---

① 郭台辉：《齐格蒙特·鲍曼思想中的个体与政治》，上海人民出版社2007年版，第199页。

人类带进共产主义社会，在解放了其他阶级后最终解放自己，完成人类解放的历史使命，这一无产阶级革命理论是马克思无产阶级立场的核心观点，但我们认为这还不是最重要的，最重要的应当是马克思人的发展理论，因为马克思所追求的并不是共产主义社会本身，而是人自由而全面的发展。马克思现代性批判的无产阶级立场是与其人的总体性思想密切相关的。

人的问题，历来是古今中外的思想家所关注的重要问题。从古希腊神话中人与神的斗争，普罗泰戈拉的名言"人是万物的尺度"，到近代西方思想家的人文主义关怀；从孔子提出的"爱人"的主张，孟子的人性本善论，到康有为依据"以元为本"的本体论，在人学方面得出的"以仁为本"的结论，无不体现了思想家对人的问题的极大关注。20世纪40年代，存在主义的马克思主义的集大成者萨特认为，马克思主义存在着一个"人学的空场"，并用存在主义来改造和补充马克思主义。这种思想的出现是对马克思主义的一种误读。马克思关注人的贫困化问题，非常重视对人的研究，其思想体系中包含着丰富的人学思想。挖掘、梳理马克思的人学思想，成为当代国内外马克思主义学者关注的重要课题。当代中国，改革开放以来所取得的成就举世瞩目，但也存在着一些需要改进的问题，如在市场经济条件下一部分人的道德素质滑坡、幸福感缺失、心灵空虚等等，这些都与"以人为本"的要求相背离。从哲学的层面厘清马克思关于人的发展的思想就显得尤为必要。

古希腊的思想家在认识世界的进程中，始终在寻找世界的本原，目的是为世界的万事万物找到一种永恒不变的始基，让多样的世界统一起来。米利都学派的泰勒斯认为，水是原质，其他一切都是由水造成的，世界万物都是由水构成的；阿那克西美尼则认为世界的基质是气，气也包围着万物。赫拉克利特认为，火是原质，其他万物都是由火而生成的。可以说，在人类思想史上，总体性的思想就存在于古希腊的思想家对世界认识的进程中。但是，这些总体性思想仅仅是关于客观世界的本原的追寻，而作为历史主体的人却是作为一个消极的部分存在的。到了中世纪，基督教神学认为，世界万物是由上帝创造的，把世界的起源归结于上帝，以一个无所不能的上帝主宰全部世界，这个上帝也是人的本质的外化。这可以说是总体性思想在中世纪的新发展。

德国古典哲学家黑格尔为了克服康德的现象和本质的分离，提出了包容一切、自满自足的总体性概念——绝对观念，这个绝对观念从纯概念的辩证发展，外化为自然界的万事万物，再上升到个人意识和社会意识阶段，实现向总体性的绝对观念的复归。在这个过程中，绝对观念既是认识的主体，又是认识的客体；既是创造者，又是被创造者，是一个融主体和客体于一体的总体性的概念。在黑格尔那里，世界统一于绝对观念，绝对观念是一个统一的、完整的总体，是世界万事万物的本质。但是，黑格尔的绝对观念是一个精神实体，绝对观念的运动也是一种思辨的精神运动。黑格尔的总体性思想的缺陷，就在于他给自己的理论预设了一个绝对观念自我实现的唯心主义前提。

马克思克服了黑格尔总体性思想的缺陷，第一次把现实的人与社会发展统一起来，形成了人类社会历史的总体性思想，在科学实践观的基础上实现了主体和客体的有机统一。首先，马克思认为，人与自然有着密切的关系，他指出，"自然界，就它自身不是人的身体而言，是人的无机的身体"[1]。接着，马克思指出，"人不仅仅是自然存在物，而且是人的自然存在物，就是说，是自为地存在着的存在物，因而是类存在物"[2]。在这里，马克思把人的自然性看作人存在的前提和基础。在此基础上，马克思进一步论述了人与社会的关系。在人类社会历史

---

[1] 《马克思恩格斯文集》第1卷，人民出版社2009年版，第161页。
[2] 《马克思恩格斯文集》第1卷，人民出版社2009年版，第211页。

的发展进程中，马克思将人类社会历史发展的起点从黑格尔的"理性"转到"现实中的人"。马克思认为，人类社会历史发展的前提"是一些现实的个人，是他们的活动和他们的物质生活条件，包括他们已有的和由他们自己的活动创造出来的物质生活条件。因此，这些前提可以用纯粹经验的方法来确认"①，并进一步指出："社会不是由个人构成，而是表示这些个人彼此发生的那些联系和关系的总和。"②在马克思那里，人与社会就在实践的基础上统一起来了。这样，人与自然、人与社会的对立就在人类社会历史的发展进程中得到了克服，人类社会历史就是现实的人的现实的活动融于其中的客观运动的总体过程。正如马克思指出的那样，"正像社会本身生产作为人的人一样，社会也是由人生产的"③，"社会是人同自然界的完成了的本质的统一，是自然界的真正复活，是人的实现了的自然主义和自然界的实现了的人道主义。"④可以说，马克思的总体性既突出了人的能动精神，又强调了自然的客观性，在现实的基础上完成了主体和客体的统一。马克思在人类思想史上，第一次确立了科学的总体性观念。在马克思看来，总体性是指事物之间相互联系、相互依存的不可分割性，是主体与客体、人与自然、人与社会、人与自身在实践基础上的统一。

从古希腊思想家追寻世界的本原开始，到黑格尔用绝对观念解释世界，无不体现着思想家们对世界万事万物的总体性的追求。但是，由于他们不懂得实践的真正意蕴，这些思想家要么把世界统一于某种具体的物质，要么把世界归结于理性或理念，客观上就使这些思想家的总体性思想具有一定的局限性。马克思在科学实践观的基础上，使人与自然、人与社会、人与自身、主体和客体统一起来了，这种统一

---

① 《马克思恩格斯文集》第1卷，人民出版社2009年版，第519页。
② 《马克思恩格斯全集》第30卷，人民出版社1995年版，第221页。
③ 《马克思恩格斯文集》第1卷，人民出版社2009年版，第187页。
④ 《马克思恩格斯文集》第1卷，人民出版社2009年版，第187页。

是在现实的人的现实的实践活动基础上形成的,从而使总体性的思想成为人类认识世界和改造世界的一个重要的方法。离开了现实的人的活动,总体就不能最终形成。在追求人类社会历史的总体性的实现过程中,最终目的是要实现人的自由而全面的发展,也就是要使人的总体性得到实现。总体性的人就是包含并超越了一切的对立,是人与自然、人与社会、人与自身、主体和客体的完美统一。在马克思那里,蕴含着丰富的人的总体性思想。

(1)关于人的本质的总体性思想。在马克思之前的思想家看来,人是有理性、有意识和有思想的,他们把思想、理性或意识当作人的本质,但这些本质并不能产生出人的各种属性并使之得到逐步发展,不能正确地解释人的形成和发展的原因和根据。马克思在现实生活的斗争中,把人的本质和劳动联系起来,正确地解释了人的本质,逐步形成了人的本质的总体性思想。马克思指出,"可以根据意识、宗教或随便别的什么来区别人和动物。一当人开始生产自己的生活资料,即迈出由他们的肉体组织所决定的这一步的时候,人本身就开始把自己和动物区别开来"①。也就是说,能把人与动物从本质上区别开来的是人的生产劳动。在《1844年经济学哲学手稿》中,马克思明确指出:"一个种的整体特性、种的类特性就在于生命活动的性质,而自由的有意识的活动恰恰就是人的类特性。"② 在这里,马克思对人的本质的理解还受到黑格尔关于人的本质论述的影响,还带有费尔巴哈人本学的痕迹。但是,马克思把人的本质与劳动联系起来了,把自由的自觉的活动作为人的类本质,把劳动的对象化看作人的本质的对象化,并进一步指出:"工业的历史和工业的已经生成的对象性的存在,是一本打开了的关于人的本质力量的书。"③ 这样,马克思通过物质生产劳动,就

---

① 《马克思恩格斯文集》第1卷,人民出版社2009年版,第519页。
② 《马克思恩格斯文集》第1卷,人民出版社2009年版,第162页。
③ 《马克思恩格斯文集》第1卷,人民出版社2009年版,第192页。

把人与自然、人与社会、主体和客体联系起来了。但是，现实社会中的人是有差别的，只用自由的自觉的生产劳动，还不能把不同社会群体中的人区别开来。因此，马克思在《关于费尔巴哈的提纲》中指出，"人的本质不是单个人所固有的抽象物，在其现实性上，它是一切社会关系的总和"①，也就是说，现实中的人的本质，是一切社会关系的总和。他们在不同的社会条件下从事生产劳动，从而结成不同的社会关系，才同其他社会群体区别开来，才成为现实中的个人，使个人同他人区别开来。这样，马克思就在实践的基础上，从人与自然、人与社会、人与自身、主体和客体等方面阐述了人的本质的总体性思想。

（2）关于人的存在的总体性思想。在马克思看来，人是一个总体性的存在，人的存在是复杂的、多维度的、多层面的。人的存在是与自然、社会及其自身密切联系，不可分割，表现为一种自然存在物、类存在物和社会存在物的统一。人首先是自然界的一部分，是一个自然存在物。马克思指出，"所谓人的肉体生活和精神生活同自然界相联系，不外是说自然界同自身相联系，因为人是自然界的一部分"②。人要生存，必须要与自然界发生联系，离不开自然界，人"如果在自身之外没有自己的自然界，就不是自然存在物，就不能参加自然界的生活"③。所以，人首先是一个有生命力的、有自然力的、感性的、现实的存在物，正如马克思指出的那样，"人直接地是自然存在物"④。其次，人在认识世界和改造世界的过程中，不仅与自然界有不可分割的联系，而且要与其他人发生联系。也就是说，人不仅要把自然界作为自己的对象，而且还要把人自身作为自己的对象。所以，"人不仅仅是自然存在物，而且是人的自然存在物，就是说，是自为地存在着的存在物，

---

① 《马克思恩格斯文集》第1卷，人民出版社2009年版，第505页。
② 《马克思恩格斯文集》第1卷，人民出版社2009年版，第161页。
③ 《马克思恩格斯文集》第1卷，人民出版社2009年版，第210页。
④ 《马克思恩格斯文集》第1卷，人民出版社2009年版，第209页。

因而是类存在物。他必须既在自己的存在中也在自己的知识中确证并表现自身"①。在生产实践活动中，人更是一个社会存在物。人不仅与自然发生关系，还要与他人发生关系；人不仅意识到人与人之间的共通性，还意识到人与人之间的差异性和社会制约性。因此，只要你作为一个人在活动，你就离不开别人，离不开社会。正如马克思指出的那样，"不仅我的活动所需的材料——甚至思想家用来进行活动的语言——是作为社会的产品给予我的，而且我本身的存在就是社会的活动；因此，我从自身所做出的东西，是我从自身为社会做出的，并且意识到我自己是社会存在物"②。可以说，人的自然属性、类特性和社会属性内含于人的自然存在、类存在和社会存在之中，人作为一个自然存在物、类存在物和社会存在物，是一个有机联系的总体。

（3）关于人的发展的总体性思想。人的发展问题，是马克思一生都在关注的一个重要问题。马克思在《1844年经济学哲学手稿》中，从经济学的角度入手，探讨了人的异化问题。马克思认为，在资本主义社会里，由于劳动、资本、土地的互相分离，人的生产劳动背离了自己的本质，成为一种异化劳动。对于资本主义社会里的工人来说，"占有表现为异化，自主活动表现为替他人活动和表现为他人的活动，生命的活跃表现为生命的牺牲，对象的生产表现为对象的丧失，即对象转归异己力量、异己的人所有"③。因此，马克思认为人要发展，必须要扬弃异化，而"自我异化的扬弃同自我异化走的是同一条道路"④。沿着这一条道路，人类社会必然进入共产主义社会。这种共产主义是"对私有财产即人的自我异化的积极的扬弃，因而是通过人并且为了人

---

① 《马克思恩格斯文集》第1卷，人民出版社2009年版，第211页。
② 《马克思恩格斯文集》第1卷，人民出版社2009年版，第188页。
③ 《马克思恩格斯文集》第1卷，人民出版社2009年版，第168页。
④ 《马克思恩格斯文集》第1卷，人民出版社2009年版，第182页。

而对人的本质的真正占有"①,是"人和自然界之间、人和人之间的矛盾的真正解决,是存在和本质、对象化和自我确证、自由和必然、个体和类之间的斗争的真正解决"②。在这里,马克思认为资本主义社会的人发生了异化,而到了共产主义社会,人的异化得到了积极的扬弃,人性得到了复归。但是,马克思在这里的设想还带有黑格尔的思辨方式和费尔巴哈人本主义的痕迹,并没有说明这条异化扬弃的具体道路究竟是怎么样的。在《德意志意识形态》中,马克思批判了费尔巴哈等基于感性直观所认识的人,强调自己所说的人是现实中的个人。在《1857—1858年经济学手稿》中,马克思力图揭示出现实中的人的历史运动过程,他从人的社会关系发展的角度阐述了人的发展的三个阶段:人的依赖关系阶段,以物的依赖性为基础的人的独立性阶段和自由个性阶段。在人的依赖关系阶段,作为共同体的人的发展是一种不自由的、极端片面的发展,个人对于共同体是一种从属关系,个人没有独立性。在人的独立性阶段,个人的独立只是一种表面的形式,人只有通过物或依赖于物,他才能得到表现和确证。但这个阶段为社会形成了较全面的社会关系,为向共产主义过渡提供了物质基础。自由个性阶段就是未来的共产主义阶段。在自由个性阶段,马克思对人的未来发展趋向作了基本描述和展望,认为共产主义是以"每一个个人的全面而自由的发展为基本原则的社会形式"③。在这个阶段是个人的自由、和谐和全面发展的阶段。可以看出,马克思在揭示人的发展的历史过程时,把人的个性和社会关系结合起来,从人的能力、素质、个性、需要、社会关系等方面阐述了人的发展的总体性。

理解马克思关于人的发展的理论成为理解马克思现代性批判理论之无产阶级立场的基础,无产阶级是历史中的无产阶级,作为无产阶

---

① 《马克思恩格斯文集》第1卷,人民出版社2009年版,第185页。
② 《马克思恩格斯文集》第1卷,人民出版社2009年版,第185页。
③ 《马克思恩格斯文集》第5卷,人民出版社2009年版,第683页。

级的工人既是资本主义社会中的人,是劳动者,是受剥削者,是革命的主力等等,但首先是历史的主体。

马克思是早期全面批判现代性的思想家,在他之前不是没有批判现代性的,但是没有全面批判现代性的,几乎都是在赞扬和憧憬的基础上的批判;鲍曼是当代现代性批判的代表,相距一百多年的两种现代性批判理论有何关联,如何关联呢?综观这两种现代性批判理论,我们可以发现,除了我们上述做出的比较,它们还可以以如下方式关联:

(1)从马克思的时代到鲍曼的时代,现代性的一些特征得到了强化,流动性愈演愈烈,矛盾性已经被广泛知晓并接受,当商品拜物教发展到消费主义时,商品作为物的意义愈来愈缺乏,象征的意义越发重要;不仅马克思预言的世界市场已变成现实,全球化最重要的已不再是商品的全球化,而是资本的全球化,正是资本的全球化,把马克思所批判的现代性无限扩张和深化,鲍曼所批判的现代性正是这一结果。

(2)相比马克思的现代性批判,鲍曼的理论显得更为细腻,当现代性在社会生活的各个方面彰显时,此种细腻的探究能让人更为贴切地感受到现代性,人们对消费的感受要多于生产,对共同体(身份)的感受要多于异化,今天的人对垃圾的感受可能要大大多于政治,如此等等,这表明对现代性的批判亦应当符合"时代精神精华"的要求,马克思的现代性批判需要发展。

(3)马克思的现代性批判以其超越性和实践性成为最有力的现代性批判。超越性的存在为批判提供了依据,不是为了批判而批判,是为了超越而批判;实践性表明批判应当成为一种行动,而不仅仅是一种解释。就此而言,鲍曼的现代性批判理论不如马克思的现代性批判理论。

马克思和鲍曼两种现代性批判理论的上述关联并不是明确存在或自身显发的,因为鲍曼并没有做这方面的比较工作,但这种关系也不是笔者臆造的,它们是实存的,只是仅当我们做这种理论比较时,才会揭示出来。

当分析波德莱尔关于现代性的著名论断——"现代性就是过渡、短暂、偶然,就是艺术的一半,另一半是永恒和不变"[1]——更多地解读出的是此论断中显示出的矛盾性。但进一步审视这一论断,会发现它给现代性自身带来了困扰:现代性的内涵可能不断流变。所以,现代性批判没有在马克思那里终止,同样也不会被鲍曼完成,现代性批判仍会继续。

现代性批判不仅意味着对现代性的认识,还有一层更为重要的意义:现代性从无意识变成有意识,即人有意识地参与到现代性中。哈贝马斯提出的"重建现代性"、吉登斯和乌尔里希·贝克提出的"自反性现代性"就是此种意识的体现,马克思的现代性批判和鲍曼的现代性批判都将汇入此种意识中,参与未来的现代性话语或实践。特别是对中国而言,马克思的理论和当代西方的诸多理论在中国已经产生而且不可避免的还会继续产生碰撞;同时,随着中国的强势崛起,在理论领域的重要性和发言权都将加大,这将产生一种什么样的马克思理论,马克思又以何种形态从中国走向世界呢?

---

[1] 波德莱尔:《1846 年的沙龙——波德莱尔美学论文选》,郭宏安译,广西师范大学出版社 2002 年版,第 424 页。

第七章　中国的现代性建构

马克思现代性批判理论与鲍曼现代性批判理论比较的现实意义基于以下三个原因出现：一是，马克思理论是中国人民和中国共产党的指导思想，是中国主流的意识形态。二是，今天的中国已经融入了世界经济之中（无论是自愿的还是被迫的，这是一个事实），而今天的世界经济仍然按照资本主义的生产方式在运行，中国的民营经济即使不是资本主义经济，也是一种与之相似的生产方式，民营企业家获得的利润绝大部分来源于工人的劳动所创造。于是，鲍曼的现代性批判和马克思的现代性批判竟然在中国出现了竞合，鲍曼所批判的消费主义在中国有之，马克思批判的剥削亦在中国存在。三是，中国的现代性不管是在经济、政治、社会还是文化领域，都还在演进中，并未固定和成型。中国的社会主义的生产方式在现阶段仍然需要资本主义生产方式的存在，中国的传统文化、马克思主义的指导思想和当代西方的文化还在中国复杂地冲突着，未能产生中国的现代性文化，同样我们的政治和社会还在不断地"转型"。所以，我们并不赞同中国现代性"重建"或"重构"的说法，这种说法仅适用于西方，我们尚未有过"中国的现代性"，于是，马克思主义中国化和现代性建构成为中国当下精神世界的两件头等大事。

第一节 现代性：批判、重构和建构

当代理论界对现代性的讨论几乎是以现代性批判引入的，20 世纪有两次对现代性的集中批判，一是第二次世界大战后，在理论界对世界大战，特别是大屠杀的反思中，以工具理性为核心的现代性受到了激烈批判，以法兰克福学派为首的西方学者，从文化、社会各方面对现代性展开全方位的批判。第二次集中的现代性批判是由后现代主义思潮来完成的，后现代主义把二元对立、宏大叙事、人类中心主义以及理性都当作现代性来批判，认为这些都是现代的产物，鲍曼的现代性批判理论本身就是这两次现代性集中批判的产物，当然也受到诸多影响。但是，批判的激情过后，发现了两个问题：一是，现代性的东西我们都要批判、抛弃吗？比如现代性的主体性特征和理性特征。回答自然是否定的，就如哈贝马斯看待理性，哈贝马斯承认工具理性带来的问题，但这不是我们否认和抛弃理性的理由，我们对现代性应该采取的态度是全面审视，而不是简单抛弃，他认为："只有继续启蒙才能克服启蒙带来的弊病。我丝毫也不赞同一种绝对的理性批判，这种批判只能毁掉理性本身。然而，这并不是说我盲目地崇拜理性，而是相反，我认为，我们应该理性地审视我们所具有的理性并看到它的界限。我们不能像扔掉一件旧外套一样抛弃这种现代性的基本特征。它已经融化在我们的血肉中……已成为我们生存的必然。"[①] 基于此，哈贝马斯提出的是"重建现代性"的口号，并且提出了他自己的方案，就是用交往理性取代工具理性，用协商来克服压迫与强制。二是，我们能否抛弃现代性？如果我们诸如主体性和理性这样现代性的基本特

---

① 哈贝马斯、哈勒：《作为未来的过去：与著名哲学家哈贝马斯对话》，章国峰译，浙江人民出版社 2001 年版，第 22—23 页。

征都抛弃了，那我们就成功抛弃了现代性了吗？我们成为"后现代性"了吗？不管围绕后现代性有多少争议，在后现代性批判和解构的大潮过后，确实产生了"建构的后现代性"这样的理论，争论趋于缓和后，人们发现了一个问题，我们也许可以批判、抛弃现代性这样那样的特征，但是我们没办法否定、抛弃或无视这样一个事实：我们生活在"现在""当下"，正是此一事实必然赋予社会以"现代性"，以此，古代不是没有"现代性"，只是没有此种自觉，或者说"现代性"没有成为理论话题，而现代性已经成为理论话语后，想抛弃就不是那么容易的，需要一个合适的东西来取代，所以就出现了"反思的现代性""自反性现代性"等概念。吉登斯和贝克都认为我们进入了现代性的第二阶段，"正如现代化消解了19世纪封建社会的结构并产生出后工业社会一样，今天的现代化正在消解工业社会，而另一种现代性正在形成之中……我们正在见证的不是现代性的终结，而是现代性的开端——这是一种超越了古典工业设计的现代性"①。可见，现代性恐怕是一个不断批判与重建的过程。当然，这里还牵涉另外一个问题，即重建是否可能？现代性的最初状态的形成应该是一个自然的过程，而重建意味着我们的干预，这是否可能？毫无疑问，有些事情是无能为力的，否则现代性将按人们的意愿出现，但同样有些事情是我们可以想方设法的，当现代性成为理论问题之时，也就是意味着它必然会被干预，所以，重建在一定程度上是可能的。但是，重建仍然不适用于中国，因为中国似乎还未出现过稳定形态的现代性，谈不上批判，也没有重建，有的只是建构，就是我们的意志干预中国现代性的形成。我们干预中国现代性的形成最重要的智识资源有三个：中国传统文化、马克思主义和西方思想文化。因为马克思主义是当代中国的指导思想，其在中国的现代性建构无疑起着重要的、显性的作用；而中国的传统文化是

---

① 乌尔里希·贝克：《风险社会》，何博闻译，译林出版社2004年版，第3页。

在潜移默化地产生影响；对西方思想文化，我们抱着审慎的态度，批判地借鉴、不安地使用着。鉴于本书的主题，接下来主要探讨本书主题与中国现代性建构的关系。但因为马克思理论在中国现代性建构中的特殊地位，将予以单独探讨。

第二节　马克思主义中国化与中国的现代性建构

现代性的建构对中国显得极其重要，因为直至现在我们还难以恰当地概括出中国社会的比较稳定的独有特征。如果说西方的现代化是一个"自然"的或主动的进程，那中国的现代化在起始阶段就是被动的，在没做好准备的情况下被强制拉进来的社会进程。虽然我们很快就由被动转化为主动，但我们发现所面对的是一个全面断裂、充满陌生的世界，经济、文化和社会全面断裂，这是中国现代性形成的时代背景。那么，中国的现代性又意味着什么呢？在19世纪中期，世界主要资本主义国家完成了工业化进程，出于对资本和市场的需求，他们开始寻求海外市场。以中国为主的落后国家，就成了资本主义商品倾销和文化侵蚀的主要对象。中国的传统文化无力抵御西方现代性文化的强势冲击，迅速地走向衰败。中国开始积极汲取现代性思想来摆脱困境，重新树立自身在世界新格局中的地位。中国的现代性，就是在面临传统文化急剧衰败，急需重建自身世界地位的形势下，参考西方现代性思想所建立的制度和行为模式。中国对现代性本质的认知，经历了一个漫长的过程。从洋务运动"师夷长技以制夷"，到中体西用初涉制度，再到民主主义革命高扬民主与科学两面旗帜，到现在对现代性的全面思考。

不同于西方现代性的资本主义土壤，中国现代性发生在资本主义的扩张压力之下，从清末的洋务运动到维新运动开始中国现代性的启蒙；新文化运动中民主和科学的提出，从真正意义上实现了现代性思想的启蒙，鼓励人们冲破旧思想的桎梏。在20世纪初，陈独秀提出"近代文明之特征"，将当时的中国与古文明时期的中国区分开来，这就是中国现代性特征的最早看法。在他看来"最足以变古之道、而使人心社会划然一新者"①就应当是现代性的特征，也就是能够使社会和人心都发生根本性变化，焕然一新的存在。而王一川在《中国现代性特征》一文中指出中国现代性具有五个显著的要素：地球模式、民族协同观、制度转型论、道器互动说和人权说。②这五个要素是一个整体，在某种程度上体现了中国现代化历程，是中国现代化的精神表征。地球模式意味着中国人意识到我们不再是天朝上国，而只是地球上众多的国家之一，地球模式的出现必然导致民族协同观的出现，阐释了中国民族与世界上其他民族关系的变化；制度转型是中国完成从封建社会到现代文明社会转变的根本，中国摒弃了落后的封建制度，建立起一套与现代文明相匹配的社会机制；道器互动体现了社会价值观的转变，"从以道制器到道与器之间的相互依赖和作用"③；人权说是现代性社会观念的集中体现。

在中国现代性的构建过程中，理论界对于现代性的定义呈现出两种不同的理解：一种认为现代性的理性启蒙意义和自由特征无论在中国还是在西方都是相同的，应当坚持一元论的现代性；另一种则认为现代性在进入中国之后就必然要同中国的具体实践相结合，在以经济建设为主导的现代化过程中，现代性是作为现代化的一个组成部分呈现在我们眼前的，中国现代性不具备西方现代性的完整意义，所以我们要坚持中国现代性的特殊性。现代性这一思想是建立在西方的社会和制度的基础上的，起初确实没有中国社会的历史和现实参与，但今

---

① 陈独秀：《独秀文存》，安徽人民出版社1987年版，第10页。
② 王一川：《中国现代性的特征》（上），《河北学刊》2005年第5期。
③ 王一川：《中国现代性的特征》（上），《河北学刊》2005年第5期。

天的西方社会仍然难以认定为现代性建构已经完成，重构现代性的呼声就是这一观点的体现。今天即使是世界现代性的建构，也无法忽视中国的存在。因此对于中国现代性的建构，我们不仅要从西方理论和中国历史中汲取经验，还要将这二者与中国现代性的实践相结合，注重现代性普遍性和特殊性的结合，总结发展出属于中国的现代性经验与理论。

当中国共产党领导的新民主主义革命胜利后，就意味着马克思主义参与到了中国的现代性建构中来，而这个参与的过程是以马克思主义中国化的方式来完成和实现的。

当马克思主义在20世纪初传入中国时，中国并不具备马克思主义发芽生长的土壤——资本主义矛盾和无产阶级革命，"所以，当中国共产党接受并坚持以马克思主义为指导思想和行动纲领那一刻起，便同时领受了一项更为艰巨的任务，就是要求中国共产党人既要全面、系统地认识和理解马克思主义的立场观点、思想方法和理论原则，又要结合中国社会的实际情况和时代需要加以灵活掌握与运用。简言之，即必须使马克思主义中国化"[①]。

经过几代中国的马克思主义者和共产党人的探索，形成了马克思主义中国化的共识。马克思主义中国化是指立足于中国实际，运用马克思主义的基本原理来解决中国在不同时期的实践问题，并逐渐形成具有中国特色的马克思主义理论。马克思主义中国化的根本任务是运用中国化的马克思主义指导中国实践，结合新发展、处理新问题，在实践中不断深化马克思主义中国化。实现马克思主义中国化，是解决中国实际问题的需要，中国国情的特殊性决定了马克思主义要在中国发挥指导作用就必须与同中国的具体实践相结合，实现马克思主义的

---

① 张焕金：《马克思主义中国化的历史进程与经验启示》，《中央社会主义学院学报》2004年第6期。

中国化。

中国的实际问题在不同历史时期有不同的表现，大致可分为革命问题和建设问题。马克思主义基本原理与中国革命实践的结合诞生了毛泽东思想，与中国建设和改革实践的结合诞生了以邓小平理论、"三个代表"重要思想和科学发展观为主要内容的中国特色社会主义理论体系。对马克思主义中国化的研究，不能局限于对经验的总结，更要从总结经验的过程中，对历史的探讨中，总结出马克思主义中国化的普遍规律。当代对于马克思主义的探索，要立足当下，面对现实。当前马克思主义中国化研究已有的理论，都是立足于当时中国所处的社会环境和历史实践总结出来的。当下对于这些理论的研究固然有其回溯性的意义，更重要的应该是联系广大人民群众的创造性实践，结合当代中国的建设和改革，丰富和发展马克思主义中国化的当代理论，增强其时代性，实现马克思主义中国化的与时俱进。马克思主义中国化也必然是与时俱进的，现时性是马克思主义发展的固有属性，也是马克思主义中国化的永恒主题。正是马克思主义中国化的现时性使其与中国的现代性建构息息相关。

现代性在不同国家有着不尽相同的生长和发展方式，经验显示中国的现代性的建构是和马克思主义中国化紧密联系在一起的。综观中国近现代社会历史和精神运动，我们可以发现两者应当存在如下关系：马克思主义中国化奠定了中国现代性建构的基础，现代性建构也为马克思主义中国化指明了发展方向，马克思主义中国化和中国的现代性建构应该具有相同的目标。

（1）马克思主义中国化奠定了中国现代性的基础。20世纪的中国在西方强压之下被迫走上现代化的道路，但是由于中国特殊的历史环境和社会制度，决定了中国不可能和西方采取同样的方式实现由封建社会向资本主义的转化；并且以民族资产阶级为领导的旧民主主义革命也不能彻底完成社会制度的变更，只有依靠占大多数的中下层人民来进行制度的变革和创新。"十月革命一声炮响,给我们送来了马克思列宁主义,十月革命帮助了全世界的也帮助了中国的先进分子,用无产阶级的宇宙观作为观察国家命运的工具,重新考虑自己的问题"①。当时的有识之士选择了马克思主义并逐渐进行了马克思主义中国化,由此开始了中国现代性的构建。

(2)现代性建构为马克思主义中国化指明了发展方向。中国的现代性是现代化建设在精神层面的体现,在一定程度上指引着现代化建设的前进方向。马克思主义中国化作为现代化进程中的一个方面,必然具有时代化的要求,必然与构建一种怎样的现代性息息相关。在新中国成立之初,党内盲目进行政治建设而忽略了经济和文化的发展,本末倒置,致使现代化进程陷入混乱。"科技是第一生产力"和"发展才是硬道理"口号的提出重新定义了马克思主义,成功确立以建设为核心的马克思主义中国化。

(3)马克思主义中国化同中国现代性的构建有着共同的实践目标,即实现人自由而全面的发展。马克思和恩格斯一生致力于人类解放,马克思、恩格斯在对未来社会作预见时,只是提出了其最本质的特征:"每个人的自由发展是一切人的自由发展的条件"②。1894年,当一位记者请求恩格斯为即将出版的周刊《新纪元》写一段题词,且用简短的字句来表述未来社会主义纪元基本特征时,恩格斯在回信时认为,除了上述这段文字外,他"再也找不出合适的了"③。波兰学者亚当·沙夫认为:"马克思关于人的全面发展的观点,既是一种观念,更是一种观察分析人与社会的方法,这种观念和方法在当代世界具有特别重要的意义,一是可以用它来评判现代资本主义;二是可以用它来界定社会

---

① 王一川:《中国现代性的特征》(上),《河北学刊》2005年第5期。
② 《马克思恩格斯选集》第1卷,人民出版社1995年版,第294页。
③ 《马克思恩格斯全集》第39卷,人民出版社1974年版,第189页。

主义的本质；三是可以用它作为社会发展的目标赢得人民的支持。"① 人自由而全面的发展以此种方式成为现代性的重要内容，诺贝尔经济学奖获得者，身兼经济学和哲学双料教授的阿玛蒂亚·森的《以自由看待发展》是对马克思的人的自由全面发展理论的一种现代性解读。在其论著中，森多次参考和引用了马克思的经典论述，甚至直言其观点深受马克思的影响。作为马克思主义高度参与的中国现代性建构，自然应以人自由而全面发展为实践目标。

当我们清楚了马克思主义中国化和中国现代性构建之间的上述逻辑关系后，我们就能清醒地意识到，马克思主义中国化不是一个单独的体系，而是糅合于整个中国建设的体系之中。马克思主义中国化的实践与中国现代性建构的实践紧密相连。

（1）马克思主义中国化的进程和理论水准是同中国现代化进程特别是现代性的建构相当的。伟大的思想都是时代精神的升华，历史的轨迹表明：中国人只有选择马克思主义才能完成现代化的任务。马克思主义中国化的理论成果指引着中国取得新民主主义革命的胜利，完成从新民主主义社会向社会主义社会的过渡，确立了社会主义的基本制度，发展了社会主义政治、经济和文化。同样是中国化的马克思主义引领着中国特色社会主义现代化建设，我国经济得到了持续健康快速的发展，改革开放取得了巨大成功，人民生活水平得到大幅度的提升。不仅如此，马克思主义中国化与现代化进程所遭受的挫折也是相当的。马克思主义中国化的挫折集中体现在"文化大革命"时期，以"阶级斗争为纲"的思想致使我国的现代化建设一度处于停滞甚至倒退状态。从历史中我们不难看出，马克思主义中国化与中国的现代化建设和现代性建构紧密联系在一起，可以想见未来的此种进程还将延续。

---

① 参见陈学明：《马克思的人的全面发展理论与当代人的生活取向》，《复旦学报（社会科学版）》2000年第2期。

鉴于此,任何一方面的偏差将影响另一方的走向,一荣俱荣、一损俱损,必须慎之又慎。

(2)马克思主义中国化是与中国现代文化重建密切相关的。马克思主义中国化作为我国现代化的指导原则,在中国特色社会主义这一全新模式下,促进了中国现代文化的重建,我国的传统文化完成了向现代的转换,并形成了具有现代性特征的社会主义思想体系,带领我国逐渐完成了在观念和制度上向现代社会的转变。文化的重建是中国现代性建构的内容和表现形式,当前中国文化重建的过程尚未完成,中国传统文化、马克思主义、现当代世界其他文化传统以及中国当代社会的文化要求尚未完成整合。马克思主义只有积极参与到这一文化重建的进程中去,才能实现真正的中国化,才能让马克思主义不再停留在西方理论的位置;只有渗入到文化中去,马克思主义才能真正成为中国现代化建设的指导思想。

(3)马克思主义中国化应当融入中国现代性建构之中而不是游离于中国现代性建构之外。我国的社会主义建设摒弃了马克思主义对传统社会主义建设模式的描述,以现代化建设作为社会主义建设的根本性任务。这一建设模式的转变,是我国改革开放40多年来取得巨大成功的关键。具有中国特色的社会主义道路的不断完善是中国现代性建构的具体表现。马克思主义中国化作为我国现代化建设的指导原则,应该与现代性建构相结合,更好地指导我国的现代化建设。无论是邓小平理论,还是"三个代表"重要思想,或是科学发展观,都是马克思主义中国化实践的伟大成果,也是中国现代性建构不断完善的表现。但是,中国的现代化建设和现代性建构的进程都还处于路途中,还持续需要马克思主义的指引;马克思主义也只有把握着中国现代性建构的引领权,才能落实中国现代化建设指导思想的地位和作用,马克思主义中国化也才能成为可能。

马克思主义中国化的历史进程体现出我国现代的生成—发展历

程：毛泽东等人选择马克思主义作为思想武器，维护了我国的独立和主权完整，确定了我国的现代性资格，摆脱现代性与资本主义的固然联系；邓小平总结前人的经验和教训，创立邓小平理论，确立以经济建设为中心的现代化建设方案，完成了马克思主义中国化的第二次飞跃，为构建现代性奠定了坚实的经济基础；新时期科学发展观的提出，表明我国开始深化对现代性的认识，马克思主义中国化路线与现代性的建构方向日趋同步。

马克思主义中国化对现代性的理解在现代性的发展和变化中不断深化，逐渐从盲目追求现代性中抽离，开始理性看待现代性。中国现代化建设不断从马克思主义中国化追求现代性的普遍性和特殊性的统一中寻找具有中国特色的道路。尽管中国现代性尚处于建构过程中，其基本特征和内容尚未完全确立，但随着中国现代化进程和马克思主义中国化进程的不断进展，中国的现代性将不断突显。

马克思主义中国化和中国的现代性建构必将体现为同一进程。

第三节　两种现代性批判比较对中国现代性建构的意义

鲍曼的现代性批判是当代最新的社会批判理论，具有很强的现实意义，而马克思的现代性批判衍生出我们的指导思想，对这两种批判理论进行比较，得出的一些结论对中国的现代性建构自然具有参考和借鉴价值。结合中国政治、经济和社会领域的突出现象，提出一些可供参考之处。

首先，我们如何对待资本主义生产方式。资本批判是马克思现代性批判的根本，马克思批判了资本的剥削，批判了资本主义生产方式必然造成两极分化；鲍曼也批判了当代社会的两极分化，并深入揭示两极分化带来的更多的社会问题。中国作为人民民主专政的国家，我们的目标是确立社会主义的生产方式,但是在目前中国生产力水平不高的情况下,适当地允许资本主义生产方式的存在,是符合历史唯物主义基本规律的。但是,我们必须尽可能阻止和纠正资本主义生产方式可能带来的消极之处,最大的问题就来源于贫富差距以及由此带来的社会公平正义问题。鲍曼的现代性批判更多的是揭示出问题,没有提供解决问题的方案。但我们可以从马克思的现代性批判中发现指引。我们可以从马克思主义平等观出发,进一步深入研究当代中国社会的公平正义问题。从马克思主义对资产阶级意识形态的批判中我们可以反思,当前我们研究中国社会的公平正义问题,应该注意以下几个方面:

第一,应该在历史唯物主义的视野下来研究中国社会公平正义问题。以前的旧平等观由于历史的和阶级的局限性,往往是建立在唯心史观的基础之上的,从而割裂了社会历史与平等观的有机联系。它们或者从抽象的人性、理性等概念出发去阐述平等思想,或者从神权出发去解释平等观念,客观上并没有找到实现社会平等的现实途径。相反,要根据一定社会的经济发展的具体状况来具体分析政治、文化、社会等各个方面的历史变迁和合理状态。在不同的时代、不同的经济发展阶段,思想家们关于社会公平正义的论述和规定是不一样的。因此,必须深入具体的物质生产实践,了解人们在实践中所结成的社会关系,以及他们的利益、愿望和需求,才能揭示出富有现实生命力和实践引领力的社会公平正义思想。所以,研究中国社会公平正义问题必须始终将唯物史观作为根本的研究方法,在历史唯物主义的理论框架下来建构符合中国特色社会主义实践的公平观,以审视和研究中国社会的公平正义问题。

第二,要把中国特色社会主义的基本经济制度和市场经济体制的具体实践作为我们研究中国社会公平正义问题的现实基础。根据唯物史观的原理,公平正义的观念要受到生产力发展状况以及与之相适应的经济关系的制约,而每一个历史阶段的生产力都是具体的,经济关系也是现实存在的,这就决定了在不同的历史阶段,其公平正义观念包含的内容是不一样的。如在原始社会里,是古老的原始平等观念;在奴隶社会,奴隶是没有任何平等可言的,至多奴隶主之间存在着一定的平等;封建社会则是包含着专制、等级特权和神权思想的平等;资产者的"自由、平等、博爱"则是商品经济发展的必然产物,与之相伴随的无产阶级的平等要求的实质内容都是消灭阶级的要求。在社会主义初级阶段,基本的矛盾仍然是生产关系和生产力之间的矛盾,上层建筑和经济基础之间的矛盾。但是,这种矛盾已经不再是对抗性的矛盾,它可以通过社会主义制度的自我完善,不断地得到解决。随着改革开放进程的加速,我国建立健全了与生产力的发展相适应的社会主义市场经济体制。在社会主义市场经济体制下,我国的经济得到了快速的发展,国家的综合国力显著增强,人民的生活水平得到了大幅度提高。但是,社会的不公平现象也达到了比较严重的程度,如贫富差距拉大问题已经引起了广大人民群众的普遍关注,教育公平问题、医疗公平问题、住房公平问题等也都困扰着中国人民。因此,必须在马克思主义平等观的指导下,研究中国公平正义问题,并提出一些切实可行的措施;必须立足于中国特色社会主义的基本经济制度和市场经济体制的具体实践,大胆地进行理论探索,找到现阶段促进中国社会公平正义的现实途径。

第三,要从现实中的人及其实践出发,来研究中国社会的公平正义问题。马克思之前的思想家在讨论公平正义问题时,总是以抽象的人性、人的理性、人的自由权利等为出发点来寻找问题的答案。但是,这种抽象的人是"摆脱了一切现实,摆脱了地球上发生的一切民族的、经济的、政治的和宗教的关系,摆脱了一切性别的和个人的特性"[1] 的人,除了人这个抽象的概念外,什么也没有。以这种抽象的人为出发

---

[1] 《马克思恩格斯选集》第3卷,人民出版社1995年版,第439页。

点去研究公平正义问题，是难以找出实现社会公平正义的现实途径的。我们必须从一定社会经济发展的水平和置身于其中的现实的人出发，来揭示不同历史时期不同的平等观及其历史变迁，从而找出实现公平正义的途径。所以，必须从现实的人及其实践出发，来研究中国社会的公平正义问题。现实中的人是从事各种实践活动的人，从事实践的人必然处在复杂的具体的社会关系之中，他们往往由于分工和交往分属于不同的社会阶层或阶级，而每一个阶层或阶级的人都有自己的价值需求。因此，研究中国社会公平正义问题，必须关注现实中的人及其实践。

其次，鲍曼的现代性批判理论揭示的很多问题在中国都已经存在或开始出现，比较严重的如现代性的道德问题、消费主义的问题、"陌生人"和"异乡人"以及"钉子共同体"所代表的归属感的问题。这些问题在中国的出现可能是中国社会现代化的过程中难以避免的。但是，我们毕竟构建的不是资本主义现代性，而是社会主义现代性，必须要克服和超越这些现象。这给我们的现代性建构提出了迫切要求，我们必须尽快形成自己的核心价值观，以免让人无所适从。同时，马克思以历史唯物主义为基础的人的发展理论可以为我们提供理论和现实的指导。马克思从人的本质的总体性、人的存在的总体性、人的发展的总体性等方面阐述了总体性与人的发展的关系，指出实现人的自由、和谐而全面的发展是人类社会发展的理想追求，同时实现这一目标的过程也是一个立足现实、创造条件，逐步实现人的总体性的历史过程。当前，在改革开放的关键时期，在社会主义市场经济条件下，中国在取得伟大成就的同时也面临着一些诸如道德滑坡、社会矛盾突出等亟待解决的问题。因此，厘清马克思关于人的总体性思想，对进一步深入贯彻落实科学发展观、构建社会主义和谐社会，促进人的自由而全面的发展具有以下几个方面的启示。

第一，坚持以人为本，从现实的人出发推进人的全面发展。马克思以前的思想家要么基于感性直观来阐述人的本质，要么认为人的本质是理性或精神等，都不能正确说明人的发展和社会的发展的原因和机制。马克思汲取了前人的长处，克服其不足，在《1844年经济学哲学手稿》时期，认为人的本质是自由的自觉的活动。马克思指出，在资本主义社会里，人的本质被异化，只有到了共产主义社会，人才会向自身完全复归，人才会"以一种全面的方式，就是说，作为一个完整的人，占有自己的全面的本质"[①]。但是，马克思在这里所阐述的人，还带有费尔巴哈人本学的痕迹。在《关于费尔巴哈的提纲》中，马克思在科学的实践观基础上，把人的本质归结为一切社会关系的总和。在《德意志意识形态》中，马克思指出，人类社会历史发展的前提是一些"现实的个人"及其物质生活条件。这样，马克思就从现实的人的现实的活动出发，来揭示人类社会的发展和人的发展的规律。从社会发展的实践看，由于片面注重经济增长，在发展的过程中见物不见人，在经济快速发展的过程中产生了诸如环境污染、生态失衡、收入差距拉大、贪污腐化等社会问题。这种发展模式使人类付出了沉重的代价，因此必须改变这种发展模式，把满足人的需求作为价值取向，提高人的生活质量，改善人的生活方式。当前，在贯彻落实科学发展观时要做到"以人为本"，要重视、关心人的发展，就不能从抽象的人出发，而应该从现实中的人出发，根据人所处的现实的物质生活条件，制定符合现实中的人的发展的方针、政策，促进人的全面发展。

第二，妥善处理好人与自然、人与社会、人与自身的关系，积极推进人的协调发展。马克思认为，人是一个自然存在物、类存在物和社会存在物的有机统一体，必然与自然、社会、自身发生关系。人作为一个自然存在物，离不开自然界，自然界是人的无机的身体。人在实践活动中能动地改造自然界，在改造自然的过程中使自己的本质对

---

① 《马克思恩格斯文集》第1卷，人民出版社2009年版，第189页。

象化。但是，人在能动地改造自然界时必须处理好人与自然的关系，否则自然界将会按照自己的行事方式报复人类。当前，资源短缺、生态环境持续恶化，人类生存环境面临着严峻的挑战。这种状况的存在迫使人类必须采取诸如"节能减排"等有力措施保护自己的家园。人作为一个类存在物，必然把人自身作为自己的关系对象，正是在人和人的关系中，人才认识到自己，认识到自己和他人同属一个类。自由自觉的生产实践活动是人作为类存在的一个本质内容，只有在生产实践中人才能正确地认识自己。所以，人作为一个类存在物，必须在生产实践活动中处理好人与自身之间的关系，达到人类自身的和谐。人作为一个社会存在物，是以他人以及社会关系为对象的。它不仅以人与人之间的共同性为对象，而且更主要的是以人与人之间的差别性为对象。人作为社会存在物，充分说明人是社会的组成部分，是受社会关系的影响和制约的。因此，在处理好人与自然、人与自身之间的关系的同时，必须处理好人与社会之间的关系，搞好社会建设，加强社会管理，努力构建和谐社会，促进人的全面协调发展。

第三，立足现实，着眼长远，创造有利条件促进人的全面而自由的发展。在《1844年经济学哲学手稿》中，马克思在阐述人的发展的总体性时，从人的类特性出发，认为自由的自觉的活动是人的本质，人的发展是一个异化和自我异化的扬弃过程，最后达到人性的复归，是人的本质的实现过程。在生产实践中实现人的本质，必然要处理好人与自然、人与社会、人与自身的关系，马克思在《关于费尔巴哈的提纲》中将人的本质归结于一切社会关系的总和。后来，马克思根据人的个性和社会关系之间的联系，从现实中的人出发，将人的发展划分为三个阶段，并认为以物的依赖性为基础的人的独立性阶段是生产力发展到一定程度后的必经阶段，这种"物的依赖"的社会关系使个人的社会关系和个性受到一定的制约。但是，这一个阶段也形成了比较全面和丰富的社会关系，为向共产主义过渡奠定了一定的物质基础，从而为自由个性的形成和实现创造有利条件。我国正处于由人的独立性阶段迈向自由个性阶段的历史进程中，必须根据中国的具体国情，从现实中的人出发，创造有利条件，促进人的自由、和谐和全面的发展。进入21世纪以后，我国正沿着中国特色社会主义道路开创经济社会发展的崭新局面。为构建社会主义和谐社会、实现全面建设小康社会的目标，必须深入贯彻落实科学发展观，以促进人和自然、城市和乡村、经济和文化、东中西部得到良性互动和协调有序的发展，实现经济发展、社会发展和人的全面发展同步推进，在经济社会健康快速发展的进程中促进人的全面而自由的发展。

马克思和鲍曼的现代性批判还为中国的现代性建构提供了两个重要的方法论原则。第一，中国的现代性建构必须以实践为基础，虽然我们确实需要有一个确定的文化形态，但我们不能为了建构就移植诸多其他文化的特性，糅合在一起就成为我们的现代性，此种方式不可取，最终也必然失败。我们仅能有意识地在实践中加快中国现代性的建构。第二，我们的现代性应当在批判中建构，不管是政治、经济还是文化、社会，今天中国面临的情况都是纷繁复杂的，关起门来搞现代性建构不可能，旁若无人亦不现实，中国的现代性只可能是一个批判继承的、开放的现代性。

参考文献

一、英文部分

1. Dennis Smith, *Zygmunt Bauman: Prophet of Postmodernity*, Cambridge: Polity Press, 1999.

2. Habermas, *The Philosophical Discourse of Modernity*, translated by Fredirick Lawrence, Polity Press, 1987.

3. Henri Lefebvre, *Introduction to Modernity*, translated by John Moore, verso, 1995.

4. Keith Tester, *The Social Thought of Zygmunt Bauman*, New York: Palgrave Macmillan, 2004.

5. Peter Beilharz (ed.), *The Bauman Reader*, London: Blackwell, 2001.

6. Peter Beilharz (ed.), *Zygmunt Bauman*, Volume Ⅰ, London: Sage Publications Ltd., 2002.

7. Peter Beilharz (ed.), *Zygmunt Bauman*, Volume Ⅱ, London: Sage Publications Ltd., 2002.

8. Peter Beilharz (ed.), *Zygmunt Bauman*, Volume Ⅲ, London: Sage Publications Ltd., 2002.

9. Peter Beilharz (ed.), *Zygmunt Bauman*, Volume Ⅳ, London: Sage

Publications Ltd., 2002.

10. Peter Beilharz, *Zygmunt Bauman: Dialectic of Modernity*, London: Sage Publications Ltd., 2000.

11. Richard Kilminster and Ian Varcoe (eds.), *Culture, Modernity and Revolution: Eassy in Honour of Zygmunt Bauman*, USA and Canada: Routledge, 1996.

12. Tony Blackshaw, *Zygmunt Bauman*, London: Routledge, 2005.

13. Zygmunt Bauman, "Is there a Postmodern Sociology?" *Theory, Culture & Society*, Volume 5, No. 2-3, 1988, pp. 217-237.

14. Zygmunt Bauman, "Sociology after the Holocaust", *The British Journal of Sociology*, Volume 39, No. 4, 1988, pp. 469-497.

15. Zygmunt Bauman, "Sociology and Postmodernity", *The Sociological Review*, Volume 36, No. 4, 1988, pp. 790-813.

16. Zygmunt Bauman, "Social Response to Postmodernity", *Thesis Eleven*, Volume 23, 1989, pp. 35-63.

17. Zygmunt Bauman, "Philosophical Affinities of Postmodern Sociology", *The Sociological Review*, Volume 38, No. 3, 1990, pp. 441-454.

18. Zygmunt Bauman, "A Sociological Theory of Postmodernity", *Thesis Eleven*, Volume 29, 1991, pp. 33-46.

19. Zygmunt Bauman, "Ethics of Individuals", *Canadian Journal of Sociology*, Volume 25, No. 1, 2000, pp. 83-96.

20. Zygmunt Bauman, *Socialism: The Active Utopia*, London: George Allen & Unwin Ltd., 1976.

21. Zygmunt Bauman, *Memories of Class: The Pre-history and Afterlife of Class*, London: Routledge, 1982.

22. Zygmunt Bauman, *Legislators and Interpreters: On Modernity, Post-modernity and Intellectuals*, Cambridge: Polity Press, 1987.

23. Zygmunt Bauman, *Freedom*, Minneapolis: University of Minnesota Press, 1988.

24. Zygmunt Bauman, *Modernity and the Holocaust*, Cambridge: Polity Press, 1989.

25. Zygmunt Bauman, *Thinking Sociologically*, Oxford: Blackwell, 1990.

26. Zygmunt Bauman, *Modernity and Ambivalence*, Cambridge: Polity Press. 1991.

27. Zygmunt Bauman, *Intimation of Postmodernity*, London: Routledge, 1992.

28. Zygmunt Bauman, *Mortality, Immortality and Other Life Strategies*, Cambridge: Polity Press, 1992.

29. Zygmunt Bauman, *Postmodern Ethics*, Cambridge: Polity Press, 1993.

30. Zygmunt Bauman, *Life in Fragments: Essays in Postmodern Morality*, Cambridge: Polity Press, 1995.

31. Zygmunt Bauman, *Postmodernity and Its Discontents*, Cambridge: Polity Press, 1997.

32. Zygmunt Bauman, *Globalization: The Human Consequence*, Cambridge: Polity Press, 1998.

33. Zygmunt Bauman, *Work, Consumerism and the New Poor*, Buckingham: Open University Press, 1998.

34. Zygmunt Bauman, *Culture As Praxis*, London: Sage Publications Ltd., 1999.

35. Zygmunt Bauman, *In Search of Politics*, Cambridge: Polity Press, 1999.

36. Zygmunt Bauman, *Liquid Modernity*, Cambridge: Polity Press, 2000.

37. Zygmunt Bauman, *Community: Seeking Safety in an Insecure World*, Cambridge: Polity Press, 2001.

38. Zygmunt Bauman, *The Individualized Society*, Cambridge: Polity Press, 2001.

39. Zygmunt Bauman, *Society under Siege*, Cambridge: Polity Press, 2002.

40. Zygmunt Bauman, *Liquid Love: On the Frailty of Human Bonds*, Cambridge: Polity Press, 2003.

41. Zygmunt Bauman, *Identity: Conversations with Benedetto Vecchi*, Cambridge: Polity Press, 2004.

42. Zygmunt Bauman, *Wasted Lives: Modernity and Its Outcasts*, Cambridge: Polity Press, 2004.

43. Zygmunt Bauman, *Liquid Life*, Cambridge: Polity Press, 2005.

44. Zygmunt Bauman, *Liquid Times*, Cambridge: Polity Press, 2007.

45. Zygmunt Bauman and Keith Tester, *Conversations with Zygmunt Bauman*, Cambridge: Polity Press, 2001.

二、中文部分

46.《马克思恩格斯全集》第一版。

47.《马克思恩格斯全集》第二版。

48.《马克思恩格斯文集》，北京：人民出版社，2009。

49.《马克思恩格斯选集》，北京：人民出版社，1995。

50. 阿格尼丝·赫勒：《现代性理论》，李瑞华译，北京：商务印书馆，2005。

51. 艾尔伯特·鲍尔格曼：《跨越后现代的分界线》，孟庆时译，北京：商务印书馆，2003。

52. 安德鲁·芬伯格：《可选择的现代性》，陆俊、严耕译，北京：中国社会科学出版社，2003。

53. 安东尼·吉登斯：《现代性的后果》，田禾译，南京：译林出版社，2000。

54. 安托瓦纳·贡巴尼翁：《现代性的五个悖论》，许钧译，北京：商务印书馆，2005。

55. 波德莱尔：《1846年的沙龙——波德莱尔美学论文选》，郭宏安译，桂林：广西师范大学出版社，2002。

56. 查尔斯·泰勒：《现代性之隐忧》，程炼译，北京：中央编译出版社，2001。

57. 达尼洛·马尔图切利：《现代性社会学——二十世纪的历程》，姜志辉译，南京：译林出版社，2007。

58. 大卫·库尔珀：《纯粹现代性批判——黑格尔、海德格尔及其以后》，臧佩洪译，北京：商务印书馆，2006。

59. 大卫·莱昂：《后现代性》，郭为桂译，长春：吉林人民出版社，2004。

60. 戴维·弗里斯比：《现代性的碎片》，卢晖临、周怡、李林艳译，北京：商务印书馆，2003。

61. 戴维·哈维：《后现代的状况——对文化变迁之缘起的探究》，阎嘉译，北京：商务印书馆，2003。

62. 丹尼尔·贝尔：《后工业社会的来临——对社会预测的一项探索》，高铦、王宏周、魏章玲译，北京：新华出版社，1997。

63. 丹尼斯·史密斯：《后现代性的预言家——齐格蒙特·鲍曼传》，萧韶译，南京：江苏人民出版社，2002。

64. 弗朗西斯·培根：《新工具》，许宝骙译，北京：商务印书馆，2008。

65. 高宣扬：《当代社会理论》（上、下），北京：中国人民大学出版社，2005。

66. 黑格尔：《精神现象学》，贺麟、王玖兴译，北京：商务印书馆，1997。

67. 贾斯廷·罗森伯格：《质疑全球化理论》，洪霞、赵勇译，南京：江苏人民出版社，2002。

68. 杰弗里·萨克斯：《贫穷的终结——我们时代的经济可能》，邹光译，上海：上海人民出版社，2007。

69. 肯迪斯、方坦纳：《后现代主义与社会研究》，周晓亮、杨深、程志民译，重庆：重庆出版社，2006。

70. 理查德·罗蒂：《后哲学文化》，黄勇译，上海：上海译文出版社，2004。

71. 罗伯特·皮平：《作为哲学问题的现代主义——论对欧洲高雅文化的不满》，阎嘉译，北京：商务印书馆，2007。

72. 罗骞：《论马克思的现代性批判及其当代意义》，上海：上海人民出版社，2007。

73. 马丁·阿尔布劳：《全球时代——超越现代性之外的国家和社会》，高湘泽、冯玲译，北京：商务印书馆，2001。

74. 马克·第亚尼：《非物质社会——后工业世界的设计、文化与技术》，滕守尧译，成都：四川人民出版社，1998。

75. 马歇尔·伯曼：《一切坚固的东西都烟消云散了——现代性体验》，徐大建、张辑译，北京：商务印书馆，2004。

76. 迈克·费瑟斯通：《消费文化与后现代主义》，刘精明译，南京：译林出版社，2000。

77. 诺贝特·埃利亚斯：《个体的社会》，翟三江、陆兴华译，南京：译林出版社，2003。

78. 齐格蒙特·鲍曼：《被围困的社会》，郇建立译，南京：江苏人民出版社，2005。

79. 齐格蒙特·鲍曼：《废弃的生命》，谷蕾、胡欣译，南京：江苏人民出版社，2006。

80. 齐格蒙特·鲍曼：《个体化社会》，范祥涛译，上海：上海三联书店，2002。

81. 齐格蒙特·鲍曼：《共同体》，欧阳景根译，南京：江苏人民出版社，2003。

82. 齐格蒙特·鲍曼：《后现代伦理学》，张成岗译，南京：江苏人民出版社，2003。

83. 齐格蒙特·鲍曼：《后现代性及其缺憾》，郇建立、李静韬译，上海：学林出版社，2002。

84. 齐格蒙特·鲍曼：《立法者与阐释者——论现代性、后现代性与知识分子》，洪涛译，上海：上海人民出版社，1999。

85. 齐格蒙特·鲍曼：《流动的现代性》，欧阳景根译，上海：上海三联书店，2002。

86. 齐格蒙特·鲍曼：《全球化——人类的后果》，郭国良、徐建华译，北京：商务印书馆，2001。

87. 齐格蒙特·鲍曼：《生活在碎片之中——论后现代道德》，郁建兴、周俊、周莹译，上海：学林出版社，2002。

88. 齐格蒙特·鲍曼：《通过社会学去思考》，高华、吕东等译，北京：社会科学文献出版社，2002。

89. 齐格蒙特·鲍曼：《现代性与大屠杀》，杨渝东、史建华译，南京：译林出版社，2002。

90. 齐格蒙特·鲍曼：《现代性与矛盾性》，邵迎生译，北京：商务印书馆，2003。

91. 齐格蒙特·鲍曼：《寻找政治》，洪涛、周顺、郭台辉译，上海：上海人民出版社，2006。

92. 齐格蒙特·鲍曼：《自由》，杨光、蒋焕新译，长春：吉林人民出版社，2005。

93. 乔治·里茨尔：《虚无的全球化》，王云桥、宋兴无译，上海：上海译文出版社，2006。

94. 让·波德里亚：《消费社会》，刘成富、全志钢译，南京：南京大学出版社，2001。

95. 让-弗朗索瓦·利奥塔：《后现代状态——关于知识的报告》，车槿山译，北京：生活·读书·新知三联书店，1997。

96. 沃尔夫冈·韦尔施：《我们的后现代的现代》，洪天富译，北京：商务印书馆，2004。

97. 乌尔里希·贝尔：《全球化时代的权力与反权力》，蒋仁祥、胡颐译，桂林：广西师范大学出版社，2004。

98. 乌尔里希·贝克、安东尼·吉登斯、斯科特·拉什：《自反性现代化》，赵文书译，北京：商务印书馆，2001。

99. 乌尔里希·贝克：《风险社会》，何博闻译，南京：译林出版社，2004。

100. 尤尔根·哈贝马斯：《后民族结构》，曹卫东译，上海：上海人民出版社，2002。

101. 于尔根·哈贝马斯：《现代性的哲学话语》，曹卫东等译，南京：译林出版社，2004。

102. 俞吾金：《意识形态论》，北京：人民出版社，2009。

103. 约翰·卡瓦纳、杰瑞·曼德尔编：《经济全球化的替代方案》，童小溪等译，北京：中央编译出版社，2007。

104. 约瑟夫·纳托利：《后现代性导论》，杨道、张松平、耿红译，南京：江苏人民出版社，2005。

105. 郑莉：《理解鲍曼》，北京：中国人民大学出版社，2006。